Pensar em Apostas

Pensar em Apostas

DECIDINDO COM INTELIGÊNCIA QUANDO NÃO SE TEM TODOS OS FATOS

ANNIE DUKE

ALTA BOOKS
GRUPO EDITORIAL
Rio de Janeiro, 2022

Pensar em Apostas

Copyright © 2022 da Starlin Alta Editora e Consultoria Eireli.
ISBN: 978-65-5520-907-5

Translated from original Thinking in Bets. Copyright © 2018 by Annie Duke. ISBN 978-0-7352-1635-8. This translation is published and sold by permission of Portfolio/ Penguin, an imprint and division of Portfolio/Penguin an imprint of Penguin Random House LLC, the owner of all rights to publish and sell the same. PORTUGUESE language edition published by Starlin Alta Editora e Consultoria Eireli, Copyright © 2022 by Starlin Alta Editora e Consultoria Eireli.

Impresso no Brasil — 1ª Edição, 2022 — Edição revisada conforme o Acordo Ortográfico da Língua Portuguesa de 2009.

Dados Internacionais de Catalogação na Publicação (CIP) de acordo com ISBD

D877p   Duke, Annie

Pensar em Apostas: Decidindo com Inteligência Quando não se tem todos os Fatos / Annie Duke; traduzido por Carlos Bacci. – Rio de Janeiro : Alta Books, 2022.
288 p. ; 16cm x 23cm.

Tradução de: Thinking in Bets
Inclui bibliografia e índice.
ISBN: 978-65-5520-907-5

1. Autoajuda. I. Bacci, Carlos. II. Título.

2022-1390

CDD 158.1
CDU 159.947

Elaborado por Vagner Rodolfo da Silva - CRB-8/9410

Índice para catálogo sistemático:
1.   Autoajuda 158.1
2.   Autoajuda 159.947

Produção Editorial
Editora Alta Books

Diretor Editorial
Anderson Vieira
anderson.vieira@altabooks.com.br

Editor
José Ruggeri
j.ruggeri@altabooks.com.br

Gerência Comercial
Claudio Lima
claudio@altabooks.com.br

Gerência Marketing
Andréa Guatiello
andrea@altabooks.com.br

Coordenação Comercial
Thiago Biaggi

Coordenação de Eventos
Viviane Paiva
comercial@altabooks.com.br

Coordenação ADM/Finc.
Solange Souza

Direitos Autorais
Raquel Porto
rights@altabooks.com.br

Produtor Editorial
Thales Silva

Produtores Editoriais
Illysabelle Trajano
Maria de Lourdes Borges
Paulo Gomes
Thiê Alves

Equipe Comercial
Adriana Baricelli
Ana Carolina Marinho
Daiana Costa
Fillipe Amorim
Heber Garcia
Kaique Luiz
Maira Conceição

Equipe Editorial
Beatriz de Assis
Betânia Santos
Brenda Rodrigues
Caroline David
Gabriela Paiva
Henrique Waldez
Kelry Oliveira
Marcelli Ferreira
Mariana Portugal
Matheus Mello

Marketing Editorial
Jessica Nogueira
Livia Carvalho
Marcelo Santos
Pedro Guimarães
Thiago Brito

Atuaram na edição desta obra:

Tradução
Carlos Bacci

Copidesque
Guilherme Caloba

Revisão Gramatical
Ana Mota
Fernanda Lutfi

Diagramação
Heric Dehon

Capa
Rita Motta

Editora
afiliada à:

  ASSOCIADO

Rua Viúva Cláudio, 291 — Bairro Industrial do Jacaré
CEP: 20.970-031 — Rio de Janeiro (RJ)
Tels.: (21) 3278-8069 / 3278-8419
www.altabooks.com.br • altabooks@altabooks.com.br
Ouvidoria: ouvidoria@altabooks.com.br

ALTA BOOKS
GRUPO EDITORIAL

Para Lila e Henry Gleitman, generosos de coração e intelecto.

SUMÁRIO

AGRADECIMENTOS

A lista de pessoas cujo apoio me possibilitou escrever este livro é longa. Tudo começa, é claro, com minha família: meu pai Richard e minha falecida mãe Deedy, que inspiraram meu amor por jogos, pelo ensino e pela escrita: uma boa mistura para a criação deste livro; meu irmão, Howard, por ser um excelente irmão e por sua óbvia influência em minha carreira no pôquer e minha dedicação em tratar a arte de tomar decisões como uma ciência, e vice-versa — muitas das ideias neste livro vieram de conversas com ele; e minha irmã, Katy, por ser uma irmã solidária, uma escritora e poetisa inspiradora que espero impressionar um pouco, e por fazer uma leitura e edição cuidadosa do livro, encorajando-me a cada passo do caminho.

A Agência Literária Levine Greenberg Rostan e Portfolio colaboraram na publicação deste livro. Levou um bocado de tempo para me colocar neste projeto e muito mais para extrair este livro de mim. Pessoas maravilhosas em ambas as organizações fizeram muito para me ajudar e melhorar o produto final:

Jim Levine, meu agente literário e assistente, que me ajudou na redação da proposta e esteve presente em cada passo da jornada. Jim acreditou no projeto desde o início, me auxiliou a trabalhar de várias maneiras diferentes para lidar com o material e, pacientemente, me guiou em muitas iterações da proposta. Seu entusiasmo por este livro nunca diminuiu e manteve minha sanidade durante meus períodos de dúvida. E para Matthew Huff, assistente de Jim, que está lá desde a primeira reunião e prestou colaboração inestimável no processo de redação da proposta.

Niki Papadopoulos, meu editor e terapeuta, que tornou este livro incomensuravelmente melhor em muitos aspectos, incluindo a sugestão de um formato que forçou uma organização de ideias que eu não teria conseguido de outra forma. Sou eternamente grata. E a Leah Trouwborst por, junto com Niki, além de incentivar, proporcionar orientação editorial e terapia ocasional. E a Vivian Roberson por manter a produção dentro do cronograma.

Todos nestes agradecimentos (e muitos outros) me encorajaram a escrever este livro. Gostaria de destacar, por suas contribuições específicas, Dan Ariely, que também me apresentou a Jim Levine, e Charles Duhigg, que também gentilmente compartilhou sua proposta de livro para *O Poder do Hábito*, que foi um guia inestimável para escrever minha própria proposta. Dan e Charles desempenharam papéis significativos desde o momento em que este projeto estava em sua infância. Ambos dedicaram generosamente seu tempo e atenção, e me encorajaram a acreditar que o pôquer fornece informações valiosas sobre a tomada de decisões.

O incentivo de Glen Clarkson também foi notável. Ele tentou me fazer escrever este livro desde sempre. Insisti em escrever primeiro sobre estratégia de pôquer. Ele era um intrometido no sentido mais positivo do termo e estava certo.

Entre as pessoas que me inspiraram na minha formação, várias se destacam:

Lila Gleitman, minha orientadora na Penn. Intrépida, engraçada, inteligente, perspicaz e apaixonada por seu trabalho, ela inspirou em mim o amor pelo estudo da aprendizagem e tem sido um modelo para empreendimentos científicos. Ela me ensinou a pensar como uma cientista e, aos 88 anos, ainda é a pessoa mais inspiradora que conheço. Ela também foi incrivelmente generosa desde que foi minha orientadora, especialmente porque deixei o programa antes de obter meu doutorado. Ficou feliz pela vida que criei depois de partir e nunca me fez sentir mal por não haver terminado. E à memória de seu marido Henry, que também foi meu mentor, um mestre em design experimental e um personagem que se destaca em meu desenvolvimento intelectual.

Barbara Landau, que me interessou e empolgou com a psicologia na Universidade de Columbia. Sou grata pelos quatro anos que pude passar como sua assistente de pesquisa durante a graduação. Ela também me incentivou a continuar meus estudos na Penn, onde havia estudado com Lila e Henry Gleitman.

Jon Baron, que ministrou meu primeiro seminário sobre tomada de decisão. Bob Rescorla, por compartilhar seu fascínio pelo condicionamento e por me guiar nos escaninhos do aprendizado sobre o aprendizado. E todos os professores de Columbia e Penn que me ensinaram e alimentaram em mim o interesse e a curiosidade de explorar ciência, psicologia, comportamento, aprendizado e tomada de decisão.

Mesmo depois de sair da escola para jogar pôquer (por vinte anos) nunca abandonei os assuntos que me cativavam: como aprendemos e o que fazemos com o produto de nosso aprendizado. Sou grata a inúmeras pessoas que conheci no pôquer. Agradeço à comunidade de pôquer por receber uma jovem em seu meio e me ajudar a encontrar mentores, amigos e personagens inesquecíveis que enriqueceram meu tempo no jogo. E sou grata ao próprio jogo de pôquer, que me ofereceu algo pelo qual me apaixonar, recompensando-me pelas descobertas sobre sua complexidade, ao mesmo tempo que me lembra que, para cada camada que retirei, sempre havia mais camadas abaixo dela.

Meu apreço pelo pôquer não seria completo sem um agradecimento especial a Erik Seidel — por inúmeras razões, incluindo me mostrar o que significa realmente se esforçar para ser um pensador racional.

Agradecimentos especiais a David Grey, por compartilhar sua história sobre Ira, a Baleia; Phil Hellmuth, por dizer uma das melhores citações da história do pôquer; e John Hennigan, por compartilhar sua história sobre se mudar para Des Moines em uma aposta. Esses jogadores extraordinários, e muitos outros, também concederam sua experiência e amizade, um presente verdadeiramente maravilhoso. Além deles, tive a sorte de assistir e aprender com jogadores notáveis, entre os quais Chris Ferguson, Doyle Brunson, Chip Reese, Gus Hansen, Huckleberry Seed, Ted Forrest, Andy Bloch, Mori Eskandani, Phil Ivey, Bobby Buckler, Allen Cunningham, Danny Robison e Chau Giang (esses e tantos outros jogadores maravilhosos que encontrei ao longo dos anos não eram apenas notáveis em suas habilidades: eles eram notáveis em sua variedade de abordagens em direção ao objetivo semelhante de tomar boas decisões).

Este livro não existiria sem a contribuição e feedback que recebi de todas as empresas, reuniões, grupos profissionais e executivos que me contrataram ao longo dos anos, dando-me a oportunidade de expor minhas ideias por meio de palestras, retiros, consultoria e coaching. Isso começou com Roger Lowe, que convidou um jogador de pôquer para falar com negociantes de opções sobre como esse jogo pode ser útil nas tomadas de decisão. Sem essa solicitação original em 2002, este livro poderia nunca ter acontecido. As ideias nascentes que expressei naquele retiro foram a semente que germinou ao longo do tempo neste livro.

Durante o tempo que levou para escrever este livro, inúmeros amigos nos mercados editorial, acadêmico e empresarial compartilharam sua experiência, conhecimento e paixão, envolvendo-me em discussões, respondendo às minhas perguntas e fornecendo mais informações:

Colin Camerer, que arrumou tempo para conversar com uma estranha.

Stuart Firestein, por me lembrar, em meio à minha hesitação em escrever este livro, que a incerteza é um tema interessante e empolgante. Ele continua sendo uma inspiração para mim e um grande amigo. Sua alegria e entusiasmo são contagiantes, mesmo que sejam impossíveis de duplicar.

Olivia Fox Cabane, por me encorajar e acreditar com entusiasmo que a incerteza era um tópico interessante sobre o qual escrever.

Victoria Gray, por me apresentar a tantos estudiosos brilhantes por meio de Adventures of the Mind (incluindo George Dyson e Stuart Firestein) e por ser uma grande amiga.

Jon Haidt, que conheci quando éramos alunos de pós-graduação do primeiro ano na Penn, por conseguir tempo após a eleição de 2016 para falar ao telefone comigo e me lembrar de voltar a estudar John Stuart Mill.

Maria Konnikova, que me ajudou no processo de escrever este livro e me mostrou uma nova perspectiva de como o pôquer pode ser inspirador. Ambas compartilhamos uma paixão pelo intelecto de Erik Seidel.

Dave Lenowitz, por sua curiosidade intelectual e disposição para compartilhar ideias.

Robert MacCoun, por várias ótimas conversas sobre o tema da cegueira resultante.

Gary Marcus, por me envolver em algumas longas conversas sobre assuntos que ajudaram a formar as ideias deste livro. Conheci Gary quando estávamos na pós-graduação; eu era aluna de Lila e ele, de Steven Pinker. Nós nos reconectamos anos mais tarde, depois que comecei a trabalhar neste livro, e as conversas que tive a sorte de ter com ele sobre memória e tempo foram inestimáveis.

Gabriele Oettingen e seu marido Peter Gollwitzer, professores de psicologia da NYU. A conversa que tivemos em um longo almoço sobre contraste mental teve valor inestimável para este livro.

Gerry Ohrstrom, por me reapresentar a Gary Marcus, que por sua vez me apresentou a Gabriele Oettingen e Peter Gollwitzer.

Joseph Sweeney, cujo amor por aprender e devorar o material tratado aqui levou a muitas longas conversas durante o almoço que contribuíram muito com este livro e o tornaram melhor de muitas maneiras.

Philip Tetlock, por uma conversa que se tornou três das horas mais informativas da minha vida; e também por estimular a me familiarizar novamente com as normas científicas de Robert Merton.

Joseph Kable, por gentilmente almoçar comigo para falar sobre os circuitos cerebrais recrutados para imaginar o futuro.

Obrigado a todos os meus amigos e colegas da How I Decide, uma fundação educacional sem fins lucrativos que cofundei, cuja missão é de proporcionar aos jovens melhor habilidade na tomada de decisão e pensamento crítico (www.howidecide.org). Obrigada a todas as pessoas dedicadas que fazem o trabalho pesado, ao diretor executivo Dave Lenowitz e a todos os funcionários: Dan Donaldson, Dylan Gordon, Jillian Hardgrove, Adriana Massara, Ramin Mohajer e Joseph Sweeney. E obrigada a todos os membros da diretoria e do conselho consultivo. Além de tantas contribuições individuais dessas pessoas maravilhosas para o livro, o trabalho árduo e a dedicação deles têm sido uma inspiração constante para eu fazer o melhor para compreender e ensinar habilidades de tomada de decisão.

Agradeço às seguintes pessoas que leram as primeiras porções ou rascunhos deste material e fizeram seus comentários: Jim Doughan, Paul Schoemaker, T. C. Scornavacchi, Todd Simkin e Joseph Sweeney.

Um obrigado especial a Michael Craig, que me deu uma ajuda editorial extraordinária e inestimável. Sem ele, este livro nunca teria acontecido. Agradeço a ele por sua ajuda profissional e por ser um bom amigo.

Devo muito a Jenifer Sarver, que literalmente comanda minha vida profissional e mantém tudo na linha; eu desmoronaria sem ela. Também sou grata pelo papel vital de Luz Stable em me ajudar a conciliar minhas responsabilidades comerciais ao escrever este livro.

Sou grata a meus amigos por terem suportado gentilmente que eu estivesse em um buraco negro durante a escrita deste livro e por pacientemente me esperarem colocar a cabeça fora d'água. Cancelei planos mais vezes do que posso contar e a compreensão que recebi não será esquecida.

Este livro realmente não teria vindo à luz sem Eric, que me atura e inspira, tanto na escrita deste livro quanto em tudo o mais. Obrigada aos meus enteados, que tornaram minha vida muito mais plena e sempre foram pacientes e compreensivos.

Assim como me beneficiei muito dos fundamentos e da ajuda contínua de meus pais e irmãos, a influência mais importante sobre mim continua sendo de meus incríveis e maravilhosos filhos. Eles me aturam. Eles aturaram este livro. Ensiná-los tem sido o objetivo da minha vida, mas é impossível sequer contemplar todas as coisas que eles me ensinaram. Eles são incríveis e me inspiram todos os dias.

Pensar em
Apostas

INTRODUÇÃO
Por que Este Não É um Livro sobre Pôquer

Quando eu tinha 26 anos, imaginava que meu futuro já estava traçado. Cresci entre os muros de uma famosa escola preparatória em New Hampshire, cujo departamento de inglês era dirigido por meu pai. Eu havia me formado em inglês e psicologia pela Universidade de Columbia. Fiz pós-graduação na Universidade da Pensilvânia, onde ganhei uma bolsa da National Science Foundation (NSF), obtive um mestrado e estava terminando meu trabalho de doutorado em psicologia cognitiva.

Mas adoeci logo antes de terminar minha dissertação. Tirei uma licença, deixei Penn, casei e me mudei para uma pequena cidade em Montana. Sem surpresa nenhuma, minha bolsa da NSF não cobriu minha experiência de "pé na estrada" na idade adulta, então eu precisava de dinheiro. Foi quando meu irmão Howard, um jogador profissional de pôquer que já havia chegado à mesa final do World Series of Poker, sugeriu que eu desse uma olhada nos jogos de pôquer legais no Billings. Não foi uma sugestão tão aleatória quanto possa parecer. Cresci em uma família competitiva e que gostava de jogar, e nas férias Howard me levara a Las Vegas algumas vezes, algo fora das minhas possibilidades financeiras. Eu o observava jogar e também participava de jogos de apostas baixas.

Eu me apaixonei pelo pôquer imediatamente. Não foram as luzes brilhantes de Vegas que me atraíram, mas sim a sensação de jogar e testar minhas habilidades no porão de um bar do Billings chamado Crystal Lounge. Tinha muito o que aprender, mas me sentia animada com isso. Meu plano era ganhar algum dinheiro durante as férias escolares, continuar os estudos acadêmicos e jogar pôquer como hobby.

Minha pausa temporária se transformou em uma carreira de vinte anos como jogadora profissional de pôquer. Ao me aposentar do jogo em 2012, ganhei uma pulseira de ouro da World Series of Poker, o WSOP Tournament of Champions e o NBC National Heads-Up Championship, e tinha faturado mais de US$4 milhões em torneios de pôquer. Howard, enquanto isso, havia ganhado duas pulseiras da World Series, dois títulos no Hall of Fame Poker Classic, dois campeonatos do World Poker Tour e mais de US$6,4 milhões de premiação em dinheiro nos torneios.

Talvez possa parecer um eufemismo dizer que me desviei do caminho acadêmico. Porém, logo percebi que, na verdade, não o tinha abandonado, mas sim mudado para uma espécie de laboratório no qual podia estudar como as pessoas aprendem e tomam decisões. Uma mão de pôquer leva cerca de dois minutos. Ao longo dela, posso estar envolvida em até vinte decisões. E cada mão termina com um resultado concreto: ou ganho ou perco dinheiro. O resultado de cada mão fornece feedback imediato sobre suas decisões. Mas é um tipo de feedback complicado, porque ganhar e perder são apenas sinais imprecisos da qualidade da decisão. Você pode ganhar mãos sortudas e perder as azaradas. Consequentemente, é difícil aproveitar todo esse feedback para aprender.

A perspectiva de alguns rancheiros grisalhos em Montana levarem sistematicamente meu dinheiro em uma mesa de pôquer me obrigou a encontrar maneiras práticas de resolver esse quebra-cabeça de aprendizado sob pena de ir à falência. Por sorte, no início da carreira, encontrei alguns exímios jogadores de pôquer e aprendi como lidavam não só com a sorte e a incerteza, mas também com a relação entre aprendizagem e tomada de decisão.

Com o tempo, aqueles jogadores de pôquer de primeira classe me ensinaram a entender que uma aposta é de fato uma decisão sobre um futuro incerto. As implicações de tratar as decisões como apostas possibilitaram que eu encontrasse oportunidades de aprendizagem em ambientes incertos. Descobri que tratar as decisões como apostas me ajudou a evitar armadilhas de decisão comuns, aprender com os resultados de uma forma mais racional e deixar as emoções de fora tanto quanto possível.

Em 2002, em virtude de Erik Seidel, meu amigo e super bem-sucedido jogador de pôquer, ter recusado uma palestra, um gerente de fundos de hedge me pediu para falar com um grupo de corretores e compartilhar algumas dicas de pôquer capazes de ser aplicadas à negociação de títulos. Desde aquela ocasião, tenho falado para grupos profissionais em muitos setores de atividade, olhando a fundo a abordagem que aprendi no pôquer, refinando-a continuamente e ajudando outras pessoas a aplicá-la às decisões nos mercados financeiros, planejamento estratégico, recursos humanos, direito e empreendedorismo.

A boa notícia é que podemos encontrar soluções práticas e estratégias para nos manter a salvo das armadilhas que se encontram entre as decisões que gostaríamos de tomar e a execução dessas decisões. Este livro pretende mostrar que pensar em apostas melhorará a tomada de decisões ao longo de nossas vidas. Podemos melhorar nossa capacidade de: distinguir a qualidade do resultado da qualidade da decisão; descobrir o poder de dizer "Não tenho certeza"; aprender estratégias para delinear o futuro; nos tornarmos tomadores de decisão menos reativos; formar e manter grupos de companheiros buscando aprimorar nosso processo de decisão; e recrutar nossos "eus" passados e futuros para tomar menos decisões emocionais.

Ainda não me tornei uma tomadora de decisões sempre racional e livre de emoções por pensar em apostas. Cometi (e cometo) muitos erros. Erros, emoções, perdas: coisas inevitáveis na nossa condição de humanos. A abordagem de pensar em apostas *me levou a* ser objetiva, precisa e deixar a mente aberta. Esse posicionamento se intensifica com o passar do tempo para criar mudanças significativas em nossas vidas.

Portanto, este não é um livro sobre estratégias de pôquer ou jogos de azar. Entretanto, trata de coisas que o pôquer me ensinou sobre aprendizagem e tomada de decisões. As soluções práticas que aprendi naquelas salas de pôquer enfumaçadas revelaram-se estratégias valiosas para qualquer pessoa que procura tomar decisões melhores.

Pensar em apostas começa com o reconhecimento de que existem exatamente duas coisas que determinam como nossas vidas serão: a qualidade de nossas decisões e a sorte. Aprender a saber a diferença entre os dois é todo o significado de pensar em apostas.

CAPÍTULO 1
A Vida É Pôquer, Não Xadrez

Pete Carroll e os Técnicos de Segunda-Feira

Uma das mais polêmicas decisões na história do Super Bowl ocorreu nos segundos finais do Super Bowl XLIX em 2015. O Seattle Seahawks estava perdendo por 4 pontos faltando 26 segundos para o fim do "segundo down" [a segunda das quatro jogadas consecutivas de ataque permitidas em cada etapa do jogo] na linha de 1 jarda [que fica próxima da linha do gol] do New England Patriots. Todos esperavam que o técnico do Seahawks, Pete Carroll, ordenasse que a bola fosse passada para o "running back" [atacante veloz] Marshawn Lynch. Por que isso? Porque a equipe estava próxima da linha de gol e Lynch era um dos melhores running backs da NFL.

Em vez disso, Carroll chamou o quarterback [jogador responsável por levar a bola ao longo do campo ou passá-la a outro com esse objetivo] Russell Wilson para passar. O New England interceptou a bola, vencendo o Super Bowl momentos depois. As manchetes do dia seguinte foram brutais.

- *USA Today:* "Que Diabos Seattle Estava Pensando com a Pior Jogada da História da NFL?"

- *Washington Post:* "A 'Pior Jogada da História do Super Bowl' Irá Alterar para Sempre a Percepção dos Seahawks, Patriots"
- FoxSports.com: "A Jogada mais Idiota da História do Super Bowl Pode Ser o Começo do Fim para os Seattle Seahawks"
- *Seattle Times*: "Seahawks perderam Devido à Pior Jogada da História do Super Bowl"
- *New Yorker*: "Um Erro Terrível do Treinador no Super Bowl"

Embora considerada ponto pacífico por quase todos os especialistas, essa análise foi contestada por algumas vozes periféricas que argumentaram que a escolha da jogada foi sensata, se não brilhante. Benjamin Morris, em FiveThirtyEight.com, e Brian Burke em Slate.com, colocaram de modo convincente que a decisão de lançar a bola era totalmente defensável, utilizando como argumento a questão do gerenciamento do tempo e as considerações de final de jogo. Eles também assinalaram que a interceptação da bola era um resultado extremamente improvável. (Dos 66 passes tentados da linha de 1 jarda do oponente durante a temporada, nenhum foi interceptado. Nas 15 temporadas anteriores, a taxa de interceptação nessa situação rondava os 2%.)

Essas vozes dissidentes não afetaram a avalanche de críticas dirigidas a Pete Carroll. Acreditando ou não na análise contrária, a maioria das pessoas não quer dar a Carroll o crédito de haver pensado bem ou de ter *qualquer* motivo para fazer o que fez. Isso levanta a questão: por que *tantas* pessoas acreditam *tão* fortemente que Pete Carroll estava *tão* errado?

Quatro palavras resumem bem essa postura: a jogada deu errado.

Imagine, por um momento, que Wilson completou o passe para um touchdown vitorioso [ponto equivalente ao gol da vitória]. As manchetes não passariam a ser: "Uma Jogada Brilhante" ou "Seahawks Vencem o Super Bowl com uma Jogada Surpreendente" ou "Carroll Supera

Belichick"? Ou imagine que o passe foi incompleto e os Seahawks marcaram (ou não) em uma das duas jogadas de ataque que faltariam, pois o jogo prosseguiria. As manchetes seriam dedicadas a outras jogadas. O que Pete Carroll mandou fazer no segundo "down" teria sido ignorado.

Carroll não deu sorte. Ele tinha controle sobre a qualidade da decisão da jogada, mas não sobre como ela terminaria. Não obter um resultado favorável foi exatamente o motivo dele ter sido tão acidamente criticado. Ele optou por uma jogada com alta probabilidade de terminar em um touchdown decisivo ou um passe incompleto (o que teria permitido mais duas jogadas para os Seahawks passarem a bola para Marshawn Lynch). Ele tomou uma decisão de boa qualidade que teve um resultado ruim.

Pete Carroll foi vítima de nossa tendência de igualar a qualidade de uma decisão à qualidade de seu resultado. Os jogadores de pôquer têm uma palavra para isso: "resultante". Quando comecei com o pôquer, jogadores mais experientes me chamaram a atenção sobre os perigos do resultante, alertando-me para resistir à tentação de mudar minha estratégia apenas porque algumas mãos não deram certo a curto prazo.

Pete Carroll entendeu que seu universo de críticos era culpa do resultante. Quatro dias após o Super Bowl, ele apareceu no programa *Today* e reconheceu: "Foi o pior *resultado* de uma jogada de todos os tempos", e acrescentou: "A jogada teria sido ótima se pegássemos a bola. Teria sido ótima, e ninguém pensaria duas vezes nisso."

Por que somos tão ruins em separar sorte e habilidade? Por que nos sentimos tão desconfortáveis em saber que os resultados podem estar além do nosso controle? Por que criamos um vínculo tão forte entre os resultados e a qualidade das decisões que os precedem? Como podemos evitar cair na armadilha do Técnico de Segunda-Feira, seja analisando a decisão de alguém ou tomando e revisando as decisões em nossas próprias vidas?

Os riscos do resultante

Pare um instante para pensar em qual pode ter sido sua melhor decisão no último ano. Em seguida, pense qual pode ter sido sua pior decisão.

Sou capaz de apostar que sua melhor decisão precedeu um bom resultado, e a pior, um resultado ruim.

Essa é, para mim, uma aposta segura, uma vez que o resultante não é apenas algo que fazemos de longe. Os Técnicos de Segunda-feira são um alvo fácil, assim como escritores e blogueiros e suas análises instantâneas para um público de massa. Porém, como descobri a partir de minhas próprias experiências no pôquer, o resultante é um padrão de pensamento rotineiro que atormenta a todos nós. Traçar uma relação excessivamente estreita entre os resultados e a qualidade das decisões influencia nossas decisões todos os dias e tem potencial de provocar consequências catastróficas de longo alcance.

Em minhas consultorias com executivos, às vezes começo com o seguinte exercício: peço aos membros do grupo que venham à nossa primeira reunião com uma breve descrição de suas melhores e piores decisões do ano anterior. Ainda estou para encontrar alguém que não identifique seus melhores e piores *resultados*, em vez de suas melhores e piores decisões.

Em uma reunião de consultoria com um grupo de CEOs e empresários, um dos integrantes disse que a demissão do presidente de sua empresa havia sido sua pior decisão. Ele explicou: "Desde que o despedimos, a busca por um substituto tem sido exasperante. Tivemos duas pessoas diferentes na função. As vendas estão caindo. A empresa não está indo bem. Não tivemos ninguém que realmente seja tão bom quanto ele."

Isso parece ser um resultado desastroso, mas eu estava curiosa para sondar a razão pela qual o CEO achou que a decisão de demitir seu presidente foi tão ruim (outra que não o fato de não ter dado certo).

Ele explicou o processo de decisão e as bases para concluir pela demissão do presidente. "Analisamos nossos concorrentes diretos e empresas comparáveis e concluímos que nosso desempenho era inferior ao deles. Pensamos que era possível chegar àquele patamar de desempenho e crescer, e que provavelmente era uma questão de liderança."

Perguntei se houve no processo uma atuação com o presidente para verificar quais suas lacunas de habilidades e o que ele poderia fazer melhor. A empresa havia, de fato, trabalhado com ele nesse sentido. O CEO contratou um coach executivo para trabalhar com ele na melhoria de suas habilidades de liderança, a principal fraqueza identificada.

O treinamento executivo não resultou em um melhor desempenho, e então a empresa considerou dividir as responsabilidades do presidente, de modo a deixá-lo se concentrar em seus pontos fortes e transferindo algumas responsabilidades para outro executivo. Mas acabaram por rejeitar essa ideia, concluindo que o moral do presidente seria negativamente afetado e os funcionários provavelmente interpretariam isso como um voto de desconfiança. Ademais, essa opção colocaria uma pressão financeira extra sobre a empresa para dividir uma posição que acreditavam que apenas uma pessoa poderia preencher.

Por fim, o CEO informou sobre a experiência da empresa em contratações externas de alto nível e sua compreensão dos talentos disponíveis. Parecia que o CEO tinha uma base razoável para acreditar que encontrariam alguém melhor.

Com o grupo todo reunido, perguntei: "Quem acha que aquela foi uma má decisão?" Não surpreendentemente, todos concordaram que a empresa executou um processo cuidadoso e tomou uma decisão que era razoável, dado o que sabiam na época.

Parecia um resultado ruim, não uma decisão ruim. A relação imperfeita entre os resultados e a qualidade das decisões devastou o CEO e afetou negativamente as decisões subsequentes relativas à empresa. O CEO considerou a decisão como errônea apenas porque não deu certo. Ele, obviamente, se angustiou e se arrependeu daquela decisão. Afirmou muito claramente que achava que deveria saber que a decisão de demitir o presidente acabaria mal. Seu comportamento quanto a tomadas de decisão no futuro refletia a crença de que ele cometera um erro. Não era uma questão apenas do resultante, mas ele estava sucumbindo também ao seu companheiro, o viés retrospectivo. O viés retrospectivo é a tendência, após um resultado ser conhecido, de vê-lo como algo inevitável. Quando dizemos: "Eu deveria saber que isso aconteceria" ou "Eu deveria ter previsto", estamos sucumbindo a um viés retrospectivo.

Essas crenças se desenvolvem a partir de uma conexão muito estreita entre resultados e decisões, algo típico de como avaliamos nossas decisões anteriores. Tal como a multidão de críticos da decisão de Pete Carroll na última jogada do Super Bowl, o CEO foi culpado pelo resultante, ignorando sua (e de sua empresa) análise cuidadosa e se concentrando apenas no resultado ruim. A decisão não funcionou, e ele considerou o resultado como se fosse uma consequência inevitável, e não probabilística.

No exercício que aplico para especificar as melhores e as piores decisões, nunca pareço encontrar alguém que identifique uma decisão ruim em que teve sorte com o resultado, ou uma decisão bem fundamentada que não deu certo. Vinculamos resultados com decisões, ainda que seja fácil apontar exemplos indiscutíveis nos quais não há uma correlação perfeita entre decisões e resultados. Ninguém que esteja sóbrio acha que chegar em casa com segurança após dirigir bêbado reflete uma boa decisão ou uma boa capacidade de dirigir. Mudar as decisões futuras baseando-se nesse resultado fortuito é perigoso e inédito (a menos que você esteja raciocinando enquanto está embriagado e obviamente se iludindo).

Todavia, foi exatamente isso que ocorreu com aquele CEO. Ele mudou seu comportamento com base na qualidade do resultado, em vez da qualidade do processo de tomada de decisão. Decidiu que dirigia melhor quando estava bêbado.

Seja rápido ou morra: nossos cérebros não foram feitos para a racionalidade

A ausência de racionalidade demonstrada pelos críticos de Pete Carroll não causa surpresa a ninguém que esteja familiarizado com a economia comportamental. Graças ao trabalho de muitos e brilhantes psicólogos, economistas, pesquisadores cognitivos e neurocientistas, há vários livros excelentes explicando por que os humanos são atormentados por certos tipos de irracionalidade na tomada de decisões. (Se você não conhece esses livros, consulte a Bibliografia Selecionada e as Recomendações para Leituras Futuras.) Mas eis aqui um resumo.

Para começar, nossos cérebros evoluíram para criar certeza e ordem. Ficamos incomodados com a ideia de que a sorte desempenha um papel nada desprezível em nossas vidas. Apesar de reconhecermos a existência da sorte, resistimos à ideia de que as coisas podem não funcionar como desejamos ainda que empreguemos nossos melhores esforços. Para nós, é melhor imaginar o mundo como um lugar ordenado, em que a aleatoriedade não causa grandes danos e as coisas são perfeitamente previsíveis. Evoluímos para ver o mundo dessa maneira. Criar ordem a partir do caos foi necessário para nossa sobrevivência.

Quando nossos ancestrais ouviram um farfalhar na savana e um leão saltou, relacionar "farfalhar" a "leões" poderia salvar suas vidas em ocasiões posteriores. Encontrar conexões previsíveis é, literalmente, como nossa espécie sobreviveu. O escritor de ciências, historiador e cético Michael Shermer, em *Cérebro e Crença*, explica por que historicamente (e pré-historicamente) estivemos à procura de conexões, mesmo duvidosas ou falsas. A interpretação incorreta do farfalhar como um leão se aproximando é denominada de erro tipo I, um falso positivo. As consequências de tal erro são muito menos graves do que as de um erro do tipo II, um falso negativo. Este pode se constituir em uma interpretação fatal: ouvir um farfalhar e sempre assumir que é o vento teria feito nossos ancestrais serem devorados, e não estaríamos aqui para contar a história.

A busca pela certeza ajudou a nos manter vivos todo esse tempo, mas pode comprometer gravemente nossas decisões em um mundo incerto. Quando trabalhamos retroativamente a partir dos resultados para descobrir por que determinadas coisas aconteceram, ficamos sujeitos a uma série de armadilhas cognitivas, como assumir causalidade quando há apenas correlação, ou selecionar dados para confirmar a narrativa que preferimos. Vamos cravar muitos pinos quadrados em buracos redondos para manter a ilusão de uma relação estreita entre nossos resultados e nossas decisões.

Diferentes funções cerebrais competem entre si para controlar nossas decisões. Daniel Kahneman, prêmio Nobel e professor de psicologia, em seu best-seller *Rápido e Devagar*, de 2011, popularizou os termos "Sistema 1" e "Sistema 2". Ele caracterizou o Sistema 1 como "pensamento rápido".

O Sistema 1 o faz pisar no freio no instante em que alguém pula na rua em frente ao seu carro. Nele estão incluídos reflexo, instinto, intuição, impulso e automatismo. O Sistema 2, "pensamento lento", é como escolhemos, nos concentramos e gastamos energia mental. Kahneman explica como o Sistema 1 e o Sistema 2 são capazes de dividir e conquistar nossa tomada de decisão, mas funcionam mal quando entram em conflito.

Gosto particularmente dos rótulos descritivos "mente reflexiva" e "mente deliberativa" preferidos pelo psicólogo Gary Marcus. Em seu livro de 2008, *Kluge: a Construção Desordenada da Mente Humana*, ele escreveu: "Nosso pensamento pode ser dividido em duas correntes: uma é rápida, automática e amplamente inconsciente; a outra é lenta, deliberada e criteriosa." O primeiro sistema, "o sistema reflexivo, parece agir com presteza e de modo automático, com ou sem nossa percepção consciente". O segundo sistema, "o sistema deliberativo... pondera, considera, debruça-se sobre os fatos".

As diferenças entre os sistemas passam ao largo da simples rotulação. O processamento automático tem origem nas partes evolutivamente mais antigas do cérebro, incluindo o cerebelo, os gânglios basais e a amígdala. A mente deliberativa opera a partir do córtex pré-frontal.

Colin Camerer, professor de economia comportamental e principal palestrante e pesquisador sobre a interseção da teoria dos jogos e da neurociência, me explicou quão tresloucado é imaginar que poderíamos simplesmente fazer com que nossas mentes deliberativas ampliassem sua atuação no trabalho de tomada de decisão. "Temos uma fina camada de córtex pré-frontal feita especialmente para nós, localizada em cima de um grande cérebro animal. Aumentar o grau de gerenciamento dessa camada fina não é realista." O córtex pré-frontal não controla a maioria de nossas decisões cotidianas. Não há como tirar mais proveito dessa camada fina e única do córtex pré-frontal. "Já está sobrecarregado", disse-me ele.

Esse é o tipo de cérebro que temos e que não mudará tão cedo.* Decisões mais racionais não são se restringem à força de vontade ou a lidar conscientemente com que sejam elaboradas na mente deliberativa. Nossa capacidade deliberativa já está no limite. Não temos a opção, uma vez que reconhecemos o problema, de meramente transferir o trabalho para uma parte diferente do cérebro, como se você, ao machucar as costas levantando caixas, passasse a confiar nos músculos das pernas.

Tanto a mente deliberativa quanto a reflexiva são necessárias para que possamos sobreviver e progredir. As grandes decisões que dizem respeito ao que queremos realizar recrutam o sistema deliberativo. Entretanto, a maioria das decisões que tomamos para atingir esses objetivos ocorrem na mente reflexiva. No sistema de processamento automático, há gatilhos que nos impediram de ficar parados na savana debatendo a origem de um som potencialmente ameaçador enquanto sua fonte nos devorava. Eles acionam rotas de fuga que nos mantêm vivos, executando rotineiramente as milhares de decisões que nos possibilitam viver nossas vidas diárias.

Precisamos de gatilhos, mas eles têm um custo. Muitos erros de tomada de decisão se originam da pressão sobre o sistema reflexivo para que ele faça seu trabalho rápida e automaticamente. Ninguém acorda de manhã e diz: "Quero me fechar nas minhas opiniões e não ligar para os outros." Porém, o que acontece quando estamos concentrados no trabalho e um colega estúpido se aproxima? Nosso cérebro já está usando a linguagem corporal e respostas curtas para se livrar dele sem deixar de manter a compostura. Não ficamos deliberando; apenas fazemos. E se ele tivesse uma

---

* Tecnicamente, ele está em contínua evolução, mas não o bastante para nos beneficiar em nossas vidas.

informação útil para compartilhar? Nós o cortamos, descartamos, e estamos predispostos a ignorar seja o que for que se apresente e varie do que já sabemos.

Muitas de nossas atitudes diárias ocorrem pelo processamento automático. Temos hábitos e padrões que raramente examinamos, desde segurar um lápis até desviar para evitar um acidente de carro. O desafio não é mudar o modo de funcionamento de nossos cérebros, mas descobrir como trabalhar segundo suas limitações naturais. Estar ciente de nosso comportamento irracional e querer mudar não basta, da mesma forma que saber que se está olhando para uma ilusão visual não é suficiente para fazer com que ela desapareça. Daniel Kahneman usou a famosa ilusão de Müller-Lyer para ilustrar essa questão.

A ILUSÃO DE MÜLLER-LYER

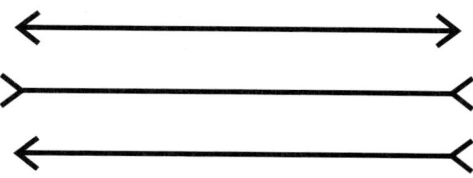

Qual das três linhas é mais comprida? Nosso cérebro sinaliza que a segunda linha é a mais comprida, mas se você adicionar as linhas de medição verificará que as três têm o mesmo comprimento.

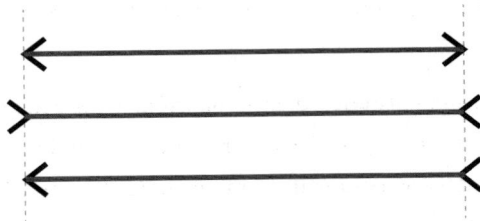

Podemos medir as linhas para constatar que são do mesmo tamanho, mas não podemos deixar de ver a ilusão.

O que está em nossas mãos é procurar soluções práticas, como carregar uma régua e saber quando usá-la para checar como seu cérebro processa o que você vê. Acontece que o pôquer é ótimo para encontrar estratégias práticas que façam a execução de nossas decisões alinhar-se melhor com nossos objetivos. Entender como os jogadores de pôquer pensam pode nos ajudar a lidar com os desafios de decisão com que nos deparamos no local de trabalho, na vida financeira, nos relacionamentos e, até mesmo, a decidir se passar a bola foi ou não uma jogada brilhante.

Aviso de dois minutos

Nosso objetivo é fazer com que a mente reflexiva execute as melhores intenções da mente deliberativa. Jogadores de pôquer não precisam conhecer a ciência subjacente para compreender a dificuldade de reconciliar os dois sistemas. Eles precisam tomar várias decisões com consequências financeiras significativas em um curto período de tempo, e fazê-lo de maneira a alinhar suas mentes reflexivas a seus objetivos de longo prazo. Com isso, a mesa de pôquer passa a ser um laboratório único para estudar a tomada de decisões.

Cada mão de pôquer requer pelo menos uma decisão (descartar ou manter suas cartas iniciais), e algumas mãos podem exigir até vinte decisões. Em um cassino, os participantes jogam cerca de trinta mãos por hora. A mão média de pôquer leva cerca de dois minutos para ser concluída, incluindo o tempo em que o maço é embaralhado e as cartas são distribuídas. Sessões de pôquer costumam durar várias horas, com muitas decisões em cada mão. Isso significa que um jogador de pôquer toma centenas de decisões por sessão, todas em uma velocidade vertiginosa.

A etiqueta e as regras do jogo desestimulam os jogadores a desacelerar o jogo para deliberar, mesmo quando enormes consequências financeiras estão envolvidas. Se um jogador leva um tempo extra, outro jogador pode "pedir o relógio" para ele. Isso dá ao jogador deliberativo *setenta segundos* para se decidir, o que é uma eternidade no tempo do pôquer.

Cada mão (ou seja, cada decisão) tem consequências financeiras imediatas. Em um torneio ou jogo de apostas altas, cada decisão pode valer mais do que uma casa média de três quartos, e os jogadores precisam decidir mais rapidamente do que nós para fazer um pedido em um restaurante. Mesmo em apostas mais baixas, a maior parte ou todo o dinheiro que um jogador tem na mesa está potencialmente em jogo a cada decisão. Jogadores de pôquer, portanto, devem se tornar hábeis na tomada de decisões rápidas ou não sobreviverão na profissão. Isso significa encontrar maneiras de executar suas melhores intenções (deliberadas com antecedência) dentro das restrições da velocidade esperada na mesa. Ganhar a vida no pôquer requer interpolação entre os sistemas deliberativo e reflexivo. Os melhores jogadores precisam encontrar meios de harmonizar conflitos de outra forma insolúveis.

Ademais, quando o jogo termina, os jogadores devem aprender com aquela mistura confusa de decisões e resultados, separando sorte da habilidade, sinais de ruídos e se protegendo do resultante. Esse é o único jeito de melhorar, especialmente quando as mesmas situações de pressão se repetem em uma miríade de formas.

Solucionar a questão de como executar é ainda mais importante do que o talento inato para ter sucesso no pôquer. Todo o talento do mundo de nada adianta se um jogador não consegue executar, evitar armadilhas de decisão comuns, aprender com os resultados de maneira racional e manter as emoções de fora tanto quanto possível. Jogadores com um talento inspirador limpam a mesa em suas melhores noites, mas vão à falência em muitas outras, se não tiverem enfrentado esse desafio. Os que resistem ao teste do tempo têm uma variedade de talentos, mas o que compartilham é a capacidade de execução diante dessas limitações.

Todos nós lutamos para executar nossas melhores intenções. Os jogadores de pôquer também, com os desafios adicionais de pressão de tempo, incerteza e consequências financeiras imediatas. Isso faz do pôquer um ótimo lugar para encontrar abordagens inovadoras de superação dessa luta. O valor do pôquer na compreensão da tomada de decisões é reconhecido pelos acadêmicos há bastante tempo.

Dr. Strangelove

É difícil para um cientista se tornar um nome conhecido. Assim, não deveria surpreender que para a maioria das pessoas o nome de John von Neumann não seja reconhecido.

É uma pena, porque von Neumann é um herói para mim e deveria ser para qualquer pessoa comprometida em tomar decisões melhores. Suas contribuições nesse sentido foram imensas, mas também só uma nota de rodapé na curta vida de uma das maiores mentes da história do pensamento científico. (E, não por coincidência, ele era um jogador de pôquer.)

Durante um período de vinte anos ele contribuiu para praticamente todos os ramos da matemática. Em seus últimos dez anos de vida, desempenhou um papel essencial no Projeto Manhattan; foi pioneiro na física por trás da bomba de hidrogênio; desenvolveu os primeiros computadores; descobriu a maneira ideal de direcionar bombardeiros e escolher alvos no fim da Segunda Guerra Mundial, e criou o conceito de destruição mutuamente assegurada (MAD, na sigla em inglês) — o princípio geopolítico de sobrevivência durante a Guerra Fria. Mesmo depois de diagnosticado com câncer em 1955, aos 52 anos, ele serviu na primeira agência civil de supervisão da pesquisa e desenvolvimento atômico, participando de reuniões, embora com muita dor, em uma cadeira de rodas pelo tempo que foi fisicamente capaz.

Apesar de todas as suas realizações na ciência, de certa forma o legado de von Neumann na cultura popular é como um dos modelos para o personagem-título da comédia apocalíptica de Stanley Kubrick, *Dr. Strangelove*: um gênio com forte sotaque, enrugado e em uma cadeira de rodas cuja estratégia de confiar na destruição mutuamente assegurada dá errado quando um general insano envia um único bombardeiro em uma missão não autorizada capaz de desencadear o disparo automatizado de todas as armas nucleares norte-americanas e soviéticas.

Além de outras realizações, John von Neumann também é o pai da teoria dos jogos. Terminado seu trabalho diurno no Projeto Manhattan, ele colaborou com Oskar Morgenstern para publicar *Theory of Games and Economic Behavior* em 1944. Esse livro está na lista dos "100 Livros Mais Influentes do Século" da Biblioteca Pública de Boston. William Poundstone, autor de um livro muito lido sobre teoria dos jogos, *Prisoner's Dilemma*, chamou-o de "um dos livros mais influentes e menos lidos do século XX". A introdução à edição do 60° aniversário mostrou como o livro foi rapidamente reconhecido como um clássico. As resenhas iniciais nas revistas acadêmicas de maior prestígio rasgaram elogios a "uma das maiores conquistas científicas da primeira metade do século XX" e "mais dez desses livros e o progresso da economia está assegurado".

A teoria dos jogos revolucionou a economia, como evidenciam ao menos 11 ganhadores do Nobel de economia ligados à teoria dos jogos e suas implicações na tomada de decisões, incluindo John Nash (um aluno de von Neumann), cuja história de vida foi narrada no filme vencedor do Oscar, *Uma Mente Brilhante*. A teoria dos jogos tem amplas aplicações fora da economia, subsidiando as ciências comportamentais (incluindo psicologia e sociologia), bem como ciência política, pesquisa biomédica, negócios e vários outros campos.

A teoria dos jogos foi sucintamente definida pelo economista Roger Myerson (um dos laureados nesse campo com o Nobel) como "o estudo de modelos matemáticos de conflito e cooperação entre tomadores de decisão racionais inteligentes". A teoria dos jogos é a base moderna para o estudo da maior parte de nossas tomadas de decisão, abordando os desafios das condições de mudança, informações ocultas, acaso e a multiplicidade de pessoas envolvidas nas decisões. Soa familiar?

Felizmente, não é necessário saber mais do que isso sobre a teoria dos jogos para perceber sua relevância. Para este livro, o importante é que John von Neumann modelou a teoria dos jogos em uma versão simplificada do pôquer.

Pôquer versus xadrez

Em *A Escalada do Homem*, o cientista Jacob Bronowski conta como von Neumann descreveu a teoria dos jogos durante uma corrida de táxi em Londres. Bronowski era um entusiasta do xadrez e pediu a ele que esclarecesse: "Você quer dizer que a teoria dos jogos parece xadrez?"

Bronowski citou a resposta de von Neumann: "'Não, não' disse ele. 'O xadrez não é um jogo. O xadrez é uma espécie bem definida de computação. Você pode não ser capaz de descobrir as respostas, mas teoricamente deve haver uma solução, um procedimento correto em qualquer posição. Agora, jogos de verdade não são nada disso. A vida real não é assim. A vida real consiste em blefar, em pequenas táticas de engano, em se perguntar o que a outra pessoa vai pensar sobre o que pretendo fazer. E é disso que tratam os jogos, na minha teoria.'"

As decisões que tomamos — nos negócios, poupança e gastos, escolhas de saúde e estilo de vida, criação dos filhos e relacionamentos — se encaixam facilmente na definição de "jogos reais" de von Neumann. Elas envolvem incerteza, risco e ocasionais enganos, elementos importantes no pôquer. O problema surge quando lidamos com as decisões da vida como se fossem decisões de xadrez.

Não há no xadrez informações ocultas, e a sorte é um elemento pouco presente. As peças estão todas lá, visíveis para os dois jogadores. Elas não podem aparecer ou desaparecer aleatoriamente do tabuleiro ou ser movidas de uma posição para outra por acaso. Ninguém rola os dados e depois tem seu bispo retirado do tabuleiro caso a jogada seja contra você. Se você perde uma partida de xadrez, é porque houve movimentos melhores que você não fez ou não viu. Em teoria, você pode voltar e descobrir exatamente quando cometeu erros. Se um jogador de xadrez é mais do que apenas um pouco melhor do que outro, é quase inevitável que o melhor jogador ganhe (se estiver com as peças brancas) ou, pelo menos, empate (se estiver com as pretas). As raras ocasiões em que um grande mestre de classificação inferior derrota Garry Kasparov, Bobby Fischer ou Magnus Carlsen, devem-se ao fato de que o jogador de classificação superior cometeu erros objetivos identificáveis, dando vantagem ao adversário.

O xadrez, com toda sua complexidade estratégica, não é um grande modelo de tomada de decisão na vida, na qual a maioria de nossas decisões envolvem informações ocultas e uma influência muito maior da sorte. Essa situação constitui um desafio inexistente no xadrez: identificar as contribuições relativas das decisões que tomamos em contraposição ao papel da sorte no modo como as coisas acontecem.

Já o pôquer, ao contrário, é um jogo de *informações incompletas*. É um jogo de tomada de decisão sob condições de incerteza ao longo do tempo. (Não por coincidência, isso se aproxima da definição da teoria dos jogos.) Informações valiosas permanecem ocultas. E há também um elemento de sorte em qualquer resultado. Você pode tomar a melhor decisão possível em cada etapa e ainda assim perder a mão, pois desconhece quais novas cartas serão distribuídas e reveladas. Terminado o jogo, você tenta aprender com os resultados, mas é difícil separar a qualidade de suas decisões da influência da sorte.

A correlação entre resultados e qualidade da decisão é mais forte no xadrez. No pôquer, é muito mais fácil ter sorte e ganhar, ou dar azar e perder. Na vida, se ela fosse como o xadrez, quase toda vez que você ultrapassasse o sinal vermelho, sofreria um acidente (ou ao menos receberia uma multa). E os Seahawks ganhariam o Super Bowl sempre que Pete Carroll optasse por aquela jogada de passe.

A vida, porém, é mais como o pôquer. Você poderia tomar a decisão mais inteligente e ponderada ao demitir o presidente de uma empresa e ainda assim se dar muito mal. Poderia desobedecer a um sinal vermelho e passar pelo cruzamento com segurança — ou seguir todas as regras e sinais de trânsito e se acidentar. Você poderia ensinar a alguém as regras do pôquer em cinco minutos, colocá-lo em uma mesa com um jogador campeão mundial, distribuir uma mão (ou várias) e o novato poderia vencer o campeão. Isso jamais aconteceria no xadrez.

Informações incompletas são um desafio não só para a tomada de decisões em frações de segundo, mas também para aprender com as decisões anteriores. Imagine minha dificuldade como jogadora de pôquer em tentar descobrir se joguei direito uma mão quando as cartas de meus oponentes nunca foram reveladas. Se a mão terminou após uma aposta que fiz e meus oponentes desistiram, tudo que sei é que ganhei as fichas. Joguei mal e tive sorte? Ou joguei bem?

Se quisermos melhorar em qualquer jogo (ou em qualquer aspecto de nossas vidas) temos que aprender com os resultados de nossas decisões. A qualidade da vida é a soma entre a qualidade da decisão e a sorte. No xadrez, a sorte tem uma influência limitada, então é mais fácil ler os resultados como um sinal da qualidade da decisão. Isso deixa os jogadores de xadrez mais afeitos à racionalidade. O erro cometido é apontado pelo jogo do seu oponente ou por uma análise posterior. Sempre há uma resposta teoricamente correta. Perder dá pouca margem para explicações além de sua tomada de decisão inferior. Quase nunca alguém ouvirá um jogador de xadrez dizer: "Fui roubado naquele jogo!" ou "Meu jogo foi perfeito e passei por alguns momentos terríveis". (Ande pelos corredores durante uma pausa em um torneio de pôquer e você ouvirá muito disso.)

Xadrez é assim, mas a vida não. Ela parece mais pôquer, no qual toda essa incerteza nos dá espaço para enganos e má interpretação dos dados. No pôquer, tanto podemos cometer erros que nunca identificamos — porque ganhamos a mão de qualquer maneira e não vamos procurá-los — quanto podemos fazer tudo certo e ainda assim perder e tratar o resultado ruim como prova de que cometemos um erro. Supondo que, em face de um pequeno conjunto de resultados, nossa tomada de decisão seja boa ou ruim, o resultante é uma estratégia bastante razoável para aprender xadrez. Mas não no pôquer — ou na vida.

Von Neumann e Morgenstern perceberam que o mundo não revela, assim sem mais nem menos, a verdade objetiva. Foi por isso que basearam a teoria dos jogos no pôquer. Tomar melhores decisões começa pela compreensão de que a incerteza pode causar muitos danos.

Uma batalha mortal de inteligência

Em uma das cenas mais conhecidas de *A Princesa Prometida*, o Pirata Roberts (o apaixonado Westley) alcança Vizzini, o supercérebro que raptou a Princesa Buttercup. Tendo vencido Fezzik, o Gigante, em uma luta de força e vencido o espadachim Inigo Montoya, o Pirata Roberts propõe que ele e Vizzini travem uma batalha mortal de inteligência, o que nos fornece uma grande demonstração do perigo de tomar decisões com informações incompletas. O pirata pega um pacote de pó de iocano mortal e, escondendo duas taças de vinho, ele esvazia o pacote e coloca uma taça na frente de si e a outra na frente de Vizzini. Assim que Vizzini escolher uma taça, os dois beberão "e descobrirão quem está certo e quem está morto".

"É tudo tão simples", zomba Vizzini. "Tudo o que tenho a fazer é deduzir pelo que sei sobre você, como sua mente funciona. Você é o tipo de homem que colocaria o veneno no próprio copo ou no de seu inimigo?" Ele desfila uma série estonteante de razões pelas quais o veneno não pode (ou deve) estar em um copo, e depois no outro. Sua fala retórica tece considerações sobre a esperteza, antecipação da esperteza, a origem do iocano (a terra do crime da Austrália), a falta de confiança, a antecipação da falta de confiança, e presunções relacionadas a Westley derrotar o gigante e o espadachim.

Com essa falação toda, Vizzini desvia a atenção de Westley, troca as taças e declara que eles devem beber das taças frente a frente. Vizzini faz uma pausa e, quando vê Westley beber de sua própria taça, bebe com confiança da outra.

Vizzini cai na gargalhada. "Você foi vítima de um dos erros clássicos. O mais famoso é 'Nunca se envolva em uma guerra terrestre na Ásia', mas apenas um pouco menos conhecido é este: 'Nunca invista contra um siciliano quando a morte está em jogo.'"

No meio de uma risada, Vizzini cai morto. Buttercup diz: "E pensar que todo esse tempo era a sua taça que estava envenenada."

Westley diz a ela: "As duas estavam envenenadas. Passei os últimos dois anos desenvolvendo imunidade ao pó de iocano."

Tal como todos nós, Vizzini não dispunha de todos os fatos. Ele se considerava um gênio sem igual: "Deixe-me colocar desta forma. Você já ouviu falar de Platão, Aristóteles, Sócrates? *Idiotas.*" Mas, também como todos nós, ele subestimou a extensão e o efeito do que desconhecia.

Vamos supor que alguém diga: "Joguei uma moeda e deu cara quatro vezes. Qual a probabilidade de que isso ocorra?"

Essa parece uma pergunta fácil de responder. Ao considerarmos que a probabilidade é de 50% para cada lado em cada jogada, então podemos determinar que quatro caras consecutivas aconteceriam 6,25% das vezes (0,50 × 0,50 × 0,50 × 0,50).

Isso é cometer o mesmo erro de Vizzini. O problema é que chegamos a essa resposta sem saber nada sobre a moeda ou a pessoa que a lançou. É uma moeda de dois lados ou de três ou quatro? Se for de dois lados, é uma moeda de duas caras? Mesmo se a moeda tiver dois lados (cara e coroa), ela é balanceada para cair em cara com mais frequência do que em coroa (mas talvez nem sempre)? O lançador é um mágico capaz de influenciar como a moeda cai? Essas informações não foram cogitadas, mas respondemos à pergunta como se tivéssemos examinado a moeda e soubéssemos tudo sobre ela. Nunca pensamos que ambas as taças pudessem estar envenenadas. ("Inconcebível" teria dito Vizzini, se tivesse sido capaz de comentar sobre sua própria morte.)

Agora, se a moeda for jogada 10 mil vezes, uma amostra bem grande, pode-se descobrir, com alguma certeza, se ela é justa. Quatro meros lançamentos não bastam para dizer muito sobre a moeda.

Cometemos o mesmo erro quando buscamos lições nos resultados da vida. A vida é muito curta para coletarmos dados suficientes da nossa própria experiência capazes de facilitar o aprimoramento da qualidade das decisões que tomamos em face dos resultados obtidos. Se comprarmos uma casa, fizermos algumas reformas nela, e a vendermos 3 anos depois por 50% a mais do que pagamos, isso significa que somos espertos na compra e venda de propriedades ou na reforma de casas? Pode ser, mas também poderia significar que havia uma grande tendência de alta no mercado e a compra de quase todos os imóveis geraria tanto dinheiro quanto o nosso caso. Ou talvez comprar a mesma casa e não reformá-la pudesse ter resultado no mesmo (ou até em mais) lucro. Muitos dos bem-sucedidos anteriormente em negócios tiveram que enfrentar essa possibilidade real entre 2007 e 2009.

Quando alguém lhe perguntar sobre uma moeda que jogou quatro vezes, há uma resposta correta: "Não tenho certeza."

"Não tenho certeza": usando a incerteza a nosso favor

Assim como temos problemas com o resultante e o viés retrospectivo, ao avaliarmos as decisões tendo por base somente seus resultados, temos um problema de imagem espelhada ao tomar decisões prospectivas. Dispomos apenas de uma tentativa em qualquer decisão — um lance de moeda — e isso coloca uma grande pressão sobre nós para sentirmos que precisamos ter certeza antes de agir, uma certeza que necessariamente ignorará as influências das informações ocultas e da sorte.

William Goldman, o famoso romancista e roteirista que escreveu *A Princesa Prometida*, *Louca Obsessão* e *Butch Cassidy*, refletiu sobre suas experiências de trabalho com atores como Robert Redford, Steve McQueen, Dustin Hoffman e Paul Newman no auge de suas carreiras de sucesso. O que significa ser uma "estrela de cinema"? Ele citou um ator que explicou o tipo de personagens que queria interpretar: "Não quero ser o homem que aprende. Quero ser o homem que *sabe*."

Não somos encorajados a dizer "Não sei" ou "Não tenho certeza". Para nós, essas expressões são vagas, inúteis e até evasivas. Porém, ficar confortável com um "Não tenho certeza" é um passo essencial para ser um tomador de decisões melhor. É preciso fazer as pazes com *não saber*.

Assumir um "Não tenho certeza" é difícil. Desde a escola ouvimos que dizer "Não sei" é algo ruim. Na escola, não saber é tido como um fracasso de aprendizagem. Escreva "Não sei" em um teste e sua resposta será marcada como errada.

Admitir não saber tem uma má reputação injusta. Sem dúvida, adquirir conhecimento deve ser incentivado, mas o primeiro passo é entender o que não sabemos. O livro *Ignorância: Como Ela Impulsiona a Ciência*, do neurocientista Stuart Firestein, defende que reconhecer os limites do nosso conhecimento é uma virtude. (Você pode ter um gostinho do livro assistindo à sua palestra no TED, "The Pursuit of Ignorance"). No livro e na palestra, Firestein afirma que, na ciência, "Não sei" não é um fracasso, mas também um passo necessário para o esclarecimento. Ele sustenta essa afirmação lembrando uma excelente citação do físico James Clerk Maxwell: "A ignorância totalmente consciente é o prelúdio de todo avanço real da ciência." Eu acrescentaria que se trata de um prelúdio para todas as grandes decisões que já foram tomadas.

O que caracteriza uma ótima decisão não é um ótimo resultado. Uma ótima decisão é consequência de um bom processo, e esse processo deve incluir uma tentativa de representar com precisão nosso próprio nível de conhecimento. Este, por sua vez, é uma variação do "Não tenho certeza".

"Não tenho certeza" não implica na inexistência de uma verdade objetiva. O cerne da questão, para Firestein, na verdade, está em reconhecer que a incerteza é o primeiro passo para cumprir nossa meta de chegar mais perto do que é objetivamente verdadeiro. Para fazer isso, precisamos parar de tratar "Não sei" e "Não tenho certeza" como algo pejorativo.

E se observássemos de um ponto de vista mais neutro nossa definição de "Não sei", abstendo-nos do aspecto negativo de "Não tenho ideia" ou "Não sei nada sobre isso", que parecem revelar que nos falta competência ou confiança? E se pensássemos nisso como o reconhecimento de que, embora possamos saber algo sobre as chances de algum evento ocorrer, ainda não temos certeza de como as coisas vão se desenrolar em determinado caso? Essa é apenas a verdade. Se aceitarmos isso, "Não tenho certeza" pode não parecer tão ruim.

Bons jogadores de pôquer e bons tomadores de decisão têm um ponto em comum: sentem-se confortáveis com o fato de o mundo ser um lugar incerto e imprevisível. Eles compreendem que quase nunca podem saber exatamente como algo vai acabar. Assumem essa incerteza e, no lugar de se concentrar em ter certeza, tentam determinar o grau de sua *insegurança*, dando o melhor de si para ter uma boa noção das chances de que resultados diferentes ocorrerão. A precisão dessas suposições dependerá de quanta informação eles têm e de quão experientes são em fazer tais suposições. Isso faz parte da base de todas as apostas.

Com certeza, é mais provável que um jogador de pôquer experiente tenha um palpite melhor do que um jogador novato na avaliação das chances de ganhar ou perder uma mão. Quem é experiente conhece melhor os números e é mais capaz de restringir as cartas que seus oponentes possam ter ao levar em conta como os jogadores se comportam em certos tipos de mãos. Eles também se darão melhor em descobrir as escolhas que seus oponentes provavelmente farão com essas cartas. Então, sim, mais experiência permitirá ao jogador restringir as possibilidades. Nenhuma experiência, contudo, torna possível para um jogador de pôquer saber como qualquer mão vai acabar.

Esse é um postulado válido em qualquer campo. Um advogado especializado será melhor do que um novo advogado em avaliar a probabilidade de sucesso de diferentes estratégias e escolher uma delas. Lidar com um adversário que encontramos anteriormente dá uma estimativa melhor de qual deve ser a estratégia. Um especialista em qualquer área terá vantagem sobre um novato. Mas nem um nem outro pode ter certeza de como será a próxima situação. O veterano apenas terá um palpite melhor.

Ocorre frequentemente que nossa melhor escolha não tem nem mesmo uma probabilidade particularmente alta de sucesso. Um advogado de defesa com um caso difícil pode estar escolhendo entre estratégias que têm mais probabilidade de falhar do que de ter sucesso. O objetivo de um advogado nessa situação é identificar as diferentes estratégias possíveis, estimar o melhor que puder as chances de sucesso de cada uma das alternativas não promissoras e escolher a menos ruim para maximizar a qualidade do resultado para seu cliente. Isso é verdadeiro em qualquer negócio. As startups têm poucas chances de sucesso, mas mesmo assim tentam, procurando encontrar a melhor estratégia para alcançar a grande vitória, embora nenhuma das estratégias tenha grande probabilidade de êxito para a empresa. Isso ainda vale a pena porque a recompensa pode ser muito grande.

Não faltam motivos para enlaçarmos nossos braços em torno da incerteza, e dar-lhe um grande abraço nos ajudará a ser melhores tomadores de decisão. Aqui estão dois deles. O primeiro: "Não tenho certeza" é simplesmente uma representação mais precisa do mundo. O segundo, e relacionado: quando aceitamos que não podemos ter certeza, estamos menos sujeitos a cair na armadilha do pensamento "ou preto ou branco".

Imagine que você está medindo seu peso em uma balança médica tradicional. Nela, há duas marcações, uma com intervalos de 20kg e outra com intervalos de 50g. Isso permite que o usuário meça seu peso com boa precisão. O que aconteceria se seu médico usasse uma balança cujas marcações fossem de 200kg e de 20kg, sem nenhuma maneira de medir nada entre elas? Boa sorte para obter aconselhamento médico depois que a pessoa que está te pesando escrever um ou outro em seu prontuário: obesidade mórbida ou magreza grave. Seria impossível tomar boas decisões sobre seu peso a partir de um modelo tão pobre.

Isso é aplicável a quase todas as decisões. Se representarmos erroneamente o mundo nos extremos do certo e do errado, sem a zona cinzenta no meio, nossa capacidade de fazer boas escolhas — sobre alocação de recursos e tipos de decisões e ações que devemos tomar — sofrerá.

O segredo é ficar em paz em um mundo no qual reconhecemos que não temos certeza, e que está tudo bem. Conforme aprendemos mais sobre como nossos cérebros funcionam, nos damos conta de que não percebemos o mundo de forma objetiva. Mas nosso objetivo deve ser tentar.

Redefinindo o errado

Quando participo de torneios de pôquer de caridade, em geral fico como crupiê na mesa final e narro o que acontece. Tudo ali é divertido e barulhento. A noite foi longa para os participantes do evento e todos estão respirando aliviados. Normalmente, há uma grande multidão ao redor da mesa, incluindo amigos e familiares dos jogadores, torcendo por eles (ou torcendo a viva voz contra eles). Se as pessoas estiveram bebendo, então... bem, as pessoas estiveram bebendo. Todos estão se divertindo.

No momento em que os jogadores colocam todas as suas fichas em jogo, não há mais apostas na mão. Depois que apostam tudo que têm, os jogadores viram suas cartas para cima na mesa a fim de que todos possam vê-las antes de eu distribuir as cartas restantes. Isso torna tudo divertido para o público, pois a posição de cada jogador na mão fica à vista de todos e o drama está montado. Com as cartas voltadas para cima, posso determinar a probabilidade de cada jogador ganhar a mão e anunciar a porcentagem de tempo que cada mão vencerá no longo prazo.

Em um desses torneios, eu disse ao público que um jogador venceria 76% das vezes e o outro, 24% das vezes. Distribuí as cartas restantes, e a última transformou a mão de 24% na vencedora. Entre vivas e gritos, alguém na plateia me chamou atenção: "Annie, você estava errada!"

De bate pronto, repliquei que não. "Eu disse que isso aconteceria 24% das vezes. O que não é zero. Você precisa entender o que são os 24%!"

Algumas mãos depois, quase a mesma coisa aconteceu. Dois jogadores apostaram todas as fichas que tinham e viraram as cartas com a face para cima. Um jogador tinha 18% e o outro 82% de chance para ganhar a mão. Mais uma vez, o jogador com a pior mão ganhou quando a sorte lhe sorriu na carta subsequente.

Dessa vez, o mesmo sujeito na multidão gritou: "Olha só, foram os 18%!" Naquele momento de epifania, ele mudou sua definição do que significa estar errado. Quando pensamos com antecedência sobre as chances de resultados alternativos e tomamos uma decisão com base nessas chances, isso não nos torna automaticamente errados quando as coisas não funcionam. Significa apenas que ocorreu um evento em um conjunto de futuros possíveis.

Perceba a rapidez com que você pode começar a redefinir o que significa estar errado. Ao começar a pensar dessa maneira, fica mais fácil resistir à tentação de fazer julgamentos precipitados após os resultados ou dizer coisas como "Eu sabia" ou "Eu deveria saber". Como consequência, seguem-se melhores tomadas de decisão e mais autocompaixão.

De um modo geral, o público é frequentemente culpado de fazer julgamentos na base do sim ou não sobre o "sucesso" ou "fracasso" do pensamento probabilístico. Quando o Reino Unido votou pela saída da União Europeia ("Brexit") em julho de 2016, houve um resultado improvável. Nas casas de apostas, as chances maiores eram para o voto em Permanecer. Isso não significa que a opinião delas era que Permanecer venceria. O objetivo do corretor de apostas é certificar-se de que a quantia de dinheiro apostada em ambos os lados seja igual, de modo que os perdedores essencialmente paguem aos vencedores, enquanto ele apenas recebe sua comissão. Eles visam não ter nenhuma participação no resultado e ajustam as probabilidades de acordo. As probabilidades da casa de apostas refletem a perspectiva do mercado: em essência, o nosso melhor palpite coletivo do que é justo.

Isso não impediu que até mesmo pessoas sofisticadas e conhecedoras do resultante declarassem, após a votação em Sair, que as casas de apostas tinham cometido um erro. O estrategista-chefe de um banco suíço disse ao *Wall Street Journal*: "Não consigo me lembrar de nenhum momento em que os corretores de apostas estiveram tão errados." Um dos advogados e professores mais famosos dos EUA, Alan Dershowitz, cometeu o mesmo erro. Afirmando, em setembro de 2016, que era muito difícil fazer qualquer previsão a respeito da disputa presidencial Clinton-Trump, ele disse: "Pense na votação do Brexit. Praticamente todas as pesquisas, incluindo as de boca de urna, erraram. Os mercados financeiros erraram. Os corretores erraram."

Dershowitz fez o mesmo que meu espectador. Qualquer previsão diferente de 0% ou 100% não pode estar errada apenas porque o futuro mais provável não aconteceu. Quando o resultado de 24% ocorreu na mesa final do torneio de caridade, tal fato não refletiu imprecisão sobre as probabilidades determinadas antes desse único resultado. Isso faz parte. Culpar quem calcula probabilidades ou as próprias probabilidades pressupõe que, uma vez que algo aconteça, é inevitável que tenha acontecido e qualquer pessoa que não perceba isso está errada.

Deu-se o mesmo após Donald Trump ganhar a presidência. O clamor sobre as pesquisas estarem erradas foi grande. Nate Silver, o fundador do FiveThirtyEight.com, foi alvo de muitas das críticas. Mas ele nunca disse que a vitória de Clinton era certa. Com base em sua agregação e ponderação dos dados da votação, Trump tinha entre 30% e 40% de chance de vencer (grosso modo, dois para um e três para dois contra sua vitória) na semana antes da eleição. Um evento cujo acontecimento tem probabilidade de 30% a 40% das vezes, acontecerá muito.

Sou uma jogadora de pôquer — já arrisquei mãos de dois para um em torneios oficiais mais do que poderia contar. Muitas delas foram em situações em que minha continuação no torneio estava em jogo. Se perdesse a mão, estaria fora do torneio. Se eu ganhasse, limpava a mesa e talvez até vencesse o torneio inteiro. Conheço visceralmente a probabilidade de 60–40 e 70–30 de perder (e, claro, o oposto). Quando as pessoas reclamaram que Nate Silver foi mal porque seu favorito era Clinton, pensei: "Essas pessoas não colocaram todas as fichas na mesa com um par contra um "straight draw" [sequência de cinco cartas em que falta apenas uma]." Ou, mais provavelmente, essas coisas aconteceram ao longo de suas vidas e elas não perceberam como é uma situação de 30% ou 40%.

Decisões são apostas no futuro, e não estão "certas" ou "erradas" com base em se saírem bem em qualquer iteração em particular. Um resultado indesejado não torna nossa decisão errada caso tenhamos pensado sobre as alternativas e probabilidades com antecedência e alocado nossos recursos de acordo, como fizeram meu cliente, o CEO e Pete Carroll. Para mim, seria absurdo, após fazer uma grande aposta na melhor mão inicial possível (um par de ases) e perder, passar muito tempo pensando que estava errado em tomar a decisão de jogar a mão. Isso seria o resultante.

Quando pensamos de modo probabilístico, somos menos propensos a usar resultados adversos, em si mesmos, como prova de que cometemos um erro de decisão, isso porque reconhecemos a possibilidade de que a decisão pode ter sido boa, mas sorte e/ou informações incompletas (fato de evento único, uma amostra das possibilidades) intervieram.

Talvez tenhamos tomado a melhor decisão a partir de um conjunto de escolhas desagradáveis, nenhuma das quais provavelmente teria um bom resultado.

Talvez tenhamos comprometido nossos recursos em uma chance muito pequena porque a recompensa mais que compensaria o risco, mas desta vez isso não deu certo.

Talvez tenhamos feito a melhor escolha com base nas informações disponíveis, mas havia outras, decisivas, que desconhecíamos.

Talvez não tenhamos dado sorte, apesar de termos escolhido um caminho com uma probabilidade muito alta de sucesso.

Talvez houvesse outras escolhas que poderiam ter sido melhores *e* a que fizemos não estava errada ou certa, mas em algum lugar no meio disso. A segunda melhor escolha não está errada. Por definição, está mais certa (ou menos errada) do que a terceira ou a quarta. É como a balança de um consultório médico: há muitas opções entre os extremos de obesidade ou anorexia. Para a maioria de nossas decisões, haverá muito espaço entre inequívocos "certo" e "errado".

Quando nos afastamos de um mundo no qual existem apenas duas caixas opostas e distintas em que as decisões podem ser colocadas — certas ou erradas — passamos a viver no espaço entre os extremos. Tomar melhores decisões deixa de ser errado ou certo, mas uma questão de matizar adequadamente o cinza reinante.

Redefinir o erro é mais fácil em situações cujos fatos matemáticos conhecemos de antemão. No exemplo da mesa final do torneio de caridade com as cartas dos jogadores voltadas para cima, ou quando ponho todas as minhas fichas com a melhor mão inicial possível, as informações antes ocultas se revelam. Pode-se fazer um cálculo claro. Se estivermos inquestionavelmente certos e fizermos uma alocação de recursos (uma aposta) embasada no cálculo, podemos chegar mais naturalmente a "Não me enganei só porque não deu certo e não devo mudar meu comportamento". Quando as chances são conhecidas, ficamos mais presos a uma interpretação racional da influência da sorte. Desse jeito, parece um pouco mais com xadrez.

Inquestionavelmente, é mais difícil chegar lá quando adicionamos informações ocultas à influência da sorte. Sem saber como a moeda realmente se parece, é mais provável que nos fixemos na maneira como as coisas aconteceram como o único sinal de que estávamos certos ou errados. É mais provável que declaremos: "Eu avisei!" ou "Eu deveria saber!". Quando começamos a fazer isso, a compaixão foge correndo. Basta perguntar a Pete Carroll.

Redefinir o que é errado permite abandonar toda a angústia que vem com um resultado ruim. Mas também significa que devemos redefinir o "certo". Se não estamos errados só porque as coisas não deram certo, então não estamos certos só porque as coisas deram certo. Essa troca de mentalidade é uma vitória emocional?

Estar certo é de fato muito bom. "Eu estava certo", "Eu sabia" e "Eu avisei" são coisas que dizemos e todas nos fazem muito bem. Devemos estar dispostos a desistir da boa sensação do "certo" para nos livrar da angústia do "errado"? Sim.

Primeiro, o mundo é um lugar caracterizado pela aleatoriedade. A influência da sorte torna impossível prever exatamente como as coisas vão acabar, e todas as informações desconhecidas tornam tudo ainda pior. Se não mudarmos nossa mentalidade, teremos que lidar com o fato de estarmos errados. É um componente da equação.

O pôquer ensina essa lição. Um grande jogador de pôquer, ainda que tenha uma vantagem considerável sobre os outros jogadores na mesa, e esteja tomando decisões estratégicas significativamente melhores, mesmo assim estará perdendo mais de 40% do tempo ao final de 8 horas de jogo. Tem muita coisa errada aí. E isso não se restringe apenas ao pôquer.

Os investidores mais bem-sucedidos em startups têm uma maioria de resultados ruins. Se você se inscreveu no programa de astronautas da NASA ou no programa de páginas da NBC, que atraíram milhares de candidatos para um punhado de cargos, as coisas acontecerão em seu favor em uma minoria das vezes, mas você não fez necessariamente nada de errado. Não se apaixone nem saia com alguém se visa obter apenas resultados positivos. O mundo está estruturado de forma a nos dar muitas oportunidades de nos sentir mal por estarmos errados, caso a métrica sejam os resultados que alcançamos. Não caia nessa!

Em segundo lugar, estar errado nos faz sentir pior do que estar certo nos faz sentir bem. Sabemos, a partir do trabalho de Daniel Kahneman e Amos Tversky sobre aversão à perda, uma parte da teoria da perspectiva (que deu o Prêmio Nobel de Economia para Kahneman em 2002), que as perdas em geral nos fazem sentir duas vezes pior do que uma vitória nos faz sentir bem. Portanto, para nós, ganhar US$100 no 21 é tão bom quanto perder US$50 é ruim. Uma vez que estar certo é como ganhar, e estar errado é como perder, isso significa ser necessário dois resultados favoráveis para cada resultado desfavorável, apenas para empatar emocionalmente. Por que não viver uma existência mais tranquila, sem as oscilações, principalmente quando as perdas nos afetam com mais intensidade do que as vitórias?

Você está pronto para realmente assumir a incerteza, como é do feitio dos grandes tomadores de decisão? Está pronto para adotar essa redefinição de errado e reconhecer que está sempre supondo e que essas suposições orientam sua aplicação de recursos? Ficar confortável com esse realinhamento e todas as coisas boas que o acompanham começa com o reconhecimento de que você tem apostado desde sempre.

CAPÍTULO 2
Quer Apostar?

Trinta dias em Des Moines

Durante a década de 1990, John Hennigan, um jogador excêntrico que ganhava a vida com sua inteligência e habilidades no pôquer e na sinuca há vários anos, mudou-se da Filadélfia para Las Vegas. Sua reputação e apelido, "Johnny World", o precediam devido a seu já excepcional talento e disposição para apostar em qualquer coisa. O talento resistiu ao teste do tempo. Uma lenda como jogador de apostas altas, ele ganhou, nos principais torneios de pôquer, quatro braceletes da World Series of Poker, um campeonato do World Poker Tour e mais de US$6,5 milhões em prêmios em dinheiro.

John e Las Vegas eram um par perfeito. Quando chegou lá, já o fez no ritmo da cidade: dormia durante o dia e passava a noite toda em jogos de pôquer, salões de sinuca, bares e restaurantes ao lado de colegas aventureiros com o mesmo modo de pensar. Não demorou para encontrar um grupo de jogadores profissionais com interesses semelhantes, muitos da Costa Leste.

Embora John e Vegas parecessem feitos um para o outro, ele tinha uma relação de amor e ódio com esse estilo de vida. Jogar pôquer para ganhar a vida tem o fascínio de lhe dar a liberdade para se programar para isso, mas, uma vez que, em essência, essa sua vantagem se vincula ao jogo, você necessita dedicar um tempo a ele. Você está "livre" para jogar ou não quando quiser, mas pode se sentir compelido a marcar o ponto. Pior, os melhores jogos são à noite, então você está trabalhando no turno da madrugada. Você se afasta do ritmo do resto do mundo, nunca vê o sol e seu local de trabalho é uma sala esfumaçada de onde você nem consegue ver o lado de fora. John sentiu isso intensamente.

Certa noite, John estava em uma mesa de pôquer de apostas altas e na conversa entre as mãos falava-se da capital do estado de Iowa, Des Moines. John nunca estivera lá ou havia visto muita coisa do Meio-oeste, então tinha curiosidade de saber sobre a vida em Des Moines, uma vida "normal" que parecia cada vez mais estranha para ele: acordar de manhã e viver nas horas do dia. O papo levou a algumas zombarias bem-humoradas conforme os outros jogadores imaginavam como deveria ser, na perspectiva de um viciado na vida noturna como John, um lugar que parecia, ao menos para eles, o oposto de Las Vegas. "Lá não se joga a dinheiro." "Os bares fecham cedo." "Você odiaria." Ao longo da noite, a discussão mudou para se Hennigan poderia viver em um lugar daqueles.

Como é frequente entre jogadores de pôquer, uma conversa sobre um caso hipotético se transformou em uma oportunidade para apostar. Que apostas fariam Hennigan se levantar da mesa, pegar um voo e se mudar para Des Moines? Se ele topasse, quanto tempo teria que morar lá?

John e os outros concordaram em um mês em Des Moines — um compromisso real, mas não um exílio permanente. Quando ele parecia disposto a, literalmente, deixar um jogo de pôquer e ir para um lugar a 2.400km dali no qual nunca havia estado, os outros jogadores adicionaram uma condição diabólica à negociação: ele teria que ficar confinado a uma rua em Des Moines que tivesse um único hotel, restaurante e bar, onde tudo fecha às 22h. Essa ociosidade forçada seria um desafio para qualquer um, não importa o lugar. Mas para alguém como John, um jogador jovem, solteiro e de apostas altas, isso pode realmente ser considerado uma tortura. John disse que aceitaria tal desafio se eles fizessem uma concessão: ele poderia praticar e jogar em um campo de golfe próximo.

Acordadas as condições, eles ainda tinham que determinar o tamanho da aposta. Os outros jogadores precisavam de um número grande o bastante para convencer John a aceitar a aposta, mas não tão grande a ponto de John preferir ficar, ainda que realmente odiasse Iowa. Sendo um dos jogadores de jogo a dinheiro de maior sucesso em Las Vegas, um mês em Des Moines poderia custar a John, potencialmente, seis dígitos. Por outro lado, caso oferecessem uma vantagem muito grande para ficar em Des Moines, ele certamente suportaria o desconforto e o tédio.

A aposta foi fixada em US$30 mil.

John considerou duas alternativas distintas e mutuamente exclusivas: aceitar ou não a aposta. Cada uma vinha com novos riscos e novos potenciais de recompensa. Ele poderia ganhar ou perder US$30 mil se aceitasse (ou ganhar ou perder quantias maiores na mesa de pôquer se recusasse). Também poderia decidir se mudar para Des Moines muito depois de terminada a aposta, se usasse o tempo de prática de golfe para melhorar suas chances de fazer apostas altas nesse jogo. Ele poderia ampliar sua reputação de estar disposto a apostar em qualquer coisa e ser capaz de qualquer coisa, uma qualidade lucrativa para jogadores profissionais. Ele também teve que pensar sobre as outras coisas menos quantificáveis que poderia valorizar. Quanto ele poderia gostar do ritmo de vida? Como ele avaliaria fazer uma pausa na vida agitada? Ficaria mais relaxado com um cotidiano mais tradicional? A pausa valeria a pena para aceitar uma grande redução no pagamento por não poder jogar pôquer por um mês? E depois havia as verdadeiras incógnitas. Ele poderia simplesmente encontrar o amor de sua vida naquela rua em Iowa. John teve que analisar o custo de oportunidade de deixar Vegas — dinheiro do jogo, noites perdidas fazendo as coisas que gostava e até mesmo *perder* o encontro com o amor de sua vida no Mirage durante aquele mês.

Johnny World foi para Des Moines.

Um mês de desintoxicação, ficando longe da vida noturna de um profissional de apostas altas em Vegas, seria uma bênção ou uma maldição?

Passaram-se apenas dois dias para ele perceber que era uma maldição. Do quarto de hotel em Des Moines, John ligou para um dos amigos com quem havia apostado e tentou negociar um acordo. Assim como as partes em processos judiciais cíveis costumam tentar acordos antes do julgamento, no mundo do jogo isso também acontece. O fato particularmente engraçado na negociação de John foi sua tentativa inicial de fazer com que os *outros* lhe pagassem US$15 mil para poupá-los do custo e da indignidade de perder o valor inteiro. Ele argumentou que, como já estava lá, evidentemente podia esperar o mês acabar para receber o valor total.

Os outros apostadores não caíram nessa. Afinal, John fez essa oferta *depois de apenas dois dias*. Era um sinal muito forte de que não só provavelmente ganhariam a aposta, mas também teriam um retorno extra mexendo com John por diversão ao longo da sentença dele.

Em poucos dias, John concordou em *pagar* US$15 mil para sair da prisão e voltar para Las Vegas. Ele provou, de maneira espetacular, que a grama do vizinho é sempre mais verde.

Todos nós já estivemos em Des Moines

A frase que resume a piada na história de John Hennigan/Des Moines —
"depois de dois dias, ele *implorou* para sair dessa" — tornou-se parte do
folclore do jogo. Essa frase de efeito, todavia, obscurece como é *comum*
a análise subjacente sobre mudar ou não. A única diferença real entre a
decisão da Johnny World de se mudar para Des Moines e a decisão de
qualquer outra pessoa de se mudar ou aceitar um emprego está em que os
jogadores de pôquer deixaram explícito que a decisão era uma aposta no
que mais melhoraria sua qualidade de vida (financeira, emocional etc.).

John levou em consideração dois futuros alternativos distintos e mutuamente exclusivos: aceitar a aposta e morar por um mês em Des Moines, ou
não aceitar a aposta e ficar em Las Vegas. Qualquer um de nós que estiver pensando em se mudar para um novo emprego tem a mesma escolha
entre mudar, com o potencial de ganhar o dinheiro oferecido, ou ficar onde
se está e manter o status quo. Como é o novo emprego em comparação
com o atual? Há muitas coisas que valorizamos além do dinheiro; podemos
estar dispostos a ganhar menos para nos mudar para um lugar que imaginamos vir a gostar muito mais. O novo emprego terá melhores oportunidades
de promoção e ganhos futuros, independentemente dos ganhos de curto
prazo na remuneração? Quais são as diferenças de salário, benefícios, segurança, ambiente e tipo de trabalho que estaríamos fazendo? A que estamos
renunciando ao deixar nossa cidade, nossos colegas e nossos amigos por
um novo lugar?

É necessário verificar as vantagens e desvantagens potenciais de aceitar
a aposta, assim como Hennigan fez. O fato de seus US$30 mil não serem
uma certeza não torna sua decisão diferente de outras decisões de trabalho ou local de residência. O tempo todo as pessoas aceitam empregos

nos quais boa parte da remuneração é contingente. Em muitas empresas, a remuneração inclui bônus, opções de ações ou pagamento baseado em desempenho. Embora a maioria das pessoas não precise pensar em perder US$30 mil ao aceitar um emprego, em toda decisão há riscos, ainda que não os reconheçamos. Mesmo um salário fixo ainda não é "garantido". Podemos ser demitidos ou odiar o emprego e pedir demissão (como fez John Hennigan), ou a empresa pode falir. Ao aceitarmos um emprego, especialmente um que promete grandes recompensas financeiras, o compromisso com o trabalho pode nos custar tempo e afetar o relacionamento familiar, um compromisso oneroso, para dizer o mínimo.

Além disso, escolher uma alternativa (seja aceitar um novo emprego ou mudar para Des Moines por um mês) significa, sempre, rejeitar todas as outras opções possíveis. Todas essas alternativas rejeitadas são caminhos para futuros possíveis em que as coisas poderiam ser melhores ou piores do que o caminho que escolhemos. Há um custo de oportunidade potencial em qualquer escolha que abandonamos.

Da mesma forma, os jogadores do outro lado da aposta, ao arriscar US$30 mil para ver se John viveria um mês em Des Moines, pensaram em fatores semelhantes aos que os empregadores consideram ao fazer ofertas de emprego ou gastar dinheiro para formar ambientes de trabalho atraentes. Os jogadores tiveram que encontrar um ponto de equilíbrio ao oferecer aquela aposta a Hennigan: ela tinha que ser boa o suficiente para induzi-lo a aceitar, mas não tão boa que lhes custasse US$30 mil.

Ainda que os empregadores não estejam tentando convencer os funcionários a pedir demissão, seu objetivo é semelhante: definir um pacote de remuneração que faça o pretendente aceitar a oferta de emprego. Eles devem equilibrar a proposta com salários e benefícios atraentes, mas que não comprometam sua capacidade de obter lucro. Os empregadores também querem que os funcionários sejam leais, trabalhem muitas horas, sejam produtivos e mantenham o moral elevado. Um empregador pode ou não oferecer creche no local. Isso pode encorajar alguém a trabalhar mais horas... ou assustar um funcionário em potencial porque implica sacrificar aspectos de sua vida fora do trabalho. Oferecer férias remuneradas torna o emprego mais atraente, mas, ao contrário de oferecer refeições gratuitas e um espaço para exercícios físicos, incentiva-os a passar mais tempo longe do trabalho.

Contratar um funcionário, tal como fazer uma aposta, não é uma escolha isenta de riscos. Apostar na contratação da pessoa errada pode ter um custo enorme (como pode confirmar o CEO que demitiu seu presidente). Os custos de recrutamento podem ser substanciais e cada oferta de emprego tem um custo de oportunidade associado. *Essa* determinada oportunidade pode ser oferecida a uma única pessoa. Você pode ter evitado o custo de contratar Bernie Madoff, mas pode ter perdido o benefício de contratar Bill Gates.

A história de John Hennigan parece tão incomum porque ela começou com uma discussão sobre como era Des Moines e terminou com uma das pessoas envolvidas se mudando para lá no dia seguinte. Contudo, isso só aconteceu porque, quando você está apostando, tem que dar peso à sua crença colocando um preço nela. Você tem que mostrar que não fala por falar. Para mim, a ironia em uma história que parece tão maluca está em que a análise cabível, na verdade, era muito lógica: uma diferença de opinião sobre alternativas, consequências e probabilidades.

Ao tratar decisões como apostas, os jogadores de pôquer reconhecem explicitamente que estão decidindo sobre futuros alternativos, cada um com benefícios e riscos. Reconhecem também não existirem respostas simples. Algumas coisas são desconhecidas ou inacessíveis. A proposta deste livro é que, se seguirmos o exemplo dos jogadores de pôquer, deixando explícito que nossas decisões são apostas, podemos tomar decisões melhores e prever (e nos precaver) quando a irracionalidade provavelmente nos impedirá de agir em nosso melhor interesse.

Todas as decisões são apostas

A visão tradicional de aposta é muito restrita: cassinos, eventos esportivos, bilhetes de loteria, apostar contra alguém a chance de um resultado favorável em algum evento. A definição de "aposta" é muito mais ampla. O Dicionário Online Merriam-Webster define "aposta" como "uma *escolha* feita pensando sobre *o que provavelmente acontecer*á", "*arriscar* perder (algo) ao tentar fazer ou alcançar algo" e "tomar *decisões* com base na *crença* de que algo vai acontecer ou é verdade." Enfatizei os aspectos mais amplos, muitas vezes esquecidos, das apostas: escolha, probabilidade, risco, decisão, crença. Essa definição mostra que as apostas não precisam ser feitas em um cassino ou contra outra pessoa.

Nossas decisões são sempre apostas, seja qual for a distância que estivermos da visão familiar de que apostar é o que ocorre em uma mesa de pôquer ou em um cassino. Rotineiramente, decidimos entre alternativas, colocamos recursos em risco, avaliamos a probabilidade de resultados diferentes e consideramos o que tem valor ou não. Cada decisão nos compromete a agir de uma determinada maneira que, por definição, elimina a ação em outras alternativas. Não apostar em algo é, em si, uma aposta. Escolher ir ao cinema significa optar por não fazer todas as outras coisas que poderíamos fazer durante aquelas duas horas. Ao aceitar uma oferta de emprego, também optamos por excluir todas as outras alternativas:

não permanecer no emprego atual, ou deixar de negociar para obter algo melhor no emprego atual, ou declinar de outras ofertas, ou mudar de carreira, ou tirar um ano sabático. Sempre existe um custo de oportunidade na escolha de um caminho em detrimento de outros.

Os elementos de aposta presentes nas decisões — escolha, probabilidade, risco etc. — são mais óbvios em algumas situações do que em outras. Os investimentos são claramente apostas. Uma decisão sobre ações (comprar, não comprar, vender, manter, sem mencionar opções de investimento esotéricas) envolve uma escolha sobre o melhor uso dos recursos financeiros. Informações incompletas e fatores fora de nosso controle tornam incertas quaisquer escolhas de investimento. Avaliamos o quanto pudermos, determinamos o que supomos que maximizará o capital investido e executamos. Decidir não investir ou não vender uma ação é, da mesma forma, uma aposta. Essas são as mesmas decisões que tomo em uma mão de pôquer: desistir, passar, pagar, apostar ou aumentar.

Não pensamos em nossas escolhas como pais como apostas, mas elas são. Queremos que nossos filhos sejam adultos felizes e produtivos quando crescerem. Sempre que, como pais, fazemos uma escolha (sobre disciplina, nutrição, escola, filosofia parental, onde morar etc.), estamos apostando que ela terá, para o futuro desejado para nossos filhos, reflexos maiores do que qualquer outra escolha que possamos fazer, considerando as restrições dos recursos limitados que temos de alocar: tempo, dinheiro, atenção.

Decisões de emprego e realocação são apostas. Negociações de vendas e contratos são apostas. Comprar uma casa é uma aposta. Pedir frango em vez de bife é uma aposta. Tudo é uma aposta.

A maioria das apostas são contra nós mesmos

Uma das razões pelas quais pensar em decisões como apostas não é algo natural é porque ficamos presos à condição de soma zero das apostas no mundo do jogo; aposta-se *contra outra pessoa* (ou o cassino), em que ganhos e perdas são simétricos. Alguém ganha, o outro perde e o resultado líquido é nulo. Apostas incluem, mas não se limitam, a essas situações.

Na maioria de nossas decisões, não estamos apostando contra outra pessoa. Na verdade, apostamos *contra todas as versões futuras de nós mesmos que não estamos escolhendo*. A todo momento estamos decidindo entre futuros alternativos: um em que vamos ao cinema, um em que vamos jogar boliche, um em que ficamos em casa. Ou futuros nos quais arrumamos um emprego em Des Moines, permanecemos no emprego atual ou tiramos um ano sabático. Fazer uma escolha é, sempre, apostar em um futuro potencial. E a aposta consiste em que nossa versão futura, que resulta das decisões que tomamos, ficará em melhor situação. Em uma decisão está em jogo se o retorno que obteremos (medido em dinheiro, tempo, felicidade, saúde ou o que for que valorizemos nessa circunstância) será maior do que aquilo que estamos abrindo mão ao apostar contra as outras versões alternativas de nós mesmos.

Você já teve um momento de arrependimento após uma decisão em que sentiu: "Eu sabia que deveria ter escolhido a outra opção!?" Essa é uma versão alternativa sua dizendo: "Viu, eu avisei!"

Quando Pete Carroll mandou passar a bola, não precisou de uma voz interior para questioná-lo. Os fãs do Seahawks reclamaram coletivamente, gritando: "Quando você falou para Wilson passar, apostou no futuro errado!"

Como podemos ter certeza de estar escolhendo a melhor alternativa para nós? E se outra alternativa nos trouxer mais alegria, satisfação ou dinheiro? A resposta, claro, é que não podemos ter certeza. Coisas fora do nosso controle (sorte) podem influenciar o resultado. Os futuros que imaginamos são meramente *possíveis*. Ainda não aconteceram. A partir do que sabemos e não sabemos só podemos dar nosso melhor palpite sobre como será o futuro. Se nunca moramos em Des Moines, como ter certeza de que vamos gostar? Ao decidir, estamos apostando tudo o que valorizamos (felicidade, sucesso, satisfação, dinheiro, tempo, reputação etc.) em um de uma série de futuros possíveis e incertos. É aí que está o risco.

Os jogadores de pôquer vivem em um mundo no qual esse risco é explicitado. Eles podem se sentir confortáveis com a incerteza porque a colocam no início de suas decisões. Não considerar o risco e a incerteza em cada decisão pode nos fazer sentir melhor no curto prazo, mas o custo em termos da qualidade da tomada de decisão pode ser imenso. Se pudermos encontrar maneiras de lidar mais confortavelmente com a incerteza, poderemos ver o mundo com mais precisão e, então, melhorar.

Nossas apostas são tão boas quanto nossas crenças

Em um episódio do clássico e cômico programa de televisão *WKRP em Cincinnati*, chamado "Turkeys Away", o gerente de meia-idade da estação de rádio, Sr. Carlson, tenta provar que pode encenar uma promoção de sucesso para a estação de rock. Então envia seu repórter veterano, Les Nessman, a um shopping local e lhe diz para relatar, ao vivo, uma oferta de peru que está prestes a ser lançada.

O DJ da estação, Johnny Fever, interrompe sua apresentação para uma reportagem "homem na cena" ao vivo de Nessman, que está descrevendo um sobrevoo de helicóptero. Então algo sai do helicóptero. "Sem paraquedas ainda... não, não podem ser paraquedistas. Eu não consigo dizer o que eles são, mas — oh, meu Deus! Perus!... Um deles atravessou o para-brisa de um carro estacionado! Isso é terrível!... Oh, que coisa!... Os perus estão caindo no chão como sacos de cimento molhado!" Nessman precisa sair correndo em meio ao tumulto que se segue. Ele retorna ao estúdio e descreve como o Sr. Carlson tentou pousar o helicóptero e libertar os perus restantes, mas eles o atacaram.

Carlson entra em farrapos e coberto de penas. "Deus é testemunha, pensei que os perus soubessem voar."

Nossas apostas se baseiam no que acreditamos sobre o mundo. A decisão de Pete Carroll no Super Bowl de passar a bola foi impulsionada por suas crenças quanto à probabilidade do quarterback Russel Wilson completar o passe, de ter o passe interceptado, de ser derrubado (ou lutar por um touchdown). Ele tinha dados e experiência sobre todas essas coisas, e então teve que aplicá-los àquela situação única, considerando suas crenças sobre a defesa dos adversários e como o técnico deles, Bill Belichick, prepararia a defesa para uma provável jogada alternativa de corrida na linha de gol. Ele então fez uma escolha sobre a melhor jogada com base nessas crenças. Ele apostou em uma jogada de passe.

O CEO angustiado por demitir o presidente agiu com base em suas crenças. Sua decisão foi tomada levando em conta o que ele acreditava sobre como a empresa estava se saindo em comparação com os concorrentes, sua avaliação sobre os atos do presidente que contribuíram ou prejudicaram, a probabilidade de aprimorar o desempenho do presidente, os custos e benefícios de dividir o trabalho entre duas pessoas e a probabilidade de encontrar um substituto. Ele apostou em deixar o presidente ir.

John Hennigan tinha crenças sobre como ele se adaptaria a Des Moines. Nossas crenças impulsionam as apostas que fazemos: quais marcas de carros se desvalorizam menos; se os críticos sabiam do que estavam falando quando desqualificaram um filme que queremos assistir; como nossos funcionários se comportarão trabalhando em casa.

Em última análise, eis uma notícia muito boa: parte da *habilidade* na vida deve-se a aprender a calibrar melhor as crenças, usando experiência e informações para atualizá-las com mais objetividade a fim de representar o mundo com mais precisão. Quanto mais precisas forem nossas crenças, melhor será a base das apostas que fazemos. Também há habilidade em identificar quando nossos padrões de pensamento podem nos desviar do caminho, sejam quais forem nossas crenças, e em desenvolver estratégias para trabalhar com esses padrões de pensamento (e às vezes em torno deles). Existem estratégias eficazes para ter a mente mais aberta, ser mais objetivo, mais preciso em nossas crenças, mais racional em nossas decisões e ações, e mais compassivo conosco em meio a tudo isso.

Temos que começar, entretanto, com algumas más notícias. Como o Sr. Carlson aprendeu no *WKRP em Cincinnati*, nossas crenças podem ser muito, muito distantes da realidade.

Ouvir é acreditar

Quando falo em conferências profissionais, às vezes levanto a questão da formação de crenças perguntando ao público: "Quem sabe como é possível prever se um homem ficará careca?" As pessoas vão levantar a mão, e eu vou chamar alguém, que dirá: "Basta olhar para o avô materno." Todos acenam com a cabeça, concordando. Sigo perguntando: "Alguém sabe como se calcula a idade de um cachorro em anos humanos?" Posso praticamente ver a plateia murmurando: "Multiplique por sete."

Essas duas crenças, tão amplamente aceitas, não são de fato precisas. Se você pesquisar online por "equívocos comuns", o mito da calvície está presente na maioria das listas. Como o *Medical Daily* explicou em 2015, "um gene-chave para a calvície está no cromossomo X, que você obtém de sua mãe", mas "não é o único fator genético em jogo, já que homens com pais calvos têm uma chance maior de ficar calvos quando em comparação com homens cujos pais têm cabelos cheios... Cientistas dizem que a calvície em qualquer parte da família pode ser um sinal de seu próprio destino iminente".

Quanto à proporção de idades entre cães e humanos, trata-se de um número inventado, sem base nenhuma, que tem circulado com peso crescente por meio da repetição desde o século XIII. De onde tiramos essas crenças? E por que elas persistem, apesar da ciência e da lógica?

Formamos crenças ao acaso, crendo em todo tipo de coisas com base apenas no que ouvimos por aí, mas sem pesquisarmos por nós mesmos.

Eis como *nós achamos* que formamos crenças abstratas:

(1) ouvimos alguma coisa;
(2) pensamos sobre isso e a examinamos, determinando se é verdadeira ou falsa; e só depois
(3) formamos nossa crença.

Mas o modo como *realmente* formamos crenças abstratas é assim:

(1) ouvimos alguma coisa;

(2) acreditamos que é verdade;

(3) só às vezes, mais tarde, se tivermos tempo ou inclinação, pensamos e examinamos, determinando se é, de fato, falsa ou verdadeira.

O professor de psicologia de Harvard, Daniel Gilbert, mais conhecido por seu livro *Tropeçar na Felicidade* e seu papel principal nos comerciais da Prudential Financial, também é responsável por alguns trabalhos pioneiros na formação de crenças. Em um artigo de 1991, no qual resumiu séculos de estudos filosóficos e científicos sobre o assunto, ele concluiu: "As descobertas de uma infinidade de literatura de pesquisa convergem para um único ponto: as pessoas são criaturas crédulas que acham muito fácil acreditar e muito difícil duvidar. De fato, acreditar é tão fácil, e talvez tão inevitável, que pode ser mais como uma compreensão involuntária do que uma avaliação racional."

Dois anos mais tarde, Gilbert e seus colegas demonstraram, por meio de uma série de experimentos, que nosso padrão é acreditar que o que ouvimos e lemos é verdadeiro. Mesmo quando as informações são apresentadas claramente como falsas, ainda assim é provável que as processemos como verdadeiras. Nesses experimentos, os sujeitos leem uma série de declarações sobre um criminoso ou um estudante universitário. Essas declarações foram marcadas por cores para deixar claro se eram verdadeiras ou falsas. Indivíduos pressionados pelo tempo, ou com sua carga cognitiva aumentada por uma leve distração, cometeram mais erros ao tentar lembrar se as afirmações eram verdadeiras ou falsas. Mas os erros não foram aleatórios. Os sujeitos não eram igualmente propensos a ignorar algumas afirmações rotuladas como "verdadeiras", pois confiavam em algumas afirmações rotuladas como "falsas". Em vez disso, seus erros tinham uma característica: sob qualquer tipo de pressão, eles pressupunham que todas as afirmações eram verdadeiras, não importando o rótulo. Isso sugere que nossa configuração-padrão é crer que o que ouvimos é verdade.

Por esse motivo acreditamos que a calvície é transmitida do avô materno. Se você, assim como eu, que tinha essa crença — até que pesquisei para este livro —, já havia pesquisado a respeito? Quando faço essa pergunta ao meu público, eles geralmente dizem se tratar apenas de algo que ouviram, mas não têm ideia de quem ou de onde veio. No entanto, estão muito confiantes de que é verdade. Essa deve ser prova suficiente da maneira tola como formamos crenças.

Tal como se dá com muitas de nossas irracionalidades, o modo como formamos crenças deriva do impulso evolutivo em direção à eficiência, em vez da precisão. A formação de crenças abstratas (aquelas fora de nossa experiência direta, transmitidas por meio da linguagem) provavelmente está entre as poucas coisas típicas do ser humano, o que a torna relativamente nova no escopo do tempo evolutivo. Antes da linguagem, nossos ancestrais só podiam formar novas crenças por intermédio da vivência direta no mundo físico ao redor. Para crenças decorrentes de experiência sensorial direta, é razoável presumir que nossos sentidos não mentem. Afinal, ver é crer. Se você vir uma árvore bem na sua frente, normalmente seria desperdiçar energia cognitiva questionar se ela de fato existe. Na verdade, questionar o que se vê ou ouve pode fazê-lo ser devorado. Para habilidades essenciais de sobrevivência, os erros do tipo I (falsos positivos) eram menos onerosos do que os erros do tipo II (falsos negativos). Em outras palavras, é melhor prevenir do que remediar, especialmente quando consideramos se devemos acreditar que o farfalhar da grama é um leão. Não desenvolvemos um alto grau de ceticismo quando nossas crenças eram sobre coisas que experienciávamos diretamente, particularmente quando nossas vidas estavam em jogo.

A evolução da linguagem complexa trouxe como subproduto a capacidade de formar crenças sobre coisas que não havíamos realmente experimentado por nós mesmos. E, como Gilbert assinalou, "a natureza não começa do zero; em vez disso, ela é uma inveterada adepta de gambiarras — raramente inventa um novo mecanismo para fazer magistralmente o que um mecanismo antigo modificado pode fazer razoavelmente bem". Nesse caso, o sistema que já tínhamos era (1) experimentar, (2) acreditar que era verdade e (3) talvez, e raramente, questionar mais tarde. Podemos ter mais razões para questionar essa enxurrada de informações de segunda mão, mas nosso sistema antigo ainda está no comando. (Este é um resumo muito simples de inúmeras pesquisas e documentação. Para uma boa visão geral, recomendo *Tropeçar na Felicidade*, de Dan Gilbert; *Kluge*, de Gary Marcus; e *Rápido e Devagar*, de Dan Kahneman, listados na Bibliografia e Recomendações Selecionadas Para Leitura Adicional.)

Uma rápida pesquisa no Google mostrará que muitas de nossas crenças comuns são falsas. Simplesmente, não temos tempo para fazer pesquisas no Google a respeito delas. (Alertas de spoiler: (1) Abner Doubleday não teve nada a ver com a invenção do jogo de beisebol. (2) Usamos todas as partes do cérebro. Os 10% foram criados para vender livros de autoaperfeiçoamento; imagens neurais e estudos de lesões cerebrais refutam a falácia. (3) Os imigrantes não tinham seus nomes americanizados, involuntariamente ou não, em Ellis Island).

Pode ser que não haja importância nenhuma no fato de algumas dessas crenças comuns inconsequentes serem claramente falsas. Presumivelmente, as pessoas não estão usando aquele cálculo enganoso do tempo de vida dos cães nas decisões médicas para seus animais de estimação, e os veterinários sabem disso. Mas esse é o nosso processo geral de formação de crenças e se aplica em áreas cujas consequências podem ser significativas.

No pôquer, esse processo de formação de crenças pode custar muito dinheiro aos jogadores. Uma das primeiras coisas que os jogadores aprendem no Texas Hold'em é uma lista de mãos iniciais de duas cartas para jogar ou desistir, considerando sua posição na mesa e as decisões dos jogadores antes de você.* Quando o Texas Hold'em apareceu nos anos 1960, alguns jogadores experientes inovaram em jogos enganosos com cartas do meio consecutivas e do mesmo naipe (como o seis e o sete de ouros). No pôquer abreviado, tais cartas são chamadas de "conectores de naipe".

Com os conectores de naipe pode-se fazer um *straight* [cinco cartas em sequência] ou um *flush* [cinco cartas do mesmo naipe] camuflado poderoso. Os jogadores experientes podem escolher jogar esses tipos de mãos em um número muito limitado de circunstâncias, ou seja, quando sentem que podem desistir da mão com uma pequena perda, ou blefar com sucesso se não houver seguimento, ou extrair o valor máximo nas rodadas de apostas posteriores prendendo um jogador com cartas iniciais convencionalmente mais fortes quando a mão se desenrola favoravelmente.

Lamentavelmente, o mantra "ganhar muito ou perder pouco com conectores de naipe" espalhou-se ao longo dos anos sem a sutileza da experiência necessária para jogá-los bem ou as restritas circunstâncias necessárias para tornar essas mãos lucrativas. Quando ministrei seminários de pôquer, a maioria dos alunos acreditava fortemente que os conectores de naipe eram cartas iniciais lucrativas em praticamente qualquer circunstância. Quando eu perguntava o motivo, ouvia "todo mundo sabe disso" ou

---

* O Texas Hold'em começa com duas cartas, viradas para baixo, para cada jogador. Após uma rodada inicial de apostas, todas as cartas adicionais são comunitárias, viradas para cima. Caso restem dois ou mais jogadores depois da conclusão das rodadas de apostas, o vencedor é o jogador que fizer a melhor mão a partir da combinação de suas duas cartas ocultas com as cartas comunitárias distribuídas durante a mão.

Quando os jogadores tomam sua decisão inicial de aposta, ainda há mais três rodadas de apostas e cinco cartas comunitárias a serem distribuídas. Mesmo com tantas cartas nessa condição, há uma vantagem significativa em ter uma combinação forte de duas cartas. A melhor mão inicial, é claro, seria dois ases. A pior é um sete e um dois de naipes diferentes.

"vejo jogadores limpando a mesa com conectores de naipe o tempo todo na TV". Mas ninguém a quem perguntei manteve um "Lucros e Perdas" de sua experiência com conectores de naipe. "Faça isso", eu dizia, "e relate o que encontrar". Veja só, os jogadores que me procuraram descobriram que eram perdedores com conectores de naipe.

O mesmo processo de formação de crenças levou centenas de milhões de pessoas a apostar a qualidade e a duração de suas vidas na crença sobre os méritos de uma dieta com baixo teor de gordura. Liderados por conselhos extraídos, em parte, de pesquisas secretamente financiadas pela indústria do açúcar, os norte-americanos cortaram, em uma geração, um quarto da ingestão calórica de gordura, substituindo-a por carboidratos. O governo dos EUA revisou a pirâmide alimentar para incluir de seis a onze porções de carboidratos e aconselhou a população a consumir gorduras com moderação. Isso encorajou a indústria alimentícia (que seguiu com entusiasmo essa recomendação) a substituir o amido e o açúcar para produzir alimentos com "baixo teor de gordura". David Ludwig, professor da Harvard Medical School e médico do Boston Children's Hospital, resumiu o custo da substituição de gorduras por carboidratos no *Journal of the American Medical Association*: "Contrariamente à previsão, a ingestão total de calorias cresceu substancialmente, a prevalência de obesidade triplicou, a incidência de diabetes tipo 2 aumentou muitas vezes, e a redução de décadas nas doenças cardiovasculares estagnou, mas pode ser revertida, apesar do maior uso de medicamentos preventivos e procedimentos cirúrgicos."

Dietas com baixo teor de gordura tornaram-se os conectores de naipe de nossos hábitos alimentares.

Mesmo que nosso padrão seja "verdadeiro", se fôssemos bons em atualizar nossas crenças com base em novas informações, nosso processo de formação de crenças aleatório poderia causar relativamente poucos problemas. É triste, mas não é assim que funciona. Formamos crenças sem avaliar, em sua maioria, e continuamos com elas mesmo após receber claras informações corretivas. Em 1994, Hollyn Johnson e Colleen Seifert relataram no *Journal of Experimental Psychology* os resultados de uma série de experimentos nos quais os sujeitos liam mensagens sobre um incêndio em um armazém. Para os que leram mensagens mencionando que o fogo começou perto de um armário contendo latas de tinta e cilindros de gás pressurizado, essa informação (previsivelmente) os encorajou a inferir uma conexão. Quando, cinco mensagens depois, os participantes receberam uma errata dizendo que o armário estava vazio, eles ainda responderam às perguntas sobre o incêndio culpando a tinta em chamas pelos gases tóxicos e citando negligência por manter objetos inflamáveis por perto. (Isso não deve surpreender ninguém que reconhece a futilidade de emitir uma retratação após relatar uma história com um erro factual.)

A busca pela verdade, o desejo por conhecê-la independentemente de ela estar alinhada com as crenças que defendemos atualmente, não é apoiada de forma natural pela maneira como processamos as informações. Podemos pensar que temos a mente aberta e podemos atualizar nossas crenças com base em novas informações, mas a pesquisa mostra conclusivamente o contrário. Em vez de alterar nossas crenças em face de novas informações, fazemos o oposto, alterando nossa interpretação dessas informações para que se adéquem às nossas crenças.

"Eles viram um jogo"

Quando a temporada de futebol americano universitário está quase terminando, todos os olhos se voltam para uma rivalidade acirrada. O favorito, que joga em casa, não perde a 22 jogos seguidos e está prestes a completar a segunda temporada consecutiva invicto. A recepção mais emocionante será para Dick Kazmaier, o astro atacante. Um dos heróis do atletismo de todos os tempos da escola, ele foi capa da *Time* e está na disputa pelo All-American e outras honrarias da pós-temporada. Os visitantes, contudo, não têm intenção de perder sem opor resistência. Não obstante seus números nessa temporada tenham sido apenas medianos, eles têm a reputação de jogar duro. Conseguir uma reviravolta impressionante seria uma grande zebra.

Bem-vindos ao Palmer Stadium de Princeton, no dia 23 de novembro de 1951. O jogo de futebol americano entre Dartmouth e Princeton tornou-se famoso: parte de uma rivalidade histórica, o fim de uma era nos esportes da Ivy League [é uma conferência desportiva de oito universidades privadas do nordeste dos Estados Unidos: Universidade Brown, Universidade de Columbia, Universidade Cornell, Dartmouth College, Universidade Harvard, Universidade da Pensilvânia, Universidade Yale e Universidade de Princeton] e o tema de um experimento científico inovador.

Primeiro, o jogo. Princeton venceu por 13 x 0. O resultado não deixou muitas dúvidas, mas mesmo assim foi um jogo sujo, violento e com muitas faltas. Dartmouth recebeu 70 jardas em penalidades, Princeton, 25. Um jogador de Princeton foi chutado nas costelas quando estava caído. Um jogador de Dartmouth quebrou uma perna e outro também sofreu uma lesão na perna. Kazmaier saiu do jogo no 2º tempo com uma concussão e o nariz quebrado. (Ele voltou para a jogada final, ganhando uma volta olímpica nos ombros dos companheiros de equipe. Alguns meses depois, ele se tornou o último jogador da Ivy League a ganhar o Troféu Heisman.)

Surpresos com a ferocidade dos editoriais nos jornais das duas escolas após o jogo, uma dupla de professores de psicologia percebeu haver ali uma oportunidade para estudar como as crenças podem alterar radicalmente a maneira como processamos uma experiência comum. Albert Hastorf, de Dartmouth, e Hadley Cantril, de Princeton, coletaram os relatos do jornal, obtiveram uma cópia do filme do jogo, os mostraram a grupos de alunos de suas escolas e fizeram-nos preencher questionários contando e caracterizando as infrações de ambos os lados. Seu artigo de 1954, "Eles viram um jogo", poderia ter sido chamado de "Eles viram dois jogos": os alunos de cada escola, com base em seus questionários e comentários, pareciam ter assistido a jogos diferentes.

Hastorf e Cantril coletaram evidências de subjetividade nos animados relatos e editoriais do jogo entre Dartmouth e Princeton nos jornais locais. No *Daily Princetonian* lia-se: "Ambas as equipes são culpadas, mas a responsabilidade maior coube a Dartmouth." O *Princeton Alumni Weekly* esbravejou com Dartmouth por um lance violento que encerrou a carreira de Kazmaier na faculdade e por chutar um jogador de Princeton nas costelas. Enquanto isso, um editorial no *Dartmouth* atacou o técnico de Princeton, Charley Caldwell. Após a lesão do "ídolo de Princeton", "Caldwell incutiu a velha atitude de 'mexeram com o nosso pessoal, agora eles vão ver' em seus jogadores. Sua palestra deu resultado", afirmou o editorial, referindo-se à dupla de jogadores de Dartmouth que sofreram lesões na perna no terceiro quarto. Na edição seguinte do *Dartmouth*, o jornal listou os astros do time adversário que Princeton havia posto fora de ação por um "esforço concentrado".

Quando os pesquisadores mostraram a grupos de alunos o filme do jogo e pediram que preenchessem os questionários, permaneceu a mesma diferença de opinião sobre o que haviam apreciado. Os alunos de Princeton viram Dartmouth cometer duas vezes mais faltas flagrantes e três vezes mais faltas leves do que Princeton. Para os alunos de Dartmouth, ambas as equipes cometeram um número igual de infrações.

Hastorf e Cantril concluíram: "Nós não simplesmente 'reagimos' a um acontecimento... nos comportamos de acordo com o que trazemos para a ocasião." Nossas crenças afetam a maneira como processamos todas as coisas novas, "seja essa 'coisa' um jogo de futebol, um candidato à presidência, comunismo ou espinafre".

Em um estudo na *Stanford Law Review* de 2012 chamado "They Saw a Protest" (o título é uma homenagem ao experimento original de Hastorf e Cantril), o professor de direito e psicologia de Yale, Dan Kahan, um importante pesquisador e analista de raciocínios tendenciosos, e outros quatro colegas reforçam a ideia de que nossas crenças orientam o modo como processamos as informações.

No estudo, dois grupos de sujeitos assistiram a um vídeo de uma ação policial dispersando uma manifestação política. Um grupo foi informado de que a manifestação ocorreu em frente a uma clínica de aborto, com o objetivo de protestar contra o aborto legalizado. Outro grupo foi informado de que ocorreu em um local onde se ofereciam empregos para universitários no qual militares estavam conduzindo entrevistas e os manifestantes estavam gritando palavras de ordem contra a proibição então existente de soldados declaradamente gays e lésbicas. Era o mesmo vídeo, cuidadosamente editado para evitar revelar o assunto real do protesto. Os pesquisadores, após reunir informações sobre a visão de mundo dos sujeitos, perguntaram a eles sobre fatos e conclusões a partir do que viram.

Os resultados refletiram aqueles encontrados por Hastorf e Cantril quase sessenta anos antes: "Todos os nossos participantes assistiram ao mesmo vídeo. Mas o que eles *viram* — vocalização sincera de dissidência com pretensão de apenas persuadir, ou intimidação física calculada para interferir na liberdade de outros — dependia da coerência das posições dos manifestantes com os próprios valores culturais dos sujeitos." Quer seja um jogo de futebol, um protesto ou qualquer outra coisa, nossas crenças preexistentes influenciam a maneira como vivenciamos o mundo. O fato de essas crenças não serem formadas de uma maneira particularmente ordenada leva a toda espécie de danos em nossas tomadas de decisão.

A teimosia das crenças

Imperfeições na formação e atualização das crenças têm o potencial de se tornar uma bola de neve. Depois que uma crença é incorporada, fica difícil desalojá-la. Ela assume vida própria, levando-nos a perceber e buscar evidências que a confirmem, raramente contestar a validade das evidências confirmadoras e ignorar ou fazer de tudo para ativamente desqualificar as informações que a contradizem. Esse padrão circular e irracional de processamento de informações é chamado de *raciocínio motivado*. O modo como processamos novas informações é impulsionado pelas crenças que temos, fortalecendo-as. Essas crenças fortalecidas determinam como processamos informações adicionais e assim por diante.

Durante uma pausa em um torneio de pôquer, um jogador se aproximou de mim para saber minha opinião sobre como ele jogou uma daquelas mãos de conector de naipe. Eu não havia testemunhado a mão, e ele me deu uma descrição sucinta de como jogou furtivamente o seis e o sete de ouros para fazer um flush na penúltima carta, mas "teve a pior sorte" quando o outro jogador fez um full house na última carta.

Tínhamos apenas um ou dois minutos para acabar o intervalo, então fiz a pergunta que achei mais relevante: "Para começar, por que você estava jogando 6-7 de ouros?" (Mesmo uma breve explicação, eu esperava, preencheria detalhes sobre muitas das áreas que determinam como jogar uma mão como essa e se era uma escolha vantajosa, como posição na mesa, tamanho do pote, tamanho da pilha de fichas, estilo do oponente, como a mesa percebeu seu estilo etc.)

Exasperado, ele respondeu: "Não é essa a questão!" O raciocínio motivado nos diz que essa realmente não é a questão de ninguém.

Não é preciso muito para qualquer um de nós acreditar em algo. E, uma vez que isso acontece, proteger essa crença determina como tratamos as informações adicionais relevantes a ela. Talvez a evidência maior disso possa ser o aumento da proeminência de "notícias falsas" e desinformação. O conceito de fake news [notícias falsas], uma história intencionalmente mentirosa plantada para obter ganhos financeiros ou políticos, tem centenas de anos. Inclui praticantes lendários como Orson Welles, Joseph Pulitzer e William Randolph Hearst. Desinformação é diferente de notícias falsas porque a história tem alguns elementos verdadeiros posicionados para tecer uma narrativa particular. Notícias falsas funcionam porque pessoas cujas crenças são consistentes com a história geralmente não questionam as evidências. A desinformação é ainda mais poderosa porque os fatos confirmados que participam da narrativa fazem parecer que todas as informações presentes nela foram examinadas, aumentando o poder da história que está sendo divulgada.

Notícias falsas não pretendem mudar mentes. Como sabemos, crenças são difíceis de mudar. O poder das notícias falsas é que elas consolidam as crenças que seu público-alvo já possui e, então, as amplifica. A internet é um playground para o raciocínio motivado. Ela promete o acesso a uma maior variedade de fontes de informação e opiniões do que jamais tivemos disponíveis, porém nos cingimos àquelas fontes que confirmam nossas crenças, que concordam conosco. Lá fora há inúmeros sabores, mas tendemos a ficar com o nosso favorito.

Para piorar as coisas, muitos sites de mídia social se valem de nossa experiência na internet para nos mostrar mais do que já gostamos. O autor Eli Pariser cunhou o termo "filtro de bolha", em seu livro de 2011 de mesmo nome, para descrever o processo pelo qual empresas como Google e Facebook usam algoritmos para nos estimular a seguir nas direções em que já estamos. Ao coletar nossas pesquisas, navegação e dados semelhantes de nossos amigos e com quem nos relacionamos, elas fornecem aos usuários manchetes e links que atendem ao que definiram como nossas preferências. A internet, que nos abre as portas para uma diversidade de pontos de vista com uma facilidade inimaginável, na verdade nos empurra ainda mais para dentro de uma bolha confirmatória. Independentemente da orientação política, ninguém está imune.

Os sites mais populares têm feito por nós nosso raciocínio motivado.*

Mesmo quando diretamente confrontados com fatos que refutam nossas crenças, não admitimos que fatos as desmintam. Como Daniel Kahneman assinalou, queremos apenas pensar bem de nós mesmos e sentir que a narrativa de nossa história de vida é positiva. Estar *errado* não coaduna com essa narrativa. Pensar nas crenças como apenas 100% certas ou 100% erradas, nos leva, ao confrontarmos novas informações que possam contradizê-las, a ter somente duas opções: (a) promover uma grande mudança na opinião sobre nós mesmos — de 100% certo para 100% errado — ou (b) ignorar ou desdenhar das novas informações. Como é ruim estar errado, escolhemos a opção (b). Informações que discordam de nós são um ataque à nossa autonarrativa. Trabalharemos arduamente para eliminar essa ameaça. Por outro lado, quando as informações adicionais concordam conosco, as adotamos sem esforço.

---

* A bem da justiça, após a eleição presidencial de 2016 nos EUA, o Facebook está tentando resolver isso, assim como alguns outros sites.

A maneira como formamos crenças e nossa inflexibilidade em mudá--las tem sérias consequências, uma vez que apostamos nelas. Cada aposta que fazemos depende de nossas crenças: quem acreditamos que será o melhor presidente, se achamos que gostaremos de Des Moines, se confiamos que uma dieta com baixo teor de gordura nos tornará mais saudáveis, ou mesmo se pensamos que os perus podem voar.

Ser inteligente deixa tudo pior

De acordo com a sabedoria popular, quanto mais inteligente você for, menos fica sujeito a notícias falsas ou desinformação. Afinal, pessoas inteligentes são mais propensas a analisar e avaliar com eficácia de onde as informações vêm, certo? Parte de ser "inteligente" é ser bom no processamento de informações, avaliando a qualidade de um argumento e a credibilidade da fonte. Então, intuitivamente, parece que pessoas inteligentes devem ter a capacidade de notar o raciocínio motivado e ter mais recursos intelectuais para combatê-lo.

Mas, surpreendentemente, ser inteligente pode piorar o viés. Deixe-me apresentar uma estrutura intuitiva diferente: quanto mais inteligente você for, melhor será em construir uma narrativa que apoie suas crenças, racionalizando e enquadrando os dados para se adequar a seu argumento ou ponto de vista. Afinal, as pessoas na "sala de imprensa" em um ambiente político geralmente são muito inteligentes por um motivo.

Em 2012, os psicólogos Richard West, Russel Meserve e Keith Stanovich testaram o viés do ponto cego — uma irracionalidade em que as pessoas são boas em reconhecer o raciocínio tendencioso nos outros, mas são cegas quanto a vieses em si mesmas. No geral, o trabalho deles corroborou, em uma variedade de vieses cognitivos, que, sim, todos nós temos um ponto cego sobre como reconhecer nossos vieses. A surpresa é que o preconceito do ponto cego é maior quanto mais inteligente você for. Os pesquisadores testaram os sujeitos para sete vieses cognitivos e descobriram que a capacidade cognitiva não atenuava o ponto cego. "Além disso, as pessoas que estavam cientes de seus próprios vieses não eram por causa disso mais capazes de superá-los." Na realidade, em seis dos sete vieses testados, "participantes mais sofisticados no aspecto cognitivo mostraram pontos cegos de viés *maiores*" (ênfase nossa). Desde então, eles replicaram esse resultado.

O trabalho de Dan Kahan sobre o raciocínio motivado também indica que pessoas inteligentes não estão melhor equipadas para combater o viés, podendo ser até mais suscetíveis. Ele e vários colegas analisaram se as conclusões de dados objetivos eram motivadas por crenças subjetivas preexistentes sobre um assunto. Quando se pediu aos sujeitos para analisar dados complexos sobre um tratamento de pele experimental (um assunto "neutro"), a capacidade deles em interpretar os dados e chegar a uma conclusão dependeu, como esperado, de sua aptidão matemática em vez de suas opiniões sobre o creme para a pele (pois eles realmente não tinham opinião sobre o assunto). Outros sujeitos com tal aptidão se deram melhor em descobrir se os dados mostravam que o tratamento da pele aumentou ou diminuiu a incidência de erupções cutâneas. (Os dados foram inventados e, para metade dos indivíduos, os resultados foram revertidos; portanto, a resposta correta ou incorreta dependia do uso dos dados e não da eficácia real de um tratamento de pele específico).

Quando os pesquisadores mantiveram os mesmos dados, mas substituíram "tratamento de pele" por "proibição do porte de armas" e "erupções cutâneas" por "crime", as opiniões dos sujeitos sobre esses tópicos determinavam como eles analisavam exatamente os mesmos dados. Aqueles que se identificaram como "Democratas" ou "liberais" interpretaram os dados de forma a apoiar sua crença política (o controle de armas reduz a criminalidade). Os "Republicanos" ou "conservadores" interpretaram os mesmos dados de modo a apoiar sua crença oposta (o controle de armas aumenta a criminalidade).

Esse comportamento geralmente corresponde ao que entendemos sobre raciocínio motivado. A surpresa, porém, foi o que Kahan descobriu sobre indivíduos com diferentes habilidades com números e as mesmas crenças políticas. Ele descobriu que as pessoas *com mais aptidão matemática* (sejam pró ou contra armas) cometem *mais erros* ao interpretar os dados sobre o assunto emocionalmente carregado do que aqueles menos afeitos aos números que compartilham as mesmas crenças. "Esse padrão de polarização... não diminui entre os sujeitos de elevada aptidão matemática. Na verdade, *aumenta*." (Ênfase no original.)

Acontece que, quanto melhor você é com os números, melhor você fica em "distorcer" esses números para que confirmem suas crenças.

Infelizmente, trata-se tão somente do caminho evolutivo que trilhamos. Estamos programados para proteger nossas crenças, ainda que nosso objetivo seja buscar a verdade. Esse é um daqueles casos em que ser inteligente e estar ciente de nossa capacidade de agir com irracionalidade não nos ajuda, por si só, a evitar um raciocínio tendencioso. Tal como se dá com as ilusões visuais, não há jeito de fazer nossas mentes funcionarem de maneira diferente, não importa o quão inteligentes formos. Assim como não podemos deixar de ver uma ilusão, o intelecto ou a força de vontade, por eles mesmos, não podem nos fazer resistir ao raciocínio motivado.

Até agora, este capítulo tem consistido principalmente de más notícias. Apostamos nas nossas crenças. Não as examinamos bem antes de formá-las. Recusamo-nos obstinadamente a atualizar nossas crenças. E acabo de dizer que ser inteligente não ajuda e pode tornar as coisas piores.

A boa notícia começa aqui.

Quer apostar?

Imagine que está conversando com um amigo sobre o filme *Cidadão Kane*. Considerado o melhor filme de todos os tempos, ele introduziu uma série de novas técnicas com as quais os diretores podem contribuir para a narrativa. "Obviamente, ele ganhou o Oscar de melhor filme", você diz, como parte de uma lista de superlativos que o filme sem dúvida merece.

Então seu amigo diz: "Quer apostar?"

De repente, você já não tem tanta certeza assim. Esse desafio o deixa com um pé atrás, fazendo-o hesitar quanto ao que disse e questionar a crença que acabou de declarar com tamanha convicção. Quando alguém nos desafia a apostar em uma crença, demonstrando estar confiante de que ela é de alguma forma imprecisa, o ideal é que isso nos estimule a examinar a crença, inventariando as evidências que nos levaram a ela.

- Como sei disto?
- Onde obtive tais informações?
- Com quem as obtive?
- Qual o nível de qualidade de minhas fontes?
- Quanto posso confiar nelas?
- Minhas informações estão atualizadas?
- Quanta informação eu tenho que é relevante para a crença?
- Em que outras coisas como esta eu tinha confiança que acabaram não sendo verdadeiras?

- Quais são as outras alternativas plausíveis?
- O que sei sobre a pessoa que está desafiando minha crença?
- Como ela avalia a credibilidade da minha opinião?
- O que ela sabe que eu não sei?
- O quanto ela é especialista no assunto?
- O que estou deixando escapar?

Lembre-se da ordem em que formamos crenças abstratas:

(1) ouvimos alguma coisa;

(2) acreditamos nela;

(3) só às vezes, mais tarde, se tivermos tempo ou inclinação, pensamos e examinamos, determinando se é, de fato, falsa ou verdadeira.

"Quer apostar?" leva-nos a entrar naquela terceira etapa que só às vezes chegamos. Quando nos perguntam se estamos dispostos a apostar dinheiro nisso, é muito mais provável que examinemos nossas informações de uma forma menos tendenciosa, sejamos mais sinceros conosco a respeito de quanta certeza temos sobre nossas crenças e mais abertos para atualizá-las e ajustá-las. Quanto mais objetivos formos, mais precisas se tornam nossas crenças. E a pessoa que, no longo prazo, ganha as apostas é aquela cujas crenças são mais precisas.

É claro que, na maioria das vezes, a pessoa que faz uma aposta não está, de fato, querendo colocar nenhum dinheiro nisso. Ela está apenas apresentando uma questão válida, algo sobre o qual talvez tenhamos exagerado em nossa declaração ou conclusão sem incluir pontos de apoio relevantes. A maioria das pessoas não é como os jogadores de pôquer, em torno dos quais sempre existe a possibilidade de alguém propor uma aposta que eles levarão ao pé da letra.

O que você sabe em seguida é que alguém se muda para Des Moines e há US$30 mil em jogo.

É de se lamentar que, nesse particular, o contrato social para jogadores de pôquer seja tão diferente do que para o resto de nós, pois há coisas boas que podem resultar de alguém dizer: "Quer apostar?" Tal ato revela o risco abertamente, tornando explícito o que já está implícito (e frequentemente esquecido). Quanto mais reconhecemos que estamos apostando em nossas crenças (como felicidade, atenção, saúde, dinheiro, tempo ou algum outro recurso limitado), mais somos propensos a moderar nossas declarações, chegando mais perto da verdade à medida que reconhecemos o risco inerente ao que acreditamos.

Não é nada razoável esperar que todos desafiem uns aos outros a apostar em qualquer opinião — a menos que você esteja entrando em uma sala de pôquer. (E mesmo em salas de pôquer, isso normalmente acontece apenas entre jogadores que se conhecem bem.) Imagino que desafiar a todos com "Quer apostar?" tornaria difícil fazer amigos e você perderia aqueles que tem. Mas isso não significa que não podemos mudar nossa própria maneira de pensar sobre as decisões que tomamos. Podemos nos treinar para ver o mundo sob a ótica do "Quer apostar?".

Ao começarmos a fazer isso, é mais provável reconhecer que sempre há um certo grau de incerteza, que em geral temos menos certeza do que pensávamos e que praticamente nada é preto ou branco, 0% ou 100%. E essa é uma boa filosofia de vida.

Redefinindo a confiança

Não existem muitas coisas que estão sempre certas. *The Half-Life of Facts*, de Samuel Arbesman, é uma excelente leitura sobre como praticamente todos os fatos que conhecemos estiveram sujeitos à revisão ou à reversão. Estamos sob uma condição de perpétuo aprendizado, e isso pode tornar obsoleto qualquer fato anterior. Um dos muitos exemplos diz respeito à extinção do celacanto, um peixe do período Cretáceo Superior. Um evento de extinção em massa (como um grande meteoro atingindo a Terra, uma série de erupções vulcânicas ou uma mudança climática permanente) encerrou o período Cretáceo. Esse foi o fim dos dinossauros, celacantos e muitas outras espécies. Porém, no fim da década de 1930 e, independentemente, em meados da década de 1950, os celacantos foram encontrados vivos e bem. Uma espécie que se torna "não extinta" é bastante comum. Arbesman cita o trabalho de uma dupla de biólogos da Universidade de Queensland que fez uma lista de todas as 187 espécies de mamíferos declaradas extintas nos últimos 500 anos. Mais de um terço dessas espécies foi posteriormente redescoberto.

Considerando que mesmo os fatos científicos podem ter uma data de validade, seria recomendável que todos déssemos uma boa olhada em nossas crenças cuja formação e atualização são feitas de uma maneira muito mais aleatória do que as da ciência. Não é necessário que ninguém nos desafie a fazer uma aposta real para fazer isso. Podemos pensar como um apostador, de propósito e por conta própria, como se fosse um jogo, mesmo que estejamos apenas fazendo isso nós mesmos.

Estaríamos melhor servidos como comunicadores e tomadores de decisão se pensássemos menos sobre se confiamos em nossas crenças e mais sobre o *quão* confiantes estamos. Com essa atitude, em vez de pensar na confiança na base do tudo ou nada ("Estou confiante" ou "Não estou confiante"), nossa expressão de confiança capturaria todos os tons de cinza intermediários.

Quando expressamos nossas crenças (para os outros ou apenas para nós mesmos como parte do diálogo interno de tomada de decisão), geralmente não a qualificamos. E se, além de expressar o que acreditamos, também classificássemos o grau de confiança sobre a precisão de nossa crença em uma escala de zero a dez? Zero significaria que estamos certos de que uma crença não é verdadeira e dez significaria que estamos certos de que nossa crença é verdadeira. Uma escala de zero a dez se traduz diretamente em porcentagens. Se acredita que a crença é três, isso significa que você tem 30% de certeza de sua exatidão. Um nove significa que você tem 90% de certeza. Assim, em vez de dizer a nós mesmos: *"Cidadão Kane* ganhou o Oscar de melhor filme", diríamos: "Acho que *Cidadão Kane* ganhou o Oscar de melhor filme, mas dou apenas um seis a isso." Ou "Tenho 60% de certeza que *Cidadão Kane* ganhou o Oscar de melhor filme". Isso significa que seu nível de certeza é tal que 40% das vezes descobrirá que *Cidadão Kane* não ganhou o Oscar de melhor filme. Forçar-nos a expressar o quão seguros estamos de nossas crenças traz à luz a natureza probabilística delas: o que acreditamos quase nunca é 100% ou 0% exato, mas, ao contrário, está em algum lugar no meio.

E mais: o número pode refletir vários tipos diferentes de incerteza. "Estou 60% confiante de que *Cidadão Kane* ganhou o prêmio de melhor filme" reflete que nosso conhecimento desse evento passado é incompleto. "Estou 60% confiante de que o voo de Chicago atrasará" mescla nosso conhecimento incompleto com a incerteza inerente à previsão do futuro (por exemplo, as condições do tempo ou um problema mecânico).

Também podemos expressar o quão confiantes estamos, pensando sobre o número de alternativas plausíveis e declarando esse intervalo. Por exemplo, se estou declarando minha crença sobre a idade com que Elvis morreu, posso dizer: "Algo entre os 40 e os 47 anos." Eu sei que ele morreu na casa dos quarenta e me lembro que estava mais para o início dos quarenta anos, então para mim essas são as alternativas plausíveis. Quanto mais sabemos sobre um assunto, melhor é a qualidade das informações que temos e mais restrita se torna a gama de alternativas plausíveis. (Quando se trata de previsões, a gama plausível de resultados também será mais restrita se houver menos envolvimento do fator sorte). Quanto menos soubermos sobre um assunto, ou quanto mais sorte estiver envolvida, mais amplo será o nosso intervalo.

Podemos declarar o quanto temos certeza se estamos pensando sobre um determinado fato ou conjunto de fatos ("os dinossauros eram animais de rebanho"), uma previsão ("Acho que há vida em outros planetas") ou como o futuro irá corroborar alguma decisão que possamos tomar ("Acho que se me mudar para Des Moines serei mais feliz do que onde moro agora" ou "Acho que a empresa se dará melhor se despedirmos o presidente"). Todas essas são crenças de diferentes tipos.

Incorporar a incerteza na maneira como pensamos sobre nossas crenças traz muitos benefícios. Ao expressar nosso nível de confiança naquilo em que acreditamos, mudamos nosso modo de ver o mundo. Para medir e reduzir a incerteza, o primeiro passo é reconhecê-la. Incorporar a incerteza em nosso modo de pensar sobre o que acreditamos é ter a mente aberta a posturas mais objetivas em relação a informações que discordam de nós. Temos menos probabilidade de ceder ao raciocínio motivado, pois é melhor fazer pequenos ajustes nos graus de certeza, do que ter que reduzi-la abruptamente de "certo" para "errado". Quando confrontados com novas evidências, é uma narrativa muito diferente dizermos: "Eu era 58%, mas agora sou 46%." Isso não parece tão ruim quanto: "Eu pensei que estava certo, mas agora estou errado." Nossa imagem de ser uma pessoa culta, educada e inteligente, cujas opiniões são de qualidade, não é comprometida quando usamos novas informações para ajustar nossas crenças, em comparação com ter que fazer uma reversão total. Isso nos previne de tratar as informações que discordam de nós como ameaça, algo contra o qual devemos nos defender, e nos torna mais capazes de buscar a verdade.

Quando agimos no sentido de calibrar as crenças, nos julgamos menos. Incorporar porcentagens ou graus de probabilidade ao expressar nossas crenças significa que nossa narrativa pessoal não depende mais de estarmos certos ou errados, mas de quão bem incorporamos novas informações para ajustar a estimativa da exatidão de nossas crenças. Não há pecado em descobrir que existem evidências que contradizem o que acreditamos. O único pecado é não usar essa evidência tão objetivamente quanto possível para refinar essa crença de agora em diante.

Declarar aos outros incerteza em relação a nossas crenças nos torna comunicadores mais confiáveis. Presumimos que, se não parecermos 100% confiantes, os outros valorizarão menos nossas opiniões. Em geral, o oposto é verdadeiro. Se alguém expressa uma crença como absolutamente verdadeira, e outra pessoa expressa uma crença dizendo "Eu acredito que isso seja verdade e estou 80% confiante nisso", em quem você tem mais probabilidade de acreditar? O fato de a pessoa agir assim indica que ela está tentando chegar à verdade, que considerou a quantidade e a qualidade de suas informações com interesse e ponderação. E pessoas que demonstram interesse e ponderação são mais verossímeis.

Expressar nosso nível de confiança também é um convite para que as pessoas colaborem conosco. Como já disse, a maioria de nós não vive suas vidas em salas de pôquer, onde é mais socialmente aceitável desafiar, em uma aposta, um colega que expressa uma opinião que acreditamos ser imprecisa. Fora da sala de pôquer, quando declaramos algo como sendo 100% um fato, os outros podem relutar em oferecer informações novas e relevantes sobre nossas crenças por duas razões. Em primeiro lugar, podem ter receio de estar errados e se calam, preocupados em serem julgados por isso, seja por nós ou por eles mesmos. Em segundo lugar, ainda que estejam muito confiantes de que suas informações são de alta qualidade, eles podem ter receio de nos fazer sentir mal ou de serem julgados. Ao dizer "Estou 80% confiante" e, assim, comunicar que não temos certeza, deixamos a porta aberta para que outros nos digam o que sabem. Eles percebem que podem contribuir sem ter que nos confrontar, dizendo ou insinuando: "Você está errado." Admitir nossa incerteza é um convite para ajudar a aprimorar nossas crenças e, com o tempo, isso as tornará muito mais precisas, pois será maior a probabilidade de coletar informações importantes.

Expressar nossas crenças dessa forma também é do interesse de quem nos ouve. Sabemos que nosso padrão é acreditar no que ouvimos, sem examinar as informações mais detidamente. Se comunicarmos aos outros que não temos 100% de certeza sobre o que estamos dizendo, a propensão de que eles incorporem nossas crenças é menor. Expressar uma crença aos nossos ouvintes dando sinais de incerteza mostra que ela requer maior verificação, que o terceiro passo ainda está em andamento.

Quando cientistas publicam resultados de experimentos, compartilham com os demais colegas de sua comunidade seus métodos de coleta e análise de dados, os próprios dados e sua confiança neles. Isso faz com que outros avaliem a qualidade das informações apresentadas, sistematizadas por meio de revisão por pares antes da publicação. A confiança nos resultados é expressa a partir de valores de "p", a probabilidade que se esperaria de obter o resultado realmente observado (semelhante a declarar sua confiança em uma escala de zero a dez) e intervalos de confiança (semelhante a declarar intervalos de alternativas plausíveis). Ao institucionalizar a expressão da incerteza, os cientistas convidam sua comunidade a compartilhar informações relevantes e a testar e desafiar os resultados e as explicações. Na volta, as informações que são compartilhadas podem confirmar, não confirmar, ou aprimorar as hipóteses publicadas. O objetivo é promover o conhecimento, em vez de afirmar aquilo em que já acreditamos. É por isso que a ciência avança a passos largos.*

Ao comunicar nossa própria incerteza quando compartilhamos crenças com os outros, estamos convidando as pessoas em nossas vidas a agirem conosco como cientistas. Isso impacta nossas crenças mais rapidamente porque perdemos menos oportunidades de obter novas informações, informações que nos ajudariam a ajustar nossas crenças.

Reconhecer que as decisões são apostas baseadas em nossas crenças, ficar confortável com a incerteza e redefinir o certo e o errado são elementos essenciais para uma boa abordagem geral na tomada de decisões. Não espero, entretanto, que tendo jogado todos esses conceitos em seu colo, você deva de alguma forma saber a melhor maneira de usá-los. Acontece que esses padrões estão tão arraigados em nosso pensamento que é preciso mais do que saber do problema ou mesmo ter a perspectiva certa para superar as irracionalidades a que estamos sujeitos. Na verdade, o que fiz até aqui foi identificar o alvo. Agora que estamos na direção certa, pensar em apostas é uma ferramenta para ser, *de certa forma*, um pouco melhor em acertá-lo.

---

* O lendário físico Richard Feynman resumiu desta forma como os cientistas comunicam a incerteza e como se esforçam para evitar os extremos do certo e do errado: "As afirmações da ciência não são sobre o que é verdadeiro e o que não é, mas afirmações sobre o que é conhecido por diferentes graus de certeza... Cada um dos conceitos científicos está em uma escala graduada em algum lugar entre os extremos, mas em nenhum deles, a falsidade absoluta ou a verdade absoluta." (Isso aparece em uma coleção de suas obras curtas, *The Pleasure of Finding Things Out*.)

CAPÍTULO 3

Aposte para Aprender: Lidando com o Futuro Que se Desdobra

Nick, o Grego — e outras lições do Crystal Lounge

Quando comecei a jogar pôquer, morava em Columbus, Montana, cuja população era de 1.200 pessoas. O local mais próximo para jogar ficava a uns 60km de distância, no centro de Billings, no porão de um bar chamado Crystal Lounge. Eu dirigia aqueles 60km todos os dias, chegando no início da tarde. Lá, jogaria até a noite e voltaria para casa.

Os participantes do jogo compunham uma visão clichê de Montana: fazendeiros e pecuaristas matando o tempo fora da temporada, a fumaça dos cigarros flutuando sobre as abas de seus chapéus de vaqueiro. Era 1992, mas poderia facilmente ter sido 1952 pela decoração e pelo rosto cinzento dos habitantes locais. A única coisa que sugeria que John Wayne não entraria de repente era um punhado de desajustados, eu incluída (uma mulher, décadas mais jovem que os demais jogadores, fugindo de defender minha dissertação na Universidade da Pensilvânia), e um jogador chamado "Nick, o Grego".

Se seu nome é Nick, você vem da Grécia e joga, eles vão chamá-lo de Nick, o Grego, assim como vão chamá-lo de Magrão se você pesar mais de 150kg. (E, sim, havia um Magrão, nome verdadeiro Elwood, que regularmente jogava.) Esse Nick, o Grego, fazia parte dos desimportantes do Billings. Era o gerente geral do hotel do outro lado da rua, e havia sido transferido da Grécia pela rede de hotéis. Ele saía do trabalho por algumas horas todas as tardes, como um relógio, para jogar.

Nick, o Grego, tinha um conjunto nada usual de crenças que orientavam suas decisões no pôquer. Eu sabia disso porque ele as descrevia para mim, e para os outros jogadores, longamente, usando para isso os resultados de mãos específicas. Ele se fixou na crença relativamente comum de que o elemento surpresa era importante no pôquer. (Não seja previsível, alterne seu jogo, esse tipo de coisa.) Então ele a anabolizou. Para ele, um par inicial de ases, as duas cartas matematicamente melhores que se pode receber, era a pior mão porque todos a jogavam previsivelmente.

"Todos esperam que você tenha ases. Com essa mão você está morto."

Por essa lógica, explicou ele, as duas melhores cartas iniciais eram as duas cartas *matematicamente mais fracas*, o sete e o dois, de naipes diferentes: uma mão evitada por quase todos os jogadores.

"Aposto que você nunca imaginou isso", dizia ele ao virar a mão e ganhar um pote. Como ele jogava assim o tempo todo, ocasionalmente as estrelas se alinhavam e ele vencia. Também me lembro de ocasiões em que ele descartava um par de ases, a face para cima, ao primeiro sinal de uma aposta. (Não importa que ele estivesse comprometendo um elemento vital de sua estratégia de subterfúgio ao constantemente *nos mostrar e dizer* que estava fazendo isso. Tendo em vista seu tão arraigado conjunto de crenças, não surpreende ele não ter percebido a incongruência).

Nick, o Grego, carece dizer, raramente se dava bem. Nem por isso mudava sua estratégia, muitas vezes reclamando da má sorte quando perdia, mas nunca com amargor. Era um sujeito amigável, agradável de se jogar — o oponente perfeito de pôquer. Eu tentava cronometrar minhas chegadas diárias para estar no jogo quando ele aparecia à tarde.

Certo dia, Nick, o Grego, não apareceu no jogo. Quando estranhei, outro jogador murmurou, confidencialmente (embora parecesse que todos no jogo já sabiam disso): "Ele foi mandado de volta."

"Enviado de volta?"

"É, para a Grécia. Eles o deportaram."

Não posso dizer que a deportação de Nick, o Grego, tenha sido o resultado de suas crenças adoidadas no pôquer, mas tenho minhas suspeitas. Outros jogadores especularam que ele faliu, ou meteu a mão na caixa registradora do hotel, ou perdeu seu visto de trabalho porque estava jogando pôquer todos os dias no horário do expediente.

Mas posso dizer que Nick, o Grego, perdeu muito dinheiro graças às suas crenças; ou, mais precisamente, porque ignorou muitas críticas desfavoráveis à sua estratégia. Ele acabou falindo porque não reconheceu as oportunidades de aprendizagem conforme elas surgiam.

Tivesse Nick, o Grego, sido o único a resistir em aprender com os resultados que obtinha na mesa de pôquer, ele seria apenas uma nota de rodapé para mim, uma história engraçada de um cara com a peculiaridade de se manter firme em sua estratégia, não obstante ela resultar em muitas perdas. Mas, embora seja um caso extremo, com certeza Nick, o Grego, não era assim tão peculiar. E isso foi um enigma para mim. Fui ensinada, como todos os alunos de psicologia, que o aprendizado ocorre quando você recebe muito feedback imediato vinculado a decisões e ações.

Se levarmos isso ao pé da letra, o pôquer seria um ambiente de aprendizagem ideal. Você faz uma aposta, obtém uma resposta imediata dos adversários, e ganha ou perde a mão (com consequências em dinheiro de verdade), tudo em minutos.

Então, por que Nick, o Grego, que jogava havia anos, não conseguia aprender com seus erros? Por que uma novata como eu estava limpando a mesa? A resposta: é necessário ter experiência para se tornar um especialista, mas isso não basta.

A experiência pode ser um professor eficaz. Porém, e claramente, apenas alguns alunos ouvem seus professores. Quem aprende com a experiência melhora, vai para a frente e (com um pouco de sorte) torna-se especialista e líder em seu campo. Eu me beneficiei da adoção dos hábitos de aprendizagem de alguns dos mais fenomenais jogadores de pôquer que conheci ao longo do caminho. Todos temos condição de nos beneficiar de estratégias práticas para nos tornarmos melhores tomadores de decisão. Pensar em apostas pode nos ajudar a chegar lá.

Contudo, antes de chegar às soluções, devemos primeiro entender o problema. Quais são os obstáculos com os quais nos deparamos que tornam o aprendizado uma experiência tão difícil? Todos nós certamente desejamos alcançar nossas metas de longo prazo, e ouvir o que nossos resultados têm a nos ensinar é necessário para fazer isso. Então, o que está sistematicamente atrapalhando?

Resultados são feedback

Não podemos apenas "absorver" experiências e esperar aprender. Segundo o romancista e filósofo Aldous Huxley: "Experiência não é o que acontece a um homem; é o que um homem faz com o que acontece com ele." Há uma grande diferença entre adquirir experiência e se tornar um especialista. Essa diferença está na capacidade de identificar quando os resultados das decisões têm algo a ensinar e qual pode ser essa lição.

Qualquer decisão, seja colocar US$2 na máquina de refrigerantes ou dizer a seus filhos que podem comer o que quiserem, é uma aposta no que provavelmente criará um futuro melhor para nós. O futuro no qual apostamos se desdobra em uma gama de resultados. Apostamos em ficar acordados até tarde para assistir a um jogo de futebol até o final, levantamos depois da hora, chegamos atrasados no trabalho e somos repreendidos pelo chefe. Ou ficamos acordados até tarde e qualquer um dos inúmeros outros resultados acontece, incluindo acordar a tempo de chegar cedo ao trabalho. Seja qual for o futuro que de fato venha a ocorrer, ao decidir ficarmos até tarde para ver o jogo inteiro, estamos apostando que seremos mais felizes no futuro por termos feito isso. Apostamos na mudança para Des Moines e achamos o emprego dos sonhos, encontramos o amor da nossa vida e praticamos ioga. Ou, como John Hennigan, mudamos para lá, odiamos em dois dias e temos que comprar a volta para casa por US$15 mil. Apostamos em demitir o presidente de uma divisão ou optar pelo passe, e o futuro acontece. Podemos representar isso assim:

APOSTANDO NO FUTURO

CRENÇA $\longrightarrow$ APOSTA $\longrightarrow$ (CONJUNTO DE RESULTADOS)

Conforme o futuro vai se desdobrando em um conjunto de resultados, nos deparamos com outra decisão: por que algo aconteceu do jeito que aconteceu?

Como descobrimos o que devemos aprender com um resultado — se é que devemos — torna-se outra aposta. À medida que os resultados surgem, descobrir se foram causados principalmente por sorte, ou se foram o resultado previsível de decisões específicas que tomamos, é uma aposta de grandes consequências. Caso determinemos que nossas decisões geraram o resultado, podemos reforçar os dados obtidos após essas decisões, utilizando-os quanto à formação e à atualização de crenças, criando um ciclo de aprendizagem:

CICLO DE APRENDIZAGEM 1

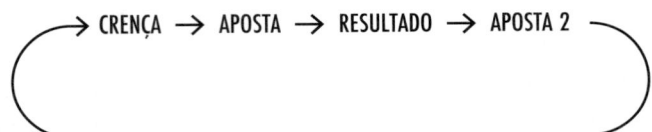

A maneira como o futuro se desdobra nos dá uma oportunidade para aprender, melhorando nossas crenças e decisões futuras. Quanto mais evidências obtemos da experiência, menos incerteza temos sobre nossas crenças e escolhas. Usar ativamente os resultados para examinar nossas crenças e apostas fecha o ciclo de feedback, reduzindo a incerteza. Esse é o trabalho árduo que nos cabe fazer para aprendermos.

Idealmente, nossas crenças e apostas melhoram com o tempo, conforme aprendemos com a experiência. Idealmente, quanto mais informações temos à mão, mais apurada será nossa tomada de decisões sobre em qual futuro possível apostar. Idealmente, à medida que aprendemos com a experiência, aprimoramos a avaliação da probabilidade de um resultado específico dada qualquer decisão, tornando mais precisas nossas previsões sobre o futuro. Você já deve ter adivinhado: quando se trata de como processamos a experiência, "idealmente" nem sempre se aplica.

O aprendizado poderia ocorrer de forma mais ideal se a vida fosse mais como xadrez do que pôquer. A conexão entre qualidade do resultado e qualidade da decisão seria mais nítida porque haveria menos incerteza. O desafio é que qualquer resultado único pode acontecer por diversos motivos. No futuro que se desdobra há uma enormidade de dados que temos que classificar e interpretar. A tarefa é nossa: o mundo não vai ligar para nós os pontos que unem resultados e causas.

Se um paciente chega ao consultório médico com tosse, é a partir desse sintoma que o médico deve trabalhar, investigando se ela resulta de uma possível enfermidade. Ele deve decidir entre as várias razões pelas quais o paciente pode ter essa tosse. Ação de um vírus? Bactérias? Câncer? Um distúrbio neurológico? Como a tosse é quase a mesma, quer seja causada por câncer ou por vírus, é difícil retroceder do sintoma à causa. As apostas são altas. Se o médico errar o diagnóstico da causa, o paciente pode morrer. Não à toa são exigidos anos de treinamento para os médicos.

Quando o futuro tosse em cima da gente, não é fácil dizer o porquê.

Imagine que dois vendedores da mesma empresa façam ligações para um mesmo cliente. Em janeiro, Joe apresenta os produtos da empresa e obtém US$1 mil em pedidos. Em agosto, Jane liga para o mesmo cliente e obtém US$10 mil em pedidos. O que houve? Foi porque Jane é melhor vendedora do que Joe? Ou porque a empresa atualizou a linha de produtos em fevereiro? Um concorrente com preços menores fechou as portas em abril? Ou a diferença se deve a uma série de outras razões não consideradas? É difícil saber o motivo, uma vez que não podemos voltar no tempo e executar o experimento controlado em que Joe e Jane trocam de lugar. E a forma como a empresa interpreta esse resultado pode influenciar as decisões sobre treinamento, preços e desenvolvimento de produtos.

Esse é o principal problema dos jogadores de pôquer. A maioria das mãos de pôquer termina em um apanhado de informações incompletas: um jogador aposta, ninguém paga para ver, o apostador ganha o pote e ninguém é obrigado a revelar suas cartas ocultas. Após essas mãos, os jogadores ficam adivinhando as razões de terem ganhado ou perdido. O vencedor tinha uma mão superior? O perdedor desistiu da melhor mão? O jogador vitorioso poderia ter ganhado mais dinheiro se escolhesse uma linha de jogo diferente? O jogador que perdeu pode ter feito o vencedor desistir ao ter optado por jogar a mão de forma diferente? Ao responder a essas perguntas, nenhum dos jogadores sabe quais cartas seus oponentes realmente tinham, ou como teriam reagido a uma sequência diferente de decisões de apostas. O modo como os jogadores de pôquer ajustam seu jogo com base na experiência determina seus resultados futuros. O modo como eles preenchem todos os espaços em branco é uma aposta de suma importância para saber se eles vão melhorar no jogo.

Somos bons em identificar as metas "superlativas" que queremos perseguir (melhor, mais inteligente, mais rico, mais saudável, e assim por diante). Mas, quando se trata de atingir tais metas, falhamos graças à dificuldade de executar todas as pequenas decisões ao longo do caminho. As apostas que fazemos sobre quando e como fechar o ciclo de feedback fazem parte da execução, aquelas decisões totalmente focadas sobre se algo é uma oportunidade de aprendizado. Para alcançar nossos objetivos de longo prazo, precisamos aprimorar nossa capacidade de discernir quando o futuro que se desdobra tem algo a nos ensinar, e quando fechar o ciclo de feedback.

E o primeiro passo para fazer isso direito é reconhecer que as coisas às vezes acontecem em virtude desta outra forma de incerteza: sorte.

Sorte versus habilidade: obtendo resultados

Nossas vidas são o resultado da influência de dois fatores: habilidade e sorte. Para os fins desta discussão, qualquer resultado proveniente de nossa tomada de decisão está na categoria da habilidade. Se tomar de novo a mesma decisão leva previsivelmente ao mesmo resultado, ou se mudar a decisão leva previsivelmente a um resultado diferente, então o resultado após tal decisão deveu-se à habilidade. A qualidade de nossa tomada de decisão foi a principal influência sobre como as coisas aconteceram. Mas, se houver um resultado devido a coisas não passíveis de controle (ações de outras pessoas, o clima ou os nossos genes), ele seria devido à sorte. Caso nossas decisões não tenham muito impacto na maneira como as coisas vierem a acontecer, então caberia à sorte a principal influência.*

Em uma tacada inicial de um jogador de golfe, onde a bola cai é o resultado da influência da habilidade e da sorte, seja ele um calouro ou um profissional experiente. Os elementos de habilidade, aquelas coisas sob controle direto do jogador de golfe que influenciam o resultado, incluem a escolha do taco, a configuração e toda a mecânica envolvida na tacada. Os elementos da sorte incluem uma rajada de vento repentina, alguém gritando seu nome enquanto ele prepara o golpe, a bola caindo em um buraco ou acertando um sprinkler, a idade ou os genes do jogador e as oportunidades que ele recebeu (ou não) até o momento da tacada.

Um resultado como a perda de peso pode ser ocasionado por uma dieta ou aumento de exercícios (habilidade) ou uma mudança repentina

---

* É impossível ter uma discussão mais profunda sobre resultados e aprendizagem sem entrar em detalhes sobre o que é sorte e habilidade (ou uma combinação delas), o que eu faço quando necessário. Para explorar mais completamente as diferenças entre habilidade e sorte, recomendo *A Equação do Sucesso: A Combinação de Habilidade e Sorte na Tomada de Decisão*, de Michael Mauboussin, além de outras fontes citadas na Bibliografia Selecionada e Recomendações para Leitura Adicional.

em nosso metabolismo ou fome (sorte). Podemos sofrer um acidente de carro porque não paramos no sinal vermelho (habilidade) ou porque outro motorista passou no sinal vermelho (sorte). Um aluno pode se dar mal em uma prova porque não estudou (habilidade) ou porque o professor é um carrasco (sorte). Posso perder uma mão de pôquer porque tomei decisões ruins, aplicando mal os elementos de habilidade do jogo, ou porque o outro jogador teve sorte.

Atribua um resultado à habilidade, e levamos o crédito pelo resultado. Atribua um resultado à sorte, e isso não estava sob nosso controle. Seja qual for o resultado, nos deparamos com essa decisão de classificação inicial. Essa decisão é uma aposta se o resultado pertence ao cesto da "sorte" ou ao cesto da "habilidade". Foi aqui que Nick, o Grego, errou.

Podemos atualizar o ciclo de aprendizagem para representar isso da seguinte forma:

CICLO DE APRENDIZAGEM 2

Pense nisso como se fôssemos um "outfielder" pegando uma bola voadora com os "runners". Os "fielders" [os três são tipos de jogadores no beisebol] precisam tomar decisões imediatas sobre para onde lançar a bola: acertar o jogador do "cutoff" [uma jogada], não deixar que um runner se lance ou impedir que ele chegue a uma base. Onde o outfielder joga após colocar a bola em campo é uma aposta.

Fazemos apostas semelhantes sobre onde "lançar" um resultado: no "cesto das habilidades" (em nosso controle) ou no "cesto da sorte" (fora de nosso controle). Se bem feito, isso nos permite focar experiências que têm algo a nos ensinar (habilidade) e ignorar aquelas que não (sorte). Faça isso direito e, com a experiência, nos aproximamos de qualquer "superlativo" que buscamos: melhor, mais inteligente, mais saudável, mais feliz, mais rico etc.

É difícil acertar. Como não temos onisciência, não é nada fácil dizer por que algo aconteceu daquela maneira. A aposta em colocar os resultados no cesto da sorte ou da habilidade é difícil de executar em face da ambiguidade.

Trabalhar de trás para a frente é difícil: o Fenômeno SnackWell's

Nos anos 1990, milhões de pessoas aderiram à causa da SnackWell's. A Nabisco desenvolveu os Devil's Food Cookies Cakes [um tipo de biscoito], que se tornaram um produto líder ao tirar proveito da crença, agora desacreditada, de que a gordura, e não o açúcar, engorda. Alimentos feitos com menos gordura eram, na época, considerados mais saudáveis. Com a aprovação do governo dos EUA, as empresas trocaram a gordura por açúcar como ingrediente aromatizante. Os produtos da SnackWell's vinham em uma embalagem verde, a cor associada ao "baixo teor de gordura" e, portanto, "saudável" — como o espinafre!

Para as pessoas que tentam perder peso ou escolher lanches mais saudáveis, a SnackWell's foi um delicioso presente divino. Os que consomem os produtos da SnackWell's apostam sua saúde ao substituir esses biscoitos por outros tipos de salgadinhos como, por exemplo, castanha de caju, que é rica em gordura. Você poderia ingerir SnackWell's soterrado de açúcar, porque o açúcar não era o inimigo. A gordura era o inimigo, e a embalagem gritava "BAIXO TEOR DE GORDURA!"

Claro, sabemos agora que a obesidade aumentou significativamente durante a histeria do baixo teor de gordura. (Michael Pollan usou a frase "Fenômeno SnackWell's" para descrever as pessoas aumentando seu consumo de algo que tem menos ingredientes ruins.) Conforme os apreciadores da SnackWell's engordavam, não era fácil para eles descobrir o porquê. Se o ganho de peso fosse colocado no cesto das habilidades, seria usado como feedback da crença de que o valor do SnackWell para a saúde era imprecisa? Ou o ganho de peso devia-se à má sorte, como um metabolismo lento ou algo de que não tinham culpa, ou ao menos não tinha a ver com comer SnackWell's? Se esse fosse o caso, não seria um sinal para alterar a escolha de comer SnackWell's.

Olhando *em retrospectiva*, parece óbvio como o ganho de peso deveria ter sido avaliado. Todavia, isso é óbvio apenas quando você *sabe* que os SnackWell's não são uma escolha nada saudável. Temos a vantagem de vinte anos de novas pesquisas, e mais e melhores informações sobre as causas do ganho de peso. Os adeptos do baixo teor de gordura tinham apenas o ganho de peso para aprender. As cartas permaneceram ocultas.

Trabalhar de trás para a frente para entender como as coisas ficaram de determinado jeito não é algo fácil. Podemos obter o mesmo resultado de saúde (ganho de peso) por vias diferentes. Uma pessoa pode escolher SnackWell's; outra pode optar pelo Oreo (também um produto da Nabisco, criado pela mesma pessoa que inventou o SnackWell's); uma terceira pode escolher lentilhas e couve. Se todas as três pessoas ganham peso, como qualquer uma delas pode ter certeza da causa?

Os resultados não informam o que é ou não nossa culpa, nem o que devemos dar crédito ou não. Ao contrário do xadrez, não podemos simplesmente trabalhar para trás partindo da qualidade do resultado para determinar a qualidade de nossas crenças ou decisões. Com isso, aprender com os resultados é um processo baseado no acaso. Um resultado negativo pode ser um sinal para examinar nossa tomada de decisão. Esse resultado também pode ser devido ao azar, não relacionado à nossa decisão, caso em que tratá-lo como sinal para mudar decisões futuras seria um erro. Um bom resultado pode indicar que tomamos uma boa decisão. Ou pode significar que tivemos sorte e, portanto, seria um erro usar esse resultado como um sinal para repetir a decisão no futuro.

Quando Nick, o Grego, vencia com um sete e um dois, ele colocava esse resultado no cesto das habilidades, levando o crédito por sua estratégia brilhante. Mas, quando perdia com aquela mão, uma ocorrência muito mais comum, ele considerava como má sorte. Seu erro em campo significava que ele nunca questionava suas crenças, não importava o quanto houvesse perdido. Às vezes, todos nós somos como Nick, o Grego. A incerteza — sorte e informações ocultas — deu a ele licença para equívocos sobre o porquê de ter perdido. Todos nós enfrentamos incertezas. E todos nós cometemos equívocos dessa natureza.

Os ratos são surpreendidos pela incerteza de uma forma que deve nos parecer muito familiar. Experimentos clássicos de estímulo/resposta mostraram que a introdução da incerteza retarda dramaticamente o aprendizado. Quando ratos são submetidos a um esquema de recompensa *fixo* (por exemplo, uma bolinha para cada décima pressão de uma alavanca), eles aprendem muito rápido a pressionar essa alavanca para obter alimento. Se a recompensa for retirada, tal comportamento é rapidamente extinto. Os ratos descobrem que não há mais comida a caminho.

Porém, quando os ratos são recompensados em um esquema de reforço variável ou intermitente (uma bolinha que vem em média a cada dez toques na alavanca), isso introduz incerteza. O número médio de pressionamentos de alavanca para a recompensa é o mesmo, mas o rato poderia receber uma recompensa no próximo toque ou nada por trinta toques. Ou seja, os ratos são recompensados como os humanos costumam ser: sem ter certeza do que acontecerá na próxima tentativa. Ao se retirar a recompensa desses ratos, o comportamento de pressionar a alavanca se extingue somente após inúmeras, às vezes milhares, de tentativas inúteis.

Podemos imaginar os ratos pensando: "Aposto que a próxima pressão da alavanca vai me dar uma bolinha... Eu só estou sem sorte... Estou só esperando." Na verdade, nem é preciso imaginar isso. Podemos ouvir o que as pessoas dizem enquanto jogam nas máquinas caça-níqueis. Essas máquinas operam com um sistema de recompensa variável. Não causa espanto que, apesar de estarem entre as piores apostas no cassino, os assentos dos caça-níqueis vivam lotados. No fim, nossos cérebros de rato dominam.

Se tudo isso não parece difícil o bastante, os resultados raramente se devem apenas à habilidade ou à sorte. Até mesmo quando cometemos os erros mais completos, cujos resultados são apropriadamente negativos, a sorte desempenha um papel. Para cada motorista bêbado que derrapa para uma vala e capota, há vários que derrapam em rodovias com várias faixas sem causar danos. Pode parecer que o motorista bêbado na vala merecia esse resultado, mas a sorte das condições da estrada e a presença ou não de outros motoristas também foi protagonista. Ao fazermos tudo certo, como passar por um sinal verde, perfeitamente sóbrios e viver para contar a história, nisso há também um elemento de sorte. Ninguém cruzava o sinal vermelho no mesmo momento e nos atingiu. *Não havia* uma poça de óleo na estrada que nos fizesse perder o controle do carro. *Não passamos* por cima de um monte de detritos e estouramos um pneu.

Há sempre um problema ao examinar nossos resultados conforme o futuro vai se desdobrando: o modo como as coisas se dão pode resultar de nossas decisões, sorte ou alguma combinação das duas. Quase nunca estamos 100% errados ou certos, nem os resultados se devem 100% a uma ou outra. Aprender com a experiência não nos oferece a ordem do xadrez ou, parodiando, dobrar e separar a roupa lavada. Obter insights sobre como a incerteza intervém, se os erros que cometemos têm um padrão (dica: eles têm) e o que os motiva, deve nos dar pistas para descobrir estratégias viáveis para calibrar as apostas que fazemos em nossos resultados.

"Se eu não tivesse dado azar, teria ganhado de todo mundo"

Tal como acontece com o raciocínio motivado, nossos erros de campo não são aleatórios. Eles são, tomando emprestado do psicólogo e economista comportamental Dan Ariely,[*] "previsivelmente irracionais". A maneira como encaramos os resultados é previsivelmente padronizada: o crédito pelas coisas boas é nosso, e o das coisas ruins, para que a culpa não recaia sobre nós, é obra da sorte. Em consequência, não aprendemos bem com a experiência.

---

[*] Ariely, professor de psicologia e economia comportamental da Duke University, é simultaneamente um pesquisador líder na disciplina de economia comportamental, e responsável por apresentar a milhões de pessoas os aspectos práticos dessa disciplina por meio de populares TED Talks, livros best-sellers, um blog, um jogo de cartas e até mesmo um aplicativo. Seu livro mais popular é intitulado *Previsivelmente Irracional*.

"Viés de autoconveniência" é o termo para esse padrão de resultados. Segundo o psicólogo Fritz Heider, um pioneiro no estudo de como as pessoas atribuem sorte e habilidade aos resultados de seu comportamento, estudamos nossos resultados como cientistas, mas como "cientistas ingênuos". Quando descobrimos por que algo aconteceu, procuramos um motivo plausível, mas que também corresponda aos nossos desejos. Heider disse: "Em geral, é um motivo que nos lisonjeia, nos põe sob uma boa luz e é imbuído de uma potência adicional pela atribuição."

Nossa capacidade de autoengano tem poucos limites. Veja o que as pessoas relatam em formulários reais de seguro de automóveis: "Colidi com um caminhão parado vindo na direção oposta." "Um pedestre me atropelou e passou por baixo do meu carro." "O cara ocupava a estrada toda. Tive que desviar várias vezes antes de acertá-lo." "Um carro invisível veio de lugar nenhum, bateu no meu carro e desapareceu." "O pedestre não tinha ideia sobre aonde ir, então o atropelei." "O poste estava se aproximando. Tentei desviar do caminho quando ele atingiu meu carro."*

Robert MacCoun, professor de direito de Stanford e psicólogo social, estudou relatos de acidentes de carro e descobriu que em 75% deles as vítimas culpavam outra pessoa pelos danos. Em acidentes com vários veículos, 91% dos motoristas culpam o outro. O mais notável é que MacCoun descobriu que, em acidentes com um único veículo, 37% dos motoristas ainda encontravam uma maneira de colocar a culpa em outra pessoa.

Não dá para descartar isso como falta de autoconhecimento de alguns maus motoristas. John von Neumann, tido como um terror nas estradas de Princeton, Nova Jersey, certa vez deu esta explicação após acabar com seu

---

* Eu os retirei de um artigo de Robert MacCoun (descrito no parágrafo seguinte) e os divulgo sem qualquer sentimento de culpa. Primeiro, eles são incrivelmente divertidos e informativos; o maior crime seria não compartilhá-los. Em segundo lugar, MacCoun reconheceu que os obteve do livro *Anguished English*, escrito por meu pai, Richard Lederer.

carro: "Eu estava descendo a estrada. As árvores à direita passavam por mim de maneira ordenada a 100Km/h. De repente, uma delas apareceu na minha frente. Bum!" Até tu, JvN? Até tu?

Para os jogadores de pôquer, esse erro previsível é, provavelmente, o problema mais significativo. Eu o testemunhei em primeira mão com Nick, o Grego, no Crystal Lounge. Quando ele perdia com o sete e o dois, era porque não havia dado sorte. Quando ele ganhava jogando aquelas cartas, devia-se ao brilhantismo de seu plano de "ataque surpresa". Atribuir as perdas para a sorte e imputar as vitórias à habilidade significava que ele persistia em superestimar as chances de vencer com as cartas sete e dois. Ele continuava apostando em um futuro perdedor.

E isso não está limitado a Nick, o Grego. Phil Hellmuth, o maior vencedor da história do World Series of Poker (14 braceletes do campeonato, por enquanto), também foi vítima desse erro. Após ter sido eliminado de um torneio de pôquer televisionado, Hellmuth, diante das câmeras para a ESPN, afirmou: "Se eu não tivesse dado azar, teria ganhado de todo mundo." Essa frase ficou lendária no mundo do pôquer. (Serviu até de base para uma música, "I'd Win Everytime [If It Wasn't for Luck]" em *All In: The Poker Musical*, um show baseado na vida de Phil.) Quando o episódio da ESPN foi ao ar, havia uma comoção coletiva na comunidade do pôquer. Afinal, Phil estava dizendo que se o elemento sorte fosse eliminado do pôquer — se ele estivesse jogando xadrez — suas habilidades no jogo eram tão superiores que ele venceria todos os torneios em que participasse. Então, claramente, qualquer resultado negativo deve-se à sorte, e qualquer resultado positivo decorre de sua habilidade superior.

Os jogadores de pôquer podem ter ficado assombrados, mas a única diferença entre Phil e os demais é que ele falou isso *em voz alta e na televisão*. A maioria de nós simplesmente tem o bom senso de guardar o sentimento para si mesmo, principalmente quando câmeras e microfones estão ligados. Mas, creia, somos todos vulneráveis a esse pensamento.

Eu, com certeza, não sou uma exceção. Quando jogava pôquer, fiz minha parte em receber o crédito por ganhar e reclamar da má sorte ao perder. É uma pulsão fundamental. Tenho consciência dessa tendência em todas as áreas da minha vida. Lembre-se, podemos saber que é uma miragem, mas isso não nos impede de continuar a vê-la.

O viés de conveniência tem consequências imediatas e óbvias para nossa capacidade de aprender com a experiência.* Culpar o acaso pela maior parte de nossos resultados ruins significa que perdemos oportunidades de examinar nossas decisões para ver no que podemos melhorar. Assumir o crédito pelas coisas boas significa que muitas vezes vamos reforçar decisões que não deveriam ser reforçadas e perder oportunidades de ver o que poderíamos ter feito melhor. É verdade que algumas das coisas ruins que acontecem se devem principalmente à sorte. E algumas das coisas boas que acontecem se devem principalmente à habilidade. Eu só sei que isso não é verdade o tempo inteiro. A má sorte não pode ser responsabilizada por 100% dos nossos resultados ruins, e 100% dos nossos bons resultados não se devem a sermos tão incríveis. No entanto, é assim que processamos o futuro à medida que ele se desdobra.

---

* Como o viés de conveniência leva a uma visão imprecisa do mundo, isso levanta a questão de como esse preconceito sobreviveu à seleção natural. Talvez haja uma base evolutiva para esse autoengano potencialmente oneroso. Pessoas autoconfiantes atraem parceiros melhores, aumentando as chances de seus genes serem transmitidos. Por sermos bons em detectar enganos, para enganar os outros sobre nossa autoconfiança, primeiro tivemos de enganar a nós mesmos. Como observou o biólogo evolucionista Robert Trivers em seu prefácio à edição original de 1976 de *O gene egoísta*, de Richard Dawkins, a evolução do autoengano é muito mais complexa do que se acreditava anteriormente. "Assim, a visão convencional de que a seleção natural favorece os sistemas nervosos que produzem imagens cada vez mais precisas do mundo deve ser uma visão muito ingênua da evolução mental." Dawkins, por sua vez, considerou Trivers, por seu trabalho, um dos heróis de seu livro inovador, dedicando quatro capítulos de *O gene egoísta* ao desenvolvimento das ideias de Trivers.

O padrão previsível de culpar o mundo pelas coisas ruins e receber o crédito pelas coisas boas não se restringe, de maneira alguma, ao pôquer ou aos acidentes de carro. Está em toda parte.

Chris Christie, quando participou de um debate antes das primárias presidenciais republicanas em Iowa no início de 2016, desempenhou o papel de psicólogo comportamental em seu ataque à resposta de Hillary Clinton ao trágico resultado em Benghazi: "Ela se recusa a ser responsabilizada por qualquer coisa que dê errado. Se tivesse dado certo, acredite em mim, ela teria corrido para receber o crédito por isso." Correta ou não, a acusação de Christie certamente estava em linha com a tendência humana de assumir o crédito pelas coisas boas e rejeitar a culpa pelas coisas ruins. Ironicamente, poucos minutos antes, ele dera um exemplo bastante competitivo desse viés em si mesmo. Ao ser questionado pelo moderador se o Partido Republicano deveria se arriscar a indicá-lo em face do Bridgegate [um escândalo político em ele que estava envolvido], ele respondeu: "Claro, porque houve três investigações diferentes que provaram que eu não sabia de nada." Em seguida, acrescentou: "E deixe-me dizer mais uma coisa. Herdei o estado de Nova Jersey, que foi oprimido e derrotado pelas políticas democratas liberais, com altos impostos e excesso de regulamentação. E agora, em 2015, Nova Jersey teve o melhor ano de crescimento de empregos que nosso estado já teve nos últimos 15 anos. Isso porque colocamos políticas conservadoras em prática."

É uma rápida reviravolta de "aquele resultado ruim não é minha culpa" para "e deixe-me dizer o bom resultado pelo qual posso levar o crédito".

Descrevi esse padrão durante um discurso em uma reunião da International Academy of Trial Lawyers (IATL). Um advogado na plateia, após o discurso, veio me contar sobre um sócio sênior que ele orientara quando saiu da faculdade de direito. "Você não vai acreditar como isso é certeiro, Annie. Eu lhe dei assistência em vários julgamentos e no final de cada dia, ao analisar o depoimento da testemunha, ele agia da mesma forma. Se a testemunha ajudasse em nosso caso, ele dizia: 'Viu como preparei bem essa testemunha? Quando você sabe fazer isso, obtém os resultados que deseja.' Se a testemunha prejudicasse nosso caso, ele me dizia: 'Aquele cara se recusou a me ouvir'. Nunca variava."

Aposto que qualquer pai de uma criança em idade escolar sabe disso. Nas ocasiões em que meus filhos foram mal em uma prova, parecia que nunca era porque eles não haviam estudado. "O professor não gosta de mim. A classe toda não foi bem. O professor colocou na prova matérias que não deu nas aulas. Pode perguntar a qualquer um!"

O viés de conveniência é um padrão de pensamento robusto e profundamente enraizado. Entender por que esse padrão surge é o primeiro passo para desenvolver estratégias práticas que melhorem nossa capacidade de aprender com a experiência. Essas estratégias nos estimulam a ser mais racionais na maneira como colocamos os resultados, deixando a mente aberta para elencar todas as causas possíveis de um resultado, não apenas aquelas que nos lisonjeiam.

O pensamento do tudo ou nada está de volta

O pensamento preto ou branco, descolorido pela realidade da incerteza, conduz tanto o raciocínio motivado quanto o viés de conveniência. Se nossas únicas opções são estar 100% certo ou 100% errado, com nada entre elas, então a informação que potencialmente contradiz uma crença requer uma reclassificação total, do certo ao errado. Não há uma opção "um pouco menos certa" no mundo do tudo ou nada, então ignoramos ou desacreditamos as informações para nos mantermos firmes em nossa crença.

Ambos os vieses nos levam a ver nossos resultados através do equivalente a um espelho de parque de diversões. O reflexo distorce a realidade, maximizando a aparência de nossa habilidade em obter bons resultados. Para resultados ruins, faz com que a habilidade quase desapareça, enquanto a sorte se agiganta.

Tal como acontece com o raciocínio motivado, o viés de conveniência surge de nosso impulso em criar uma narrativa que nos favoreça. Nessa narrativa, assumir o crédito por algo bom é o mesmo que dizer que tomamos a decisão certa. E estar certo é gostoso. Analogamente, pensar que algo ruim foi nossa culpa significa que tomamos uma decisão errada, e estar errado é uma sensação ruim. Quando nossa autoimagem está em jogo, tratamos nossas decisões na base do 100% ou 0%: certo versus errado, habilidade versus sorte, nossa responsabilidade versus fora de nosso controle. Não existem tons de cinza.

Colocar resultados com o objetivo de alcançar uma narrativa pessoal positiva e fazê-lo de uma forma "tudo ou nada" mexe com a nossa capacidade de fazer apostas inteligentes sobre por que o futuro se desenrolou de uma determinada maneira. Com esse tipo de pensamento tendencioso e sem sutilezas, aprender com a experiência é difícil — às vezes, impossível. Os resultados raramente decorrem somente da nossa qualidade de decisão ou apenas do acaso, e a qualidade do resultado não é um indicador perfeito da influência da sorte ou habilidade. Quando se trata de viés de conveniência, agimos como se nossos bons resultados tivessem exata correlação com boa habilidade e nossos resultados ruins estivessem perfeitamente correlacionados com má sorte.* Quer se trate de uma mão de pôquer, um acidente de carro, um lance de futebol, uma reprovação escolar ou um êxito comercial, há elementos de sorte e habilidade em praticamente qualquer resultado.

O fato de que a motivação para atualizar nossa autoimagem de maneira positiva é inerente ao viés de conveniência indica onde podemos procurar soluções para superar esse preconceito. Talvez pudéssemos parar de nos apegar ao ego, desistindo da necessidade de ter uma narrativa positiva de nossas vidas. Talvez pudéssemos conduzir uma narrativa positiva, contudo, em vez de atualizá-la por meio do crédito e da culpa, poderíamos começar a nos esforçar para ser mais objetivos e ter a mente aberta ao avaliar a influência da sorte e da habilidade em nossos resultados. Talvez pudéssemos dedicar tempo e trabalho árduo para remodelar a maneira de processarmos os resultados, dando um passo adiante no sentido de atualizarmos positivamente nossa autoimagem a partir de um campo preciso, da busca da verdade.

Ou, quem sabe, poderíamos contornar os obstáculos por completo, encontrando uma solução que não nos forçasse a lidar com o viés de conveniência.

---

* Este é um viés sistemático, não uma garantia de que *sempre* agarramos o crédito ou *sempre* desviamos a culpa. Há, por certo, pessoas que exibem o oposto do viés de conveniência, tratando tudo de ruim que acontece como culpa sua e atribuindo à sorte tudo o que há de bom em suas vidas. Esse padrão é muito mais raro (e mais provável em mulheres). Diversas fontes na Bibliografia Selecionada e Recomendações para Leitura Adicional descrevem esses aspectos do viés de conveniência. James Shepperd e seus colegas, em especial, pesquisaram a literatura em *Social and Personality Psychology Compass* para as motivações e explicações por trás do viés de conveniência. O trabalho deles inclui pesquisas sobre esse viés nas mulheres. Além de ser um potencial sintoma de depressão, esse padrão não é melhor porque é igualmente impreciso. Todas as coisas ruins não podem ser sua culpa e todas as coisas boas não podem ser devido à sorte, assim como o contrário disso não pode ser verdadeiro. Se não conseguirmos encontrar uma maneira de valorizar a precisão nos resultados, vamos jogar fora muitas oportunidades de aprendizagem, não importando o tipo de erro que cometemos.

As pessoas estão observando

É concebível o argumento de que talvez o viés de conveniência não deva ser estigmatizado, uma vez que podemos aprender com a experiência de outras pessoas. Pensando em termos evolutivos, talvez uma forma de compensar os obstáculos em aprender com nossa própria experiência tenha sido observar como as outras pessoas andam fazendo as coisas. Existem mais de 7 bilhões de outras pessoas no planeta que fazem coisas o tempo todo. Como disse Yogi Berra: "Você pode observar muito, observando."

Observar é um método de aprendizagem consagrado. Existe toda uma estrutura dedicada a coletar o que resulta da ação de outras pessoas. Quando você lê a *Harvard Business Review* ou qualquer tipo de estudo de caso de negócios ou gerenciamento, está tentando aprender com os outros. Um elemento importante da educação dos médicos é observar de perto os veteranos realizando procedimentos médicos ou outros profissionais da área fazendo seu trabalho. Eles observam, depois ajudam... e, então, espera-se que aprendam. Quem iria querer um cirurgião que diz: "Esta será a primeira vez que vejo dentro de um corpo humano vivo"? É possível que possamos seguir esse exemplo, indo para a escola com as experiências das pessoas à nossa volta.

No pôquer, na maior parte do tempo, os jogadores ficam observando. Um jogador experiente escolherá jogar apenas cerca de 20% das mãos que recebe, perdendo as restantes antes mesmo da primeira rodada de apostas. Isso significa que cerca de 80% do tempo é gasto apenas assistindo a outras pessoas jogarem. Ainda que um jogador de pôquer não aprenda de forma tão eficiente com os resultados das mãos que joga, sobra muito a ser aprendido apenas observando o que acontece com os outros participantes.

Afinal, as oportunidades para observar são quatro vezes maiores do que as mãos que você joga.

Os resultados de todas as outras pessoas não são apenas abundantes, mas também *gratuitos* (sem considerar as apostas obrigatórias). Quando um jogador de pôquer escolhe jogar uma mão, está colocando em risco seu próprio dinheiro. E, quando um jogador de pôquer está apenas assistindo ao jogo, pode ficar lá sentado enquanto outras pessoas colocam o dinheiro delas em risco. Essa é uma oportunidade de aprender sem nenhum custo extra.

Quando algum de nós toma decisões na vida longe da mesa de pôquer, há sempre algo em risco: dinheiro, tempo, saúde, felicidade etc. Se a decisão é de outra pessoa, não necessitamos pagar para aprender. O custo é dela. Há muitas informações gratuitas por aí.

Infelizmente, aprender observando os outros é igualmente repleto de vieses. Assim como existe um padrão na maneira como colocamos nossos próprios resultados, também colocamos os resultados de nossos pares de maneira previsível. Usamos o mesmo pensamento do preto ou branco de nossos próprios resultados, mas agora com o roteiro invertido. Atribuímos à má sorte nossos próprios resultados ruins, mas, quando se trata de nossos pares, os resultados ruins são claramente culpa deles. Embora nossos próprios bons resultados se devam à excelência de nossas tomadas de decisão, quando se trata de outras pessoas, os bons resultados se devem à sorte que tiveram. Como disse o artista e escritor Jean Cocteau: "Precisamos acreditar na sorte. De que outra forma podemos explicar o sucesso daqueles de quem não gostamos?"

Quando se trata de observar os resultados ruins de outras pessoas, jogamos a culpa nelas, forte e rapidamente. Um dos momentos mais famosos da história do beisebol, no qual 40 mil pessoas no estádio e dezenas de milhões ao redor do mundo culparam instantaneamente um torcedor, até então típico, de manter o Chicago Cubs fora da World Series, demonstra isso. O incidente é conhecido como a jogada de Bartman.

Em 2003, o Chicago Cubs estava a uma partida de alcançar seu primeiro título na World Series desde 1945. Eles lideravam com três vitórias contra duas na série contra o Florida Marlins, e estavam na frente na sexta partida. Um rebatedor do Marlins mandou a bola em direção às arquibancadas do lado esquerdo. Na base da parede inclinada que separa os espectadores do campo, um jogador, Moises Alou, estendeu a luva por cima da cabeça para a bola enquanto vários espectadores do outro lado da parede também tentavam pegá-la. Steve Bartman, um dos 40 mil espectadores no Wrigley Field, não conseguiu agarrar e apenas desviou a bola, que ricocheteou na grade, caindo aos pés de outro espectador. Alou saiu furioso, com raiva do torcedor que o impediu de tentar pegar a bola.

Os Cubs tinham uma vantagem de 3 a 0 no momento em que Bartman, as pessoas perto dele e Moises Alou tentaram pegar a bola. Se Alou a tivesse pegado, os Cubs estariam muito próximos de vencer o campeonato. Foi assim que o futuro se desenrolou depois que Bartman tocou na bola: os Cubs perderam a sexta partida e também a decisiva, a sétima. Bartman levou a culpa, primeiro das 40 mil pessoas presentes (que o apontaram e gritaram palavrões, jogaram cerveja e lixo nele, fora as ameaças de morte), e depois dos milhões de fãs do Cubs que assistiram aos noticiários, não apenas os de esportes, que veicularam repetidamente o incidente não só na época, mas por mais de uma década. Uma pessoa que realmente tinha agredido Bartman enquanto ele estava cercado pela segurança do estádio, disse: "Eu queria denunciá-lo por arruinar o que poderia ter sido uma experiência única na vida."

Steve Bartman teve um resultado ruim. Ele tentou pegar a bola e os Cubs acabaram perdendo. Isso aconteceu devido a uma má tomada de decisão ou à má sorte? Ele tomou a decisão de pegar a bola, então havia alguma habilidade envolvida. Entretanto, também teve um azar danado. Quase unanimemente, as pessoas desconsideraram aquele azar, culpando Bartman pela perda daquele jogo e da própria série.

Em *Catching Hell*, documentário da ESPN sobre o caso Bartman, Alex Gibney mostra o duplo padrão, reprisando a cena em vários ângulos e entrevistando espectadores e o pessoal da mídia presentes na ocasião. Gibney observou (e a filmagem mostrou claramente): "Há muitas pessoas que tentaram pegar aquela bola." Um torcedor, ao lado de Bartman, que tentou pegar a bola, não podia negar que havia tentado pegá-la, tal como Bartman. "Eu fui pegar a bola. Não tem jeito... Obviamente, fui na direção da bola." No entanto, ele tentou alegar que, ao contrário de Bartman, jamais teria interferido na jogada: "Depois que vi a luva [de Moises Alou], perdi o interesse na bola." Aquele torcedor imediatamente assumiu o crédito por seu bom resultado de não ter tocado na bola e jogou a culpa diretamente na tomada de decisão de Bartman, e não na má sorte.

Embora todos em volta se comportassem do mesmo modo, Bartman foi o azarado que tocou na bola. Mas para os fãs isso não foi má sorte. Foi culpa. Pior ainda, nada do que aconteceu em seguida no jogo — claramente fora do controle de Bartman — mitigou sua responsabilidade. Lembre-se de que, depois que a bola caiu nas arquibancadas, os Cubs ficaram na mesma posição que estavam antes da interferência de Bartman. Eles ainda tinham os Marlins com poucas opções de jogadas, um placar de 3 x 0 no jogo, seu melhor arremessador lançando a bola, e uma vantagem de 3 jogos a 2 em uma série de melhor de sete. Não obstante, os Marlins se superaram e venceram o jogo.

Bartman deu muito azar para acabar com aquele resultado, e boa parte disso teve a ver com o jogo da equipe, algo claramente fora do controle dele. Os fãs, todavia, puseram toda a culpa em Bartman, e não em, digamos, Gonzalez, que errou um lance capital. Torcedores próximos xingaram: "Vá para o inferno! Chicago inteira te odeia! Seu merda!" E, enquanto ele caminhava pelo saguão, as pessoas gritavam: "Vamos te matar! Vai pra cadeia!" e "Ponha um 38 na boca e aperte o gatilho!".

Seria louvável se houvesse uma narrativa dando crédito a Steve Bartman pelos Cubs terem vencido o World Series em 2016. Afinal, Steve Bartman foi peça-chave na cadeia de eventos responsável por uma franquia moribunda haver contratado o especialista em recuperação do beisebol, Theo Epstein, como presidente de operações de beisebol e Joe Maddon como gerente. Não surpreendentemente, essa narrativa não ganhou força.*

Vemos em todos os lugares esse padrão de culpar os outros pelos resultados ruins e deixar de dar-lhes crédito pelos bons resultados. Quando outra pessoa no trabalho consegue uma promoção em vez de nós, admitimos que ela trabalhou mais e mereceu mais do que nós? Não, foi porque ela manipulou o chefe. Se alguém tem nota melhor na prova da escola, é porque o professor gosta mais dele. Se em um acidente de carro uma pessoa explica as circunstâncias em que ocorreu e como a culpa não foi dela, nós reviramos os olhos. Presumimos que a causa foi a má condução.

Quando comecei no pôquer, eu seguia o mesmo padrão (e até hoje ainda luto contra o impulso em todas as áreas da vida). Eu não hesitava

---

* Os Cubs tiveram uma ótima temporada em 2015 e venceram o World Series em 2016. Desde o dia após o incidente de 2003, Bartman recusou todas as oportunidades de comentar ou se tornar parte da história subsequente até agosto de 2017, quando os Cubs ofereceram, e Bartman aceitou, um anel do World Series. Bartman aproveitou a oportunidade para fazer uma declaração sobre como tratamos uns aos outros. O NPR.org citou parte do que ele disse em um comunicado: "Embora não me considere digno de tal honra, estou profundamente comovido e sinceramente grato... eu humildemente recebo o anel não apenas como um símbolo de uma das conquistas mais históricas do esporte, mas como um lembrete importante de como devemos tratar uns aos outros na sociedade de hoje."

em assumir o crédito por meus próprios sucessos e culpar a má sorte por minhas perdas, mas invertia essa postura ao avaliar outros jogadores. Não dava o devido crédito aos outros jogadores por ganharem (ou, visto de outra forma, dava crédito aos outros jogadores pela minha derrota) e não hesitava em pôr a culpa de suas perdas no jogo ruim deles.

Logo que comecei no pôquer, meu irmão me deu uma lista de cartas que eram boas para jogar, escrita em um guardanapo enquanto comíamos em um café no Binion's Horseshoe Casino. Agarrei aquele guardanapo como se fosse Moisés segurando os Dez Mandamentos. Quando vi pessoas ganharem com mãos que não estavam na lista, atribuí à boa sorte, pois elas claramente não sabiam jogar. Minha mente estava tão fechada para o pensamento de que eles poderiam merecer crédito por ganhar que nem me preocupei em descrever essas mãos para meu irmão para perguntar se haveria um bom motivo para eles jogarem uma mão fora da lista.

Ao longo do tempo, conforme minha compreensão do jogo crescia, fui percebendo que as mãos da lista não eram as únicas que você poderia jogar. Por um lado, jogar somente aquelas mãos significava que você nunca blefaria. Meu irmão fez aquela lista para me manter, uma completa novata, longe de problemas. Ele me deu a lista porque as mãos que ele estava me dizendo para jogar limitariam os erros que um iniciante poderia cometer. Eu não sabia que, dependendo de todos os fatores, às vezes há mãos fora daquela lista que seriam perfeitamente adequadas para jogar.

Apesar do acesso que eu tinha ao redator da lista, nunca perguntei ao meu irmão por que outras pessoas estavam jogando cartas diferentes daquelas. Minha avaliação tendenciosa da razão de eles estarem vencendo retardou consideravelmente meu aprendizado. Perdi muitas oportunidades de ganhar dinheiro porque considerei outros jogadores como sortudos, quando poderia estar aprendendo se os observasse. Sem dúvida, alguns deles não deveriam ter jogado essas mãos e, na verdade, estavam jogando mal. Mas, como descobri após quase um ano jogando, nem todos eles.

Os erros sistemáticos no modo como vemos os resultados de nossos colegas têm um custo real. Não se trata apenas do custo de alcançar nossos objetivos, mas também do custo da compaixão pelos outros.

Os resultados das outras pessoas se refletem em nós

Não há quem não queira sentir-se bem consigo mesmo no presente momento, ainda que à custa de nossas metas de longo prazo. Assim como acontece com o raciocínio motivado e o viés de conveniência, culpar os outros por seus maus resultados e deixar de dar-lhes crédito pelos bons está sob a influência do ego. Receber o crédito por uma vitória eleva nossa narrativa pessoal. O mesmo se dá com derrubar um colega por considerá-lo culpado de uma perda. Isso é *schadenfreude*: ter prazer com o infortúnio de alguém — basicamente, o oposto de compaixão.

Idealmente, nossa felicidade dependeria de como as coisas acontecem para nós, não importa como aconteçam para os outros. Porém, em um nível fundamental, reconhecer o resultado ruim de alguém como culpa dela é uma sensação boa para nós. Em um nível fundamental, apresentar o bom resultado de alguém como sorte ajuda nossa própria narrativa.

Isso segue um padrão lógico em jogos de soma zero, como o pôquer. Ao competir frontalmente em uma mão de pôquer, *tenho* de seguir esse padrão para enquadrar minha interpretação egoísta de meus próprios resultados com os resultados de meu oponente. Se eu ganhar uma mão no pôquer, meu oponente perde. Se eu perder, ele ganha. Vitórias e perdas são simétricas. Se classifico minha vitória como relacionada a meu jogo habilidoso, então meu oponente na mão deve ter perdido graças ao seu jogo menos habilidoso. Da mesma forma, se considero minha derrota relacionada à sorte, então meu oponente também deve ter vencido devido a ela. Qualquer outra interpretação criaria dissonância cognitiva.

Pensando dessa forma, vemos que nosso jeito de lidar com os resultados de outras pessoas é apenas parte do viés de conveniência. Visto por esse ângulo, o padrão começa a fazer sentido.

Mas essa comparação de nossos resultados com o dos outros não se limita a jogos de soma zero, nos quais um jogador perde diretamente para o outro (ou um advogado perde para o advogado da outra parte, ou um vendedor perde uma venda para um concorrente etc.). Estamos, de fato, competindo por recursos com todos. Nossos genes são competitivos. Como Richard Dawkins assinala, a seleção natural age pela competição entre os fenótipos de genes, portanto, literalmente evoluímos para competir, um impulso que nos permitiu, como espécie, sobreviver. Encarar o mundo sob a ótica da competição é algo profundamente arraigado em nossos cérebros animais. Não basta incrementar nossa autoimagem contando apenas com nossos próprios êxitos. Se alguém que vemos como um par está ganhando, nosso sentimento, em comparação, é de estar perdendo. Nós os temos como referência. Se os filhos deles estão se saindo melhor na escola do que os nossos, o que estamos fazendo de errado? Se a empresa deles é notícia porque está prestes a abrir o capital, o que há de errado conosco que faz com que nossa empresa progrida tão lentamente?

Achamos que sabemos quais são os ingredientes para a felicidade. Sonja Lyubomirsky, professora de psicologia da Universidade da Califórnia, em Riverside, e autora popular no tema felicidade, fez um resumo dos elementos relacionados com esse sentimento que comumente consideramos: "Uma renda confortável, saúde robusta, um casamento no qual há apoio mútuo e ausência de tragédias ou traumas." Lyubomirsky observou, no entanto, que "a conclusão geral de quase um século de pesquisa sobre os determinantes do bem-estar é que as circunstâncias objetivas, as variáveis demográficas e os eventos da vida estão correlacionados com a felicidade menos fortemente do que a intuição e a experiência cotidiana nos dizem que deveriam ser. Por várias estimativas, todos esses fatores juntos respondem por não mais do que 8% a 15% das variáveis envolvidas na questão do sentimento de felicidade". O que explica a maior parte da variação na felicidade é como estamos nos saindo *comparativamente*. (A amplitude e a profundidade de todas as pesquisas sobre felicidade e suas implicações são importantes, mas estão além do que precisamos para entender nosso problema com a classificação dos resultados dos outros. Recomendo que você leia: o trabalho de Lyubomirsky sobre o assunto; *O Que nos Faz Felizes*, de Daniel Gilbert; e *The Happiness Hypothesis*, de Jonathan Haidt, todos citados na Bibliografia Selecionada e Recomendações para Leitura Adicional.)

Um exemplo consistente de como avaliamos nossa própria felicidade em relação aos outros vem de uma versão do jogo "Você prefere...?". Quando você pergunta às pessoas se elas prefeririam ganhar US$70 mil em 1900 ou US$70 mil agora, um número significativo escolhe 1900. É verdade que a renda anual média em 1900 era de cerca de US$450. Portanto, nos daríamos muito bem em comparação com nossos colegas de 1900. Contudo, nenhuma quantia de dinheiro em 1900 poderia comprar Novocaína ou antibióticos, ou uma geladeira ou um ar-condicionado, ou um computador poderoso que pudéssemos segurar em uma das mãos. Praticamente a única coisa que US$70 mil comprariam em 1900 e que não poderia comprar hoje era a chance de planar acima de quase todos os outros. Preferiríamos fazer algo excepcional como isso em 1900 com uma expectativa de vida média de apenas 47 anos, do que ficar no meio da pirâmide de renda agora, com uma expectativa de vida média de mais de 76 anos (e um computador na palma da mão)?

Muito do que sentimos sobre nós mesmos tem origem no modo como nos comparamos com os outros. Esse hábito mental robusto e estabelecido impede o aprendizado. Felizmente, hábitos podem ser mudados, seja o de roer as unhas ou lamentar a má sorte quando se perde. Ao mudar as coisas que nos fazem sentir bem conosco mesmos, podemos nos mover em direção a um tipo de resultados mais racional e a uma visão mais compassiva dos outros. Teremos condição de ter a mente mais aberta e aprender melhor se estivermos dispostos a adotar uma narrativa positiva impulsionada pelo engajamento na busca da verdade e pelo esforço em sermos precisos e objetivos: ou seja, dando crédito aos outros quando é devido, admitindo quando nossas decisões poderiam ter sido melhores e reconhecendo que quase nada é preto ou branco.

Remodelando hábitos

Phil Ivey é um daqueles caras que conseguem admitir sem problemas quando poderiam ter feito algo melhor. Ivey é um dos melhores jogadores de pôquer do mundo, quase universalmente admirado por outros jogadores profissionais de pôquer por sua habilidade excepcional e confiança em seu jogo. Começando aos vinte e poucos anos, construiu uma reputação como um dos melhores jogadores de pôquer nas várias modalidades: a dinheiro, em torneios, heads-up [só dois jogadores], jogos mistos — um dos melhores jogadores em todas as formas e formatos de pôquer. Em uma profissão na qual, como já expliquei, a maioria das pessoas está tomada pelo viés de conveniência, Phil Ivey é exceção. —

Em 2004, meu irmão comentou pela televisão a mesa final de um torneio vencido por Phil Ivey, que enfrentou representantes da nata dos jogadores de pôquer. Depois de sua vitória, os dois foram a um restaurante para jantar, durante o qual Ivey desconstruiu cada potencial erro de jogo que ele imaginava que poderia ter cometido no caminho para a vitória, pedindo a opinião de meu irmão sobre cada decisão estratégica. Um jogador mais medíocre poderia ter passado o tempo falando sobre como jogou bem, saboreando a vitória. Não Ivey. Para ele, a oportunidade de aprender com seus erros era muito mais importante do que tratar aquele jantar como uma autocelebração. Ele ganhou meio milhão de dólares e venceu um longo torneio de pôquer em uma competição de primeira linha, mas tudo o que queria fazer era discutir com um colega profissional no que poderia ter tomado melhores decisões.

Ouvi, em segunda mão, uma história idêntica sobre Ivey em outro jantar comemorativo após uma de suas dez vitórias no World Series of Poker. De novo, pelo que entendi, ele passou a noite discutindo todos os detalhes com alguns outros profissionais, os pontos em mãos em que poderia ter tomado decisões melhores. Phil Ivey, claramente, tem hábitos diferentes da maioria dos jogadores de pôquer, e da maioria das pessoas em qualquer empreendimento, em como categoriza seus resultados.

Os hábitos operam em um circuito neurológico que consiste em três partes: a deixa, a rotina e a recompensa. Um hábito pode envolver comer biscoitos: a deixa pode ser a fome; a rotina, ir até a despensa e pegar um biscoito; e a recompensa, um alto teor de açúcar. No pôquer, a deixa pode ser ganhar uma mão; a rotina, levar o crédito por isso; a recompensa, uma massagem no ego. Charles Duhigg, em *O Poder do Hábito*, dá a regra de ouro da mudança de hábito: o melhor jeito de lidar com um hábito é respeitar seu ciclo: "Para mudar um hábito, você deve manter a velha deixa e entregar a velha recompensa, mas inserir uma nova rotina."

Quando obtemos um bom resultado, trata-se de uma deixa para a rotina de creditar o resultado à nossa incrível tomada de decisão cuja recompensa é uma atualização positiva em nossa autonarrativa. Quando o resultado é ruim, trata-se de uma deixa para a rotina de não carregar a responsabilidade por ele, com a recompensa de evitar uma atualização negativa da autonarrativa. Para os resultados dos pares, com as mesmas deixas mudamos a rotina, mas a recompensa é igual: sentir-nos bem conosco.

A boa notícia é que podemos agir para mudar esse hábito mental substituindo o que nos faz sentir bem. A regra de ouro da mudança de hábito diz que não precisamos, nem devemos, desistir da recompensa de uma atualização positiva em nossa narrativa. Duhigg reconhece que respeitar o ciclo do hábito significa respeitar a maneira como nosso cérebro é constituído.

Nosso cérebro tem por características buscar atualizações positivas da autoimagem e nos colocar em competição com nossos pares. Não é possível trocar o hardware. Trabalhar para remodelar os hábitos respeitando a forma como nosso cérebro é tem uma chance maior de sucesso do que lutar contra. O mais conveniente é mudar a parte mais maleável: a rotina daquilo que nos dá o bom sentimento em nossa narrativa e as características pelas quais nos comparamos aos outros.

Pelo menos desde Pavlov, pesquisadores comportamentais* reconheceram o poder da substituição em ciclos fisiológicos. Em seus famosos experimentos, seu colega notou que os cães salivavam quando estavam prestes a ser alimentados. Por fazerem uma associação entre um determinado

---

* O trabalho de Ivan Pavlov foi tão revolucionário que a "pesquisa comportamental" como normalmente a entendemos nem mesmo existia. Pavlov, médico e fisiologista, pesquisava o sistema digestivo dos cães.

técnico e a comida, a presença do técnico provocava a salivação dos cães. Pavlov descobriu que os cachorros podiam aprender a associar praticamente qualquer estímulo à comida, incluindo seu famoso sino, desencadeando a resposta salivar.

Quanto a nós, podemos agir no sentido de mudar o sino que tocamos, substituindo o que nos faz salivar. Podemos trabalhar para obter a recompensa de nos sentirmos bem conosco mesmos sendo bons em dar o crédito, admitir os erros, procurar erros nos resultados positivos, ser um aprendiz aplicado e (em consequência) um hábil tomador de decisões. Em vez de nos sentirmos mal quando temos que admitir um erro, o que aconteceria se o sentimento ruim viesse do pensamento de que podemos estar perdendo uma oportunidade de aprendizado apenas para evitar a culpa? Ou que, em vez de ficar ao sol usufruindo do crédito de um bom resultado, investigássemos (como fazia Phil Ivey) como poderíamos ter feito melhor? Se formos nessa direção, podemos transformar, de improdutivos em produtivos, os hábitos mentais do viés de conveniência e do raciocínio motivado. Se nos empenharmos para praticar essa rotina, estará ao nosso alcance obter mais resultados de uma maneira mais aberta e objetiva, motivados pela precisão e pela busca da verdade para impulsionar o aprendizado. O hábito mental mudará e nossas tomadas de decisão se alinharão melhor com a execução de nossas metas de longo prazo.

Existem pessoas que, como Phil Ivey, trocaram o instinto voltado para resultados, concentrado em buscar crédito e evitar a culpa, pela rotina de busca da verdade. Cumpre notar que nas pessoas cujo desempenho ronda os níveis mais elevados de seu campo de atuação, o viés de conveniência, que interfere na aprendizagem, frequentemente retrocede, e até mesmo desaparece. As pessoas com a reivindicação mais legítima de uma autonarrativa a toda prova desenvolveram hábitos em torno de uma auto-crítica apurada.

Nos esportes, os atletas de ponta veem nos resultados um estímulo para se aprimorar. Mia Hamm, a grande estrela do futebol feminino nor-te-americano, disse: "Muitas pessoas dizem que sou a melhor jogadora de futebol feminino do mundo. Não acho. E é por isso que talvez um dia eu possa vir a ser." Citações assim podem ser desconsideradas e tidas como uma maneira polida de lidar com a mídia. Há muitos exemplos contrários gravados em nossa lembrança, como John McEnroe discutindo lances ou profissionais de golfe que transformaram tacadas erradas em um ritual de olhar perdido acompanhando a trajetória da bola quicando em imaginá-rias depressões do gramado. Isso não é nada mais do que tiques nervosos de desempenho. É praticamente um ritual no PGA Tour que, se um joga-dor perde uma encaçapada realizável, tem que olhar para o gramado, como uma espécie de culpa. O que não se vê são rituais de práticas como o de Phil Mickelson, em que ele coloca dez bolas em um círculo, a um metro do buraco. Ele tem que colocar todas as dez no buraco e depois repetir o pro-cesso *mais nove vezes*. Jogadores da dimensão de Phil Mickelson não pode-riam se envolver em um regime tão exigente se atribuíssem muita culpa às irregularidades do gramado.

Mudar a rotina é difícil e requer muito trabalho. Contudo, podemos nos aproveitar da tendência natural de aumentar nossa autoestima pelo modo como nos comparamos a nossos pares. Assim como Duhigg reco-menda respeitar o ciclo do hábito, também podemos respeitar o fato de termos sido feitos para a competição e que nossa autonarrativa não vem do nada. Mantenha a recompensa de sentir que estamos indo bem em com-paração com nossos pares, mas mude as características pelas quais nos comparamos: seja um doador de crédito melhor do que seus pares, esteja mais disposto do que eles a admitir erros, mais a fim de abrir a mente e explorar as possíveis razões para um resultado, até, e especialmente, caso isso possa ofuscá-lo ou fazer outra pessoa brilhar. Dessa forma, podemos sentir que estamos indo bem comparativamente, porque estamos fazendo algo incomum, e difícil, que a maioria das pessoas não faz. Isso nos faz sentir excepcionais.

No mundo inteiro, ouve-se um coro de vozes durante os intervalos dos torneios de pôquer. "As coisas estão indo muito bem porque estou tomando boas decisões" e "As coisas correram mal porque tive muito azar". Foi isso que o advogado ouviu de seu sócio sênior em todas as noites pós-julgamentos. Foi isso que ouvimos de Chris Christie no debate presidencial republicano de 2016. Foi o que ouvi em todas as salas de pôquer que frequentei. Houve momentos, e ainda os há, em que também faço parte desse coro. Cada vez mais, porém, tenho aprendido a usar esse coro para evitar o viés de conveniência em vez de ceder a ele. Quando admiti erros, quando reconheci o elemento sorte em meus sucessos, quando dei crédito a outros jogadores por tomarem boas decisões, quando estava ansiosa para compartilhar uma mão que pensei ter jogado mal porque poderia aprender algo com ela, aquele coro me lembrou quão difícil era o que eu estava fazendo e que outras pessoas não faziam isso com frequência. Identificar oportunidades de aprendizado que outros jogadores estavam perdendo me fez sentir bem comigo mesma, reforçando minha mudança de rotina.

Idealmente, não nos compararíamos com os outros ou teríamos um bom sentimento quando a comparação nos favorecesse. Podemos adotar as práticas de mindfulness [atenção plena] dos monges budistas, observando, sem juízo de valor, o fluxo dos pensamentos internos, emoções e sensações corporais. Essa é uma meta e tanto, e sou totalmente a favor de uma prática regular de mindfulness. A pesquisa indica que isso ajudará a melhorar a qualidade de vida e é algo que vale a pena procurar. Mas chegar lá é uma tarefa difícil, se não quisermos largar nosso emprego diário e nos mudar para o Tibete. Funciona em sentido oposto ao modo como nosso cérebro evoluiu e vai de encontro ao nosso impulso competitivo. Como prática paralela, a solução mais pragmática e imediata é trabalhar com o que temos, utilizando essa comparação para fortalecer nosso foco na exatidão e na busca da verdade. Além do mais, agindo assim não teremos que desistir de nossas vidas e encontrar um topo de montanha remoto para viver.

É preciso uma mudança de mentalidade, um plano para desenvolver um hábito mental mais produtivo. Isso começa na mente deliberativa e requer previsão e prática, mas se acontece pode se tornar um hábito estabelecido, funcionando de modo automático e mudando a maneira como pensamos reflexivamente.

Podemos chegar a essa mudança de mentalidade comportando-nos como se algo estivesse em risco quando classificamos os resultados nos cestos da sorte e da habilidade, porque nós de fato *corremos muito risco* nessa decisão. Pensar em apostas é uma maneira inteligente de começar a formar hábitos que atinjam nossos objetivos de longo prazo.

De volta ao "Quer apostar?"

Tratar resultados como apostas pode realizar a mudança de mentalidade necessária para remodelar hábitos. Se alguém nos desafiasse a fazer uma aposta significativa sobre como alcançamos um resultado, rapidamente nos afastaríamos do viés de conveniência. A fim de ganhar essa aposta, não consideraríamos, por reflexo, resultados ruins como sorte ou bons como habilidade. (Se você entra em uma sala de pôquer e usa palavras como "sempre" e "nunca", logo será desafiado a um bocado de apostas. É fácil ganhar uma aposta contra alguém que assume posições radicais).

Imagine se envolver em um acidente em um cruzamento após perder o controle do carro em um lençol de água que não dava para ver. Provavelmente, seu primeiro pensamento seria de ter tido azar. Mas e se tivesse que apostar nisso? Agora, a depender dos detalhes, haveria muitas alternativas ao simples azar que você passaria a considerar. Com base no clima, talvez você pudesse ter previsto a possibilidade de aquaplanagem. Talvez você estivesse dirigindo rápido demais para as condições meteorológicas. Uma vez que o carro começou a derrapar, talvez você pudesse ter dirigido de forma diferente ou, quem sabe, pode ter pisado no freio quando não deveria. Talvez você pudesse ter selecionado um caminho mais seguro, escolhendo uma rodovia em melhores condições. Talvez você devesse ter deixado o Mustang na garagem e pegado o SUV.

Algumas das razões que levantamos podem ser fáceis de desconsiderar. E outras, não. A questão é que, ao reconhecer explicitamente que a forma como colocamos um resultado é uma aposta, consideramos com mais seriedade um número maior de causas alternativas que de outra forma não faríamos. Isso é buscar a verdade. Isso é o que Phil Ivey faz.

A perspectiva de uma aposta nos faz examinar e aprimorar nossas crenças, nesse caso, a crença sobre se foi sorte ou habilidade a principal influência no jeito que as coisas aconteceram. Apostar no que acreditamos nos faz mais atentos, explicitando o que já está implícito: corremos muito risco ao avaliar por que algo aconteceu do modo como aconteceu. Isso soa como uma aposta que vale a pena levar a sério.

Quando tratamos os resultados como uma aposta, isso nos faz colocá-los de forma mais objetiva nos cestos apropriados porque é assim que as apostas são ganhas. Vencer é bom. Vencer é uma atualização positiva da nossa narrativa pessoal. Vencer é uma recompensa. Com a prática requerida, reforçada pela recompensa de nos sentirmos bem conosco mesmos, pensar em obter resultados como apostas se tornará um hábito mental.

Pensar em apostas abre um leque de hipóteses alternativas, de razões que balizam conclusões *opostas* à rotina do viés de conveniência. Torna mais provável explorar o outro lado de um argumento com mais frequência e seriedade, e isso nos aproximará da verdade da questão.

Pensar em apostas também coloca em perspectiva aproveitar a diferença entre como colocamos nossos próprios resultados em relação aos resultados dos outros para chegar mais perto da verdade objetiva. Somos conscientes de nossa tendência de desconsiderar o sucesso de nossos pares e de colocar a responsabilidade por seus fracassos nos ombros deles. Uma boa estratégia para descobrir como apostar seria imaginar se esse resultado tivesse acontecido conosco. Se um concorrente fecha uma grande venda, sabemos de nossa tendência de menosprezar sua habilidade. Porém, se imaginarmos que nós fechamos a venda, é mais provável que encontremos coisas pelas quais dar crédito, nas quais eles se saíram bem, e podemos aprender alguma coisa com isso. Da mesma forma, quando fechamos uma grande venda, vamos nos poupar um pouco de nos parabenizar e, em vez disso, examinar esse ótimo resultado da mesma maneira que o faríamos se acontecesse com outra pessoa. Teremos mais probabilidade de identificar aquilo que poderíamos ter feito ainda melhor, bem como os fatores sobre os quais não tínhamos controle. Esse ponto de vista nos deixa mais perto da verdade, pois ela geralmente está no meio do modo como distribuímos resultados para nós mesmos e como os distribuímos para os outros. Ao assumir a perspectiva de outra pessoa, é mais provável que caiamos nesse meio-termo.

Quando passamos a agir no sentido de testar hipóteses alternativas e olhar em perspectiva o que acontece, fica claro que os resultados raramente são 100% sorte ou 100% habilidade. Isso significa que, quando novas informações chegam, dispomos de opções além da confirmação ou reversão inquestionável. Podemos modificar nossas crenças ao longo de um espectro porque sabemos que *se trata* de um espectro, não de uma escolha entre opostos sem meio-termo.

Isso nos faz assumir uma postura mais compassiva, tanto conosco quanto com os outros. Tratar resultados como apostas nos lembra constantemente que os resultados raramente são atribuíveis a uma única causa e quase sempre há incerteza em descobrir as várias causas. Identificar um resultado negativo não tem o mesmo impacto pessoal se você o transformar em um resultado positivo, encontrando coisas para aprender com ele. Não é necessário portar-se defensivamente no caso de resultados negativos, porque você pode reconhecer, além daquilo que pode melhorar, as coisas que você fez bem e as que estão fora do seu controle. Você percebe que não há problema em não saber.

É verdade que, em troca de perder o medo de assumir a culpa por resultados ruins, você também deixa de poder afirmar que bons resultados são 100% provenientes da habilidade. Essa é uma troca que você deve fazer. Lembre-se de que perder é duas vezes pior do que ganhar é bom; estar errado é duas vezes pior do que estar certo é bom. Estamos em um lugar bem melhor quando não temos que viver nos extremos. Euforia ou miséria, sem escolha entre os dois, não é uma maneira de viver com muita autocompaixão.

Você também se torna mais compassivo com as outras pessoas quando trata os resultados como apostas. Ao olhar para os resultados dos outros, da perspectiva deles, você tem que se perguntar: "E se isso tivesse acontecido comigo?" Você passa a avaliar mais compassivamente as outras pessoas, cujos resultados ruins nem sempre são culpa delas e os resultados bons nem sempre são um produto da sorte. É mais provável que você se coloque no lugar delas. Imagine como a vida de Bartman teria mudado se mais pessoas se esforçassem para pensar dessa maneira.

Do jeito mais difícil

Pensar em apostas é difícil, em especial no início. Tem que começar como um processo deliberativo e vai parecer desajeitado, estranho e lento. Haverá momentos em que não fará sentido. Por exemplo, caso não consiga uma promoção no trabalho, você provavelmente vai se perguntar como se sentiria melhor reconhecendo que alguém merecia mais e que você poderia aprender muito com ele. Dá trabalho evitar a tentação de culpar o chefe por ser um idiota que não sabe como avaliar seu talento.

Esse sentimento é natural. Construí minha carreira no pôquer a partir desses princípios de aprendizado e busca da verdade, mas ainda escorrego no viés de conveniência e nas armadilhas do raciocínio motivado. Segundo Duhigg, remodelar um hábito requer tempo, preparação, prática e repetição.

Atente para outros tipos de mudanças de hábitos. Se eu costumo sair da cama à meia-noite para comer um biscoito, será trabalhoso mudar esse hábito. Tenho que identificar o hábito que desejo mudar, descobrir a rotina a ser substituída e praticá-la na mente deliberativa até que o hábito seja remodelado. Eu precisaria ter sempre maçãs em casa e mantê-las mais facilmente disponíveis do que biscoitos. Depois, preciso comer a maçã à meia-noite em vez de pegar o biscoito, repetindo essa rotina até que se torne um novo hábito. Isso exige trabalho, força de vontade e tempo.

A despeito das dificuldades, buscar a precisão por meio do pensamento probabilístico é uma rotina que vale a pena seguir. Cabe dizer, entretanto, que nem sempre será tão difícil. Temos que começar com deliberação e esforço, mas por fim isso se torna um hábito mental. Assim como declarar a incerteza em suas crenças, o processo vai finalmente deixando de ser uma etapa extra um tanto boba e estranha, e se transforma em um hábito essencial que integra a forma como você vê o mundo ao redor.

Com certeza, pensar em apostas não é uma cura milagrosa, assim como não fará sumir o viés de conveniência ou desaparecer o raciocínio motivado. Mas vai melhorar as coisas. E um pouco melhor é tudo que precisamos para transformar nossas vidas. Se obtivermos apenas alguns resultados extras com mais precisão, se conseguirmos apenas algumas oportunidades extras de aprendizado, isso fará uma enorme diferença no que, quando e quanto aprendemos.

A versão compactada de tomada de decisão do mundo real no pôquer me mostrou que ser um pouco melhor em tomar decisões pode fazer uma grande diferença. Um jogo de pôquer pode consistir em algumas centenas de mãos. Cada mão pode exigir até vinte decisões. Se, no transcorrer de um jogo, houvesse uma centena de resultados fornecendo oportunidades de aprendizado e aproveitássemos dez delas, ainda estaríamos perdendo 90% das chances de aprender. Não teríamos transcendido a maneira como nossos cérebros funcionam e moldado um cérebro diferente; contudo, nem precisamos. Se nossos oponentes são pessoas como Nick, o Grego, elas estão perdendo quase todas as oportunidades de aprendizado. Obviamente, nos daremos melhor do que elas com apenas 10%. Se outro de nossos oponentes for alguém como nós, mas que não está trabalhando para transformar suas rotinas de processamento de resultados, talvez ele (a versão anterior de nós mesmos) tenha cinco oportunidades. Mais uma vez, estamos perdendo 90% e ainda vamos limpar um oponente que está tentando aprender, mas não sabe como.*

Os benefícios de reconhecer apenas algumas oportunidades extras de aprendizado vão aumentando com o tempo. Tal como juros compostos, o efeito cumulativo de ser um pouco melhor na tomada de decisões pode ter consequências enormes a longo prazo em tudo o que fazemos. Quando aproveitamos essa oportunidade extra e ocasional de aprendizado, nos colocamos em uma posição vantajosa em relação a oportunidades futuras do mesmo tipo. Qualquer melhoria em nossa qualidade de decisão nos coloca em uma posição melhor no futuro. Pense nisso como um navio navegando de Nova York a Londres. Se houvesse um erro de navegação de um grau, o efeito inicial seria quase imperceptível. Sem o ajuste, porém, o navio sairia cada vez mais do curso e passaria ao largo de Londres por quilômetros, pois o erro de cálculo de um grau se agravaria. Pensar em apostas corrige seu curso. E mesmo uma pequena correção o levará com mais segurança ao seu destino.

O primeiro passo é identificar o hábito mental que queremos remodelar e como fazer isso. Esse primeiro passo é difícil e exige tempo, esforço e muitos erros ao longo do caminho. O segundo passo consiste em reconhecer que é mais fácil fazer essas mudanças se não estivermos sós no processo. Obter ajuda é essencial para criar mudanças mais rápidas e robustas, fortalecendo e treinando nossas novas rotinas de busca da verdade.

---

* Esses números, é óbvio, são inventados, mas ao menos são uma aproximação decente da realidade. Se o pior jogador de pôquer do mundo encontra zero de cem oportunidades de aprendizagem, o melhor jogador de pôquer do mundo não chega nem perto do máximo. Lembre-se, Phil Ivey (que ganhou mais de US$20 milhões em torneios de pôquer e potencialmente quantias muito maiores em jogos com altas apostas em dinheiro) ainda está obcecado com os erros que cometeu em alguns de seus maiores triunfos.

CAPÍTULO 4

O Sistema de Monitoramento

"Talvez seja você o problema, não acha?"

Quando Lauren Conrad, estrela de *The Hills* da MTV, esteve no *Late Show with David Letterman* em outubro de 2008, sua entrevista tomou um rumo inesperado. O primeiro minuto foi a brincadeira-padrão de um talk show para uma estrela de 22 anos de uma série de sucesso: os dramas pelos quais havia passado em sua vida. Menos de um minuto depois, Conrad perguntou a Letterman se ele a estava chamando de idiota.

Ela começou a entrevista falando da rivalidade que existia entre ela e sua então ex-colega de quarto Heidi Montag e o namorado de Heidi, Spencer Pratt. Caso você não esteja familiarizado, eis o que se passava: a amizade de Lauren e Heidi chegou ao fim quando elas começaram a brigar em uma festa de aniversário depois que Lauren acusou Heidi e Spencer de espalhar boatos de que ela havia feito uma fita de sexo. Além disso, Lauren tinha se tornado amiga de Stephanie (irmã de Spencer) e Holly (irmã de Heidi), complicando os encontros sociais e familiares de todos os envolvidos. Lauren tentou, sem sucesso, fortalecer o relacionamento entre suas colegas de quarto, Audrina e Lo. Isso prejudicou a amizade de Lauren com Audrina, que restabeleceu sua amizade com Heidi.

Brody Jenner também estava envolvida nisso tudo, namorando Lauren, questionando o encontro dela com uma modelo da *Teen Vogue*, namorando outra pessoa, discutindo com Spencer sobre sua amizade com Lauren, sendo acusado de iniciar os rumores sobre a fita de sexo de Lauren etc.

David Letterman estava se referindo a todo esse drama acontecendo na vida de Conrad quando interveio: "Isso levanta a questão de que talvez seja você o problema, não acha?" Essa piada degringolou uma entrevista que deveria ser um vistoso bate-papo promocional.

Letterman percebeu na hora que havia levado a conversa para um terreno muito mais profundo e sério do que qualquer um dos dois poderia ter previsto. Ele tentou amenizar as coisas se autodepreciando, dizendo que havia feito a mesma coisa, recusando-se durante anos a sair de um ciclo vicioso no qual assumia que todos ao seu redor eram idiotas.

"Deixe-me dar um exemplo de minha própria vida... Por muito tempo... eu pensei: 'Nossa, as pessoas são idiotas.' Então me ocorreu: 'É possível que todos sejam idiotas? Talvez eu seja o idiota' e acontece que sou."

Conrad claramente não queria ouvir, e respondeu: "Isso me torna uma idiota, então?" Sites dedicados a fofocas, mídia e cultura popular imortalizaram o momento, vendo-o assim: Letterman "basicamente chama Conrad de idiota" (Gawker.com), "acaba" com Conrad (Trendhunter.com), "ridiculariza Lauren Conrad" (Starpulse.com).

O comentário de Letterman foi bastante perspicaz. Seu erro foi fazê-lo em um fórum inadequado para alguém que não havia concordado com esse tipo de troca na busca da verdade.

Conrad na certa teve muito drama em sua vida, o bastante para que a MTV criasse *dois* programas sucessivos para documentá-lo. Mas, como a maioria das pessoas, ela via o drama como uma série de coisas acontecendo *com* ela. Em 'outras palavras, o drama estava fora de seu controle (sorte). Letterman sugeriu que parte disso poderia ser colocado no cesto de habilidades, algo que poderia ter sido útil para Conrad no futuro, se ela tivesse sido receptiva a isso. Não surpreendentemente, ela não foi.

Letterman ofereceu a hipótese alternativa útil, inesperadamente, em um programa de entrevistas noturno no qual a regra é conversa fiada e relações públicas. Talvez a abordagem de Letterman fosse mais apropriada em uma entrevista no horário nobre, no estilo de Oprah Winfrey. Ou em um daqueles reality shows terapêuticos em que as estrelas do programa concordam com tal troca. Mas, ali, ele violou o contrato social assumido ao desafiar Conrad a apostar na busca da verdade com ele, mas sem a concordância anterior dela.

Essa troca foi semelhante à minha interação no torneio de pôquer com o sujeito do seis e sete de ouros. Achei que ele pedia meu conselho, então respondi solicitando mais informações para ter uma ideia se ele havia considerado acertadamente o resultado perdido como sorte. A expectativa dele era que eu seguisse a norma de ser um ouvido compreensivo para uma história de azar. Quando tentei me aprofundar nos detalhes, violei esse contrato implícito. Dei uma de Letterman com ele.

Interações assim são lembretes: nem todas as situações são apropriadas para a busca da verdade, e nem todos estão interessados nessa busca. Isso posto, qualquer um de nós que queira melhorar em suas apostas se beneficiaria de ter mais David Lettermans na vida. Como o Letterman "original" aprendeu com a estranha troca com Lauren Conrad, dar uma de Letterman precisa do acordo de ambas as partes para ser eficaz.

A pílula vermelha ou a pílula azul?

No já clássico filme de ficção científica *Matrix*, quando Neo (interpretado por Keanu Reeves) encontra Morfeu (o hacker herói interpretado por Laurence Fishburne), Neo pede a Morfeu que lhe diga o que é "a matrix". Morfeu concorda em mostrar a Neo, dando-lhe a escolha entre tomar uma pílula azul e uma pílula vermelha.

"Com a pílula azul, a história termina. Você acorda em sua cama e acredita no que quiser. Com a pílula vermelha, fica no País das Maravilhas e eu mostro até onde vai a toca do coelho."

Enquanto Neo pega uma pílula, Morfeu diz: "Lembre-se de que tudo o que estou oferecendo é a verdade. Nada mais."

Neo escolhe ver o mundo como ele realmente é, toma a pílula vermelha e é atingido por uma série de verdades devastadoras. Seu mundo confortável é um sonho criado por máquinas para escravizá-lo como fonte de energia. Seu trabalho, estilo de vida, roupas, aparência e todo a tecitura de sua vida são uma ilusão implantada em seu cérebro. No mundo real, tomar a pílula vermelha faz com que seu corpo seja desconectado de sua cápsula de alimentação, jogado no esgoto e capturado pelo navio pirata de Morfeu, o *Nabucodonosor*. Na condição de rebeldes contra as máquinas, Morfeu e sua tripulação (e agora Neo, devido à sua opção) vivem em aposentos apertados, dormem em celas desconfortáveis, comem mingau e usam trapos. As máquinas estão empenhadas em destruí-los.

Essa opção faz Neo ver o mundo como ele realmente é. No fim, eles conseguem derrotar as máquinas que escravizaram a humanidade.

No filme, a matrix foi construída para ser uma versão mais confortável do mundo. Nossos cérebros, da mesma forma, evoluíram para tornar nossa versão do mundo mais confortável: nossas crenças estão quase sempre corretas; resultados favoráveis são consequência de nossa habilidade; há razões plausíveis pelas quais resultados desfavoráveis fogem ao nosso controle; e nos comparamos favoravelmente com nossos pares. Negamos ou ao menos minimizamos as partes mais dolorosas da mensagem.

Desistir disso não é uma escolha fácil. Viver na matrix é confortável. É a maneira natural com que processamos informações para proteger nossa autoimagem a cada momento. Ao escolher sair da matrix, afirmamos que lutar por uma representação mais objetiva do mundo, ainda que às vezes desconfortável, nos tornará mais felizes e bem-sucedidos no longo prazo.

Mas não é uma troca para todos; tem que ser uma opção feita livremente para ser algo produtivo e sustentável. Morfeu (ao contrário de Letterman) não saiu por aí arrancando as pessoas da matrix contra a vontade delas. Ele pediu a Neo para fazer a escolha e sair da matrix com ele.

Se você chegou até aqui neste livro, suponho que está escolhendo a pílula vermelha ao invés da pílula azul.

Quando comecei a jogar pôquer, escolhi buscar a verdade. Como Neo, fiz isso com relutância e não tinha certeza de onde estava me metendo. Meu irmão foi direto comigo. Meu instinto era lastimar minha má sorte e me maravilhar com o quanto os outros jogavam mal, condenando a injustiça de qualquer mão que eu pudesse ter perdido. Ele queria falar sobre o que eu tinha dúvidas, sobre minhas decisões estratégicas, no que senti que poderia ter cometido erros e no que estava indecisa em uma mão. Percebi que ele usava a abordagem que aprendera com seus amigos, um grupo de jogadores inteligentes e analíticos da Costa Leste, muitos dos quais, como Erik Seidel* estavam a caminho de se estabelecerem como lendas do jogo.

---

* Erik é um dos melhores e mais respeitados jogadores de pôquer de todos os tempos. Ganhou (até o momento) oito braceletes do campeonato da World Series of Poker e mais de US$30 milhões em torneios. Quando comecei a jogar na World Series no Binion's Horseshoe, no início dos anos 1990, ele já havia vencido eventos ali há três anos consecutivos.

Além disso, meu irmão também estimulou esses profissionais fenomenais a me tratar como uma colega ao discutir o pôquer.

Em um estágio tão inicial da minha carreira, tive a sorte de ter acesso a esse grupo de jogadores de primeira categoria, o qual se tornou meu centro de aprendizado no pôquer. Foi sorte também porque, se quisesse envolvê-los no assunto, teria que perguntar sobre minhas decisões estratégicas. Tive que resistir à vontade de reclamar da má sorte e me concentrar nos pontos em que poderia ter cometido erros e no que estava confusa sobre o que fazer em uma mão. Ao concordar com as regras de conduta do grupo, tive que aprender a me concentrar naquilo que poderia controlar (minhas próprias decisões), deixar de lado o que não poderia (sorte) e me esforçar para ser capaz de dizer com precisão a diferença entre os dois.

Aprendi com essa experiência que pensar em apostas seria mais fácil se eu tivesse mais alguém para me ajudar. (Até Neo precisava de ajuda para derrotar as máquinas). Lembra-se do sistema de monitoramento das viagens escolares ou do acampamento? Professores ou conselheiros colocavam cada um de nós com um parceiro. Ele deveria nos impedir de vagar por aí ou entrar em águas muito profundas, e nós fazíamos o mesmo por ele. Um bom grupo de decisão é uma versão adulta do sistema de monitoramento. Com certeza, mesmo com ajuda, nenhum de nós jamais será capaz de superar com perfeição nossos vieses naturais na maneira como processamos as informações; eu, certamente, nunca fui capaz. Mas, se pudermos encontrar algumas pessoas que topem formar um grupo de buscadores da verdade conosco e nos ajudar a fazer o trabalho árduo relacionado a ele, isso nos moverá adiante — apenas um pouco, mas cumulativamente aumentando com o tempo. Teremos mais sucesso no combate aos vieses, veremos o mundo de forma mais objetiva e, consequentemente, tomaremos melhores decisões. Fazer isso por conta própria é bem mais difícil.

Os membros de nosso grupo de decisão podem ser nossos amigos, ou familiares, ou colegas de trabalho em caráter informal. Pode ser um grupo de estratégia empresarial ou uma organização profissional em que os componentes podem falar sobre sua tomada de decisões. Formar ou ingressar em um grupo em que o foco é pensar em apostas significa modificar o contrato social usual. Significa concordar em ter a mente aberta para aqueles que discordam de nós, dando crédito quando é devido e assumindo a responsabilidade quando for apropriado, mesmo (e especialmente) quando isso nos deixa desconfortáveis. É por isso que, ao fazer isso com outras pessoas, é preciso deixar claro que o contrato social está sendo modificado, ou haverá ressentimentos, a atitude defensiva aparecerá com unhas e dentes e, assim como Lauren Conrad, seu público não vai querer ouvir o que você tem a dizer. Assim, embora encontremos algumas pessoas para pensar em apostas conosco, geralmente é melhor, com o resto do mundo, observar o contrato social vigente e não sair por aí dizendo sem mais nem menos: "Quer apostar?" (Isso não significa que nunca podemos nos envolver na busca da verdade fora do nosso grupo. A abordagem só precisa ser menos frontal, menos parecida com a de Letterman. Adiante, mais a respeito, depois de explorarmos as comunicações *dentro* do grupo.)

No mundo todo, grupos se formam em todos os lugares porque as pessoas reconhecem como os outros podem nos ajudar. O conceito de trabalhar juntos em nossos desafios individuais é familiar. Ter a ajuda de outras pessoas traz muitos benefícios para a tomada de decisões, mas um dos mais óbvios é que outras pessoas podem identificar nossos erros melhor do que nós. Podemos auxiliar outras pessoas em nosso grupo a superar seu viés do ponto cego e elas podem nos ajudar a fazer o mesmo.

Sejam quais forem os obstáculos para recrutar pessoas para um grupo de decisão (e este capítulo aponta vários, ao lado de estratégias para superá-los), vale a pena ter um amigo para cuidar de você — ou de seu ponto cego. A sorte é que é preciso reunir apenas um punhado de pessoas dispostas a fazer o pensamento exploratório necessário para buscar a verdade. De fato, enquanto houver três pessoas nesse grupo (duas para discordar e uma para arbitrar*), ele pode ser estável e produtivo.

Convém reconhecer, ainda, que as pessoas servem a propósitos diferentes em nossas vidas. Mesmo que valorizemos muito a busca da verdade, isso não significa que todos com quem convivemos tenham que seguir essa nossa cartilha ou se comunicar conosco dessa forma. Buscar a verdade não é um culto; não temos que descartar as pessoas que não compartilham desse compromisso. Nossos amigos do Pilates ou do futebol, ou qualquer um deles, não deveriam ter que tomar a pílula vermelha para continuar a ser nossos amigos. Amigos diferentes preenchem necessidades diferentes, e nem todos precisam vestir o mesmo uniforme. Esses diferentes grupos também podem fornecer o equilíbrio necessário em nossas vidas. Afinal, é preciso esforço para reconhecer e explorar nossos erros sem nos sentir mal conosco, para renunciar ao crédito por um grande resultado e perceber, com uma mente aberta, que nem todas as nossas crenças são verdadeiras. A busca da verdade investe contra muitos comportamentos confortáveis; é um trabalho árduo e precisamos de pausas para reabastecer nossa força de vontade.

Na realidade, em meu grupo de estratégia de pôquer, entendemos a necessidade de vez ou outra optar por sair e descarregar emoções intensas antes de nos envolver no trabalho de definir um resultado com precisão. Por exemplo, se um de nós acabou de ser eliminado de um torneio, era aceitável, ocasionalmente, dizer: "Por enquanto, só preciso lamentar meu azar." O importante é reconhecer que fazer isso era uma exceção

---

* Agradeço a Phil Tetlock por me dar essa ótima frase de efeito.

temporária do trabalho árduo que fazíamos juntos e ao qual retornaríamos quando a crueza emocional do momento passasse.

Sabemos que nossa tomada de decisões pode melhorar se encontrarmos outras pessoas que se unam a nós na busca da verdade. E sabemos que precisamos de um acordo. O que está nesse acordo? Quais são as características de um grupo de tomada de decisão produtivo? O restante deste capítulo dedica-se a dar respostas a essas perguntas. O Capítulo 5 se baseia nisso, fornecendo um modelo para regras de conduta em grupos de busca da verdade, tais como evitar que o grupo saia do rumo e os hábitos mentais produtivos que o grupo pode reforçar em nós.

Nem todos os grupos são criados iguais

Um grupo bem estabelecido pode ser particularmente útil para hábitos difíceis de quebrar ou mudar. Essa não é uma ideia maluca ou mesmo nova. É familiar para todos nós a maneira como a abordagem em grupo pode ajudar a remodelar hábitos envolvendo alimentação, consumo de álcool e atividade física. O exemplo mais conhecido de abordagem de grupo produtiva são os Alcoólicos Anônimos (AA).

Bill W., o primeiro dos fundadores de grupos de AA, inicialmente se absteve de beber por meio de um processo difícil que levou anos de fracasso, desesperança, hospitalização, drogas e uma experiência religiosa transformadora. Para *manter* a sobriedade, porém, ele percebeu que precisava conversar com outro alcoólico. Bill W. recrutou o Dr. Bob, o segundo fundador do AA, em uma viagem a Akron, Ohio. O Dr. Bob, considerado pela família e pelos médicos um alcoólico incurável e sem esperança, impediu Bill W. de beber durante a viagem. Por sua vez, Bill W. acabou ajudando o Dr. Bob a parar de beber. O AA subsequentemente ajudou milhões de pessoas a ficarem sóbrias e a permanecerem sóbrias, e levou organizações a tentarem a mesma abordagem com outros hábitos difíceis de combater, como abuso de narcóticos, fumo, alimentação não saudável e relacionamentos abusivos. Tudo isso surgiu do conceito de que podemos fazer melhor com a ajuda de outras pessoas.

No entanto, ainda que um grupo *possa* funcionar sendo melhor do que a soma de seus membros, isso não acontece automaticamente. Estar em um grupo pode melhorar nossa qualidade de decisão, explorando alternativas e reconhecendo no que nosso pensamento pode ser tendencioso, mas um grupo também pode exacerbar nossa tendência de confirmar o que já acreditamos. Philip Tetlock e Jennifer Lerner, líderes na ciência da interação de grupo, descreveram os dois tipos de estilos de raciocínio de grupo em um influente artigo de 2002: "Enquanto o pensamento confirmatório envolve uma tentativa unilateral de racionalizar um determinado ponto de vista, o pensamento exploratório envolve imparcialidade ao considerar pontos de vista alternativos." Em outras palavras, o pensamento confirmatório amplifica o viés, promovendo e encorajando o raciocínio motivado porque seu objetivo principal é a justificação. O pensamento confirmatório promove o amor e a celebração das próprias crenças, distorcendo a forma como o grupo processa as informações, e funciona por meio de decisões, cujo resultado pode ser o pensamento de grupo. Já o pensamento exploratório, por outro lado, estimula uma consideração objetiva e de mente aberta de hipóteses alternativas e uma tolerância da dissidência para combater vieses. Ele ajuda os membros de um grupo a raciocinar em direção a uma representação mais acurada do mundo.

Sem um estatuto consolidado para o pensamento exploratório e a responsabilização por esse estatuto, nossa tendência quando interagimos com outrem segue nossa tendência individual, que é em direção à confirmação. A expressão "câmara de eco" evoca de imediato a imagem do resultado de nossa tendência natural rumo ao pensamento confirmatório. Foi o que ouvi repetidamente em alguns grupos de jogadores durante os intervalos dos torneios de pôquer. Quando um jogador mencionava o quão azarado tinha sido, outro acenava em concordância, como um prelúdio para contar sua própria história de má sorte, a qual, por sua vez, seria alvo de um aceno de cabeça e consentida pelo grupo.

Lerner e Tetlock dizem o que deve ser incluído no acordo do grupo para evitar o pensamento confirmatório e promover o exploratório: "O pensamento complexo e de mente aberta é mais provável de ser ativado quando os tomadores de decisão reconhecem que antes de formar quaisquer opiniões, eles serão responsabilizados por um público (a) cujas opiniões são desconhecidas, (b) que está interessado na precisão, (c) que está razoavelmente bem informado, e (d) que tem uma razão legítima para inquirir sobre as razões por trás dos julgamentos/opções dos participantes." O artigo de 2002 foi um dos vários em que eles foram coautores que apoiavam a conclusão de que os grupos podem melhorar o pensamento dos tomadores de decisão individuais quando os indivíduos são *responsabilizados* perante um grupo cujo interesse é na *precisão*.

Além da responsabilização e do interesse na precisão, o estatuto também deve encorajar e celebrar uma *diversidade de perspectivas* para desafiar o pensamento enviesado de membros individuais. Jonathan Haidt, professor da Stern School of Business da Universidade de Nova York, é um dos principais especialistas na exploração do pensamento de grupo na política. Haidt, em seu livro *A Mente Moralista — Por que pessoas boas são segregadas por política e religião*, evolui a partir do trabalho de Tetlock, conectando-o com a necessidade de diversidade: "Se você puser os indivíduos juntos da maneira certa, de tal modo que alguns deles possam usar seus dotes de raciocínio para refutar as afirmações de outros, e todos os indivíduos sintam algum vínculo comum ou destino compartilhado que lhes permita interagir com civilidade, você pode criar um grupo que acaba produzindo um bom raciocínio como propriedade emergente do sistema social. É por isso que é tão importante haver diversidade intelectual e ideológica dentro de qualquer grupo ou instituição cujo objetivo seja encontrar a verdade."

Combinados, o conselho desses especialistas em interação de grupo resulta em um projeto muito bom para um estatuto de busca da verdade:

(1) Foco na precisão (sobre a confirmação), que inclui recompensar a busca da verdade, objetividade e mente aberta dentro do grupo.
(2) Responsabilização, para a qual os membros são alertados previamente.
(3) Abertura a uma diversidade de ideias.

Um acordo nesse sentido cria um vínculo comum e um destino compartilhado entre os membros, permitindo ao grupo produzir um raciocínio sólido.

Nada disso deveria surpreender quem reconhece os benefícios de pensar em apostas. Não ganhamos apostas por sermos apaixonados por nossas próprias ideias. Nós as ganhamos por nos esforçar incansavelmente para ajustar nossas crenças e previsões sobre o futuro a fim de representar o mundo com mais precisão. No longo prazo, a pessoa mais objetiva vencerá a mais tendenciosa. Assim, apostar é uma forma de responsabilização com relação à precisão. O ajuste requer ter a mente aberta para a consideração de diversos pontos de vista e hipóteses alternativas. Incluir tudo isso no estatuto do seu grupo faz muito sentido.

O estatuto do grupo deve ser comunicado sem ambiguidades, como Erik Seidel deixou claro para mim. Conheci Erik quando era adolescente, porém, quando comecei a encontrá-lo em torneios de pôquer, foi a primeira vez que interagimos em um ambiente de negócios. No início da minha carreira, vi Erik durante uma pausa em um torneio e comecei a reclamar com ele sobre minha má sorte em perder uma grande mão. Em três frases, ele expôs todos os elementos de um estatuto de grupo produtivo. "Não quero ouvir isso, nem ferir seus sentimentos. Se tiver uma pergunta sobre uma mão, pode me questionar sobre estratégia o dia todo. Só não acho que haja muito propósito em um caso de pôquer se a questão é a respeito de algo sobre o qual você não tinha controle, como a má sorte."

Quando você pensa em um estatuto para interações de busca da verdade, Erik Seidel acertou na mosca. Ele me disse as regras de estar em um grupo com ele. Ele me desencorajou de pensamentos confirmatórios ou tendenciosos como "tive azar". E me encorajou a descobrir coisas sobre as quais eu poderia ter controle e como melhorar as decisões sobre elas. Eu sabia que ele me responsabilizaria por essas coisas em futuras interações. Poderíamos explorar diversas ideias porque ele insistia que elas fossem o foco de nossas interações.

Como tive a sorte de fazer parte de um grupo com um estatuto de busca da verdade, sem dúvida minha tomada de decisão no pôquer melhorou. Quando pude consultá-lo sobre decisões em andamento, como a forma de elevar as apostas ou gerenciar a quantidade de dinheiro para jogar ou selecionar um jogo, os conselhos reduziram o número de erros que eu estava cometendo. Da mesma forma, o acesso à gama de estratégias e às experiências melhorou a qualidade do meu pensamento e decisões de maneira contínua. Quando eu tinha dúvidas ou não entendia por que algo acontecia, o grupo via coisas que eu não enxergava. Quando os membros do grupo tinham dúvidas ou precisavam de conselhos em uma mão, eu não estava apenas ajudando-os a trabalhar com uma decisão que eles tomavam, mas muitas vezes obtinha insights sobre meu próprio jogo. Essas interações levaram a melhorias no meu jogo que eu teria deixado passar ou, na melhor das hipóteses, descoberto por conta própria somente depois de cometer muitos e onerosos erros.

Melhor ainda, interagir com pessoas igualmente motivadas aprimora a capacidade de combater vieses, não apenas durante as interações diretas, mas também quando tomamos e analisamos decisões por conta própria. O grupo entra em nossa cabeça — no bom sentido — remodelando nossos hábitos de decisão.

As recompensas do grupo se concentram na precisão

Não há quem não queira ser bem-visto, especialmente por pessoas que respeitamos. Lerner e Tetlock notaram que nosso desejo por aprovação é incrivelmente forte e incentivador. Em laboratório, eles perceberam que na maioria das situações os participantes do estudo esperavam explicar suas ações para alguém que nunca conheceram nem esperavam encontrar de novo. "O notável nesta literatura é que, apesar da prevalência dessas manipulações minimalistas, os participantes ainda respondem de forma confiável como se a aprovação pública importasse." É ótimo obter a aprovação de pessoas que respeitamos, mas nosso anseio pela aprovação é tanto que ainda vamos procurar obtê-la de um estranho. Um grupo de decisão produtivo pode aproveitar esse desejo recompensando a precisão e a honestidade intelectual com a aprovação social.

O raciocínio motivado e o viés de conveniência são dois hábitos mentais profundamente enraizados no funcionamento do nosso cérebro. Investimos grandemente no pensamento confirmatório e caímos nesses vieses o tempo todo, mesmo sem saber. O pensamento confirmatório não é fácil de detectar e de mudar e, se tentarmos mudá-lo, fica difícil autorreforçá-lo. Uma coisa é assumir o compromisso de nos recompensar por pensar em apostas, mas é muito mais fácil se conseguirmos que outros façam o trabalho de nos recompensar.

Grupos como o AA, tão somente com sua aprovação, demonstram como um grupo de apoio pode fornecer a recompensa por fazer o trabalho árduo de mudar uma rotina de hábitos. Para se envolver no difícil trabalho envolvido na sobriedade, os grupos locais de AA dão fichas ou medalhas comemorando a duração da sobriedade de cada membro. As medalhas (que os membros geralmente usam ou personalizam como joias) são um lembrete tangível do reconhecimento dos outros por algo difícil que a pessoa está realizando. Essas fichas marcam de 1 a 65 anos de sobriedade. Também há fichas para cada mês de sobriedade no primeiro ano. Existe até mesmo uma por estar sóbrio por 24 horas.

Eu mesma exemplifico o poder da aprovação de um grupo para remodelar hábitos de pensamento individuais. Consegui isso *tentando* ser a melhor em dar o crédito, admitir erros e identificar erros em bons resultados. A recompensa foi o envolvimento entusiástico e profundo do grupo, que me apresentou as nuances da estratégia do pôquer. Também foi gratificante ter esses jogadores inteligentes e bem-sucedidos levando minhas perguntas a sério e pedindo cada vez mais *minha* opinião. Em contrapartida, senti a desaprovação deles quando agi contra o estatuto e reclamei da má sorte ou esperava que eles confirmassem o quanto joguei bem simplesmente porque estava ganhando.

Embora eu nunca tenha chegado perto de atingir o objetivo de total precisão, meu grupo me ajudou a dar um pouco mais de crédito do que eu de outra forma daria, a detectar alguns erros além dos que eu veria por contra própria, a abrir mais a mente às escolhas estratégicas das quais discordo. Isso me encaminhou, ainda que um pouco por vez, em direção ao meu propósito de me aproximar da verdade objetiva. E esse pequeno avanço teve um grande impacto de longo prazo no meu sucesso.

Quando comecei a jogar pôquer, "discutir mãos" consistia principalmente em reclamar da má sorte quando perdia. Meu irmão logo se cansou de meus lamentos. Ele decretou que eu só podia lhe perguntar sobre mãos que ganhei. Caso quisesse que ele se envolvesse comigo, teria que identificar algum ponto nessas mãos em que poderia ter cometido um erro.

Falar em vencer (mesmo identificando erros no caminho para a vitória) dói menos do que falar em perder, permitindo que novos hábitos sejam mais facilmente cultivados. Identificar erros nas mãos que ganhei reforçava a separação entre resultados e qualidade da decisão. Essas discussões também fizeram com que eu me sentisse bem em analisar e questionar minhas decisões graças à aprovação que recebia de Howard e dos jogadores que admirava. Usei essa aprovação como prova de que entendia o jogo e era promissora como jogadora. Eu me sentia muito bem quando eles me elogiavam por encontrar abordagens alternativas em minhas mãos vencedoras, ou por compreender a contribuição da sorte. Com o tempo, poderia expandir essa abordagem para identificar oportunidades de aprendizado em qualquer mão que jogasse, não apenas nas vencedoras.

Ao estar em um grupo que reforça regularmente o pensamento exploratório, a rotina torna-se reflexiva, funcionando por conta própria. O pensamento exploratório torna-se um novo hábito mental, a nova rotina é autorreforçada. De uma maneira pavloviana, após a aprovação do grupo em nível suficiente por fazermos o árduo trabalho de pensar nas apostas, somos tomados pela mesma boa sensação de nos concentrar na precisão por vontade própria. Nós internalizamos a aprovação do grupo e, por uma questão de hábito, começamos a fazer o tipo de coisas com as quais ganharíamos estando longe do grupo (o que é, afinal, a maioria das vezes).

"Cem hambúrgueres da White Castles... e um grande milkshake de chocolate": como a responsabilização melhora a tomada de decisão

David Gray é um jogador de pôquer de apostas altas, apostador profissional e um bom amigo. Depois de uma noite em uma pista de corrida e de jogar boliche em Nova Jersey, David e um grupo de outros apostadores estavam com fome. Já era bem tarde. Alguém sugeriu White Castle. Começou então uma discussão sobre quantos hambúrgueres o maior comedor do grupo, Ira, o Baleia, poderia comer.

Quando fizeram Ira, o Baleia, dizer que poderia comer cem hambúrgueres (os hambúrgueres da White Castle são pequenos), a maior parte do grupo, sem surpresa nenhuma, quis apostar contra ele. David foi uma exceção. "Eu era um cara jovem, estava apenas começando, e US$50 seria uma grande vitória ou perda para mim. Havia cerca de US$2 mil contra Ira, o Baleia. Apostei US$200 nele porque pensei que ele poderia fazer aquilo."

Chegando na White Castle, Ira, o Baleia, decidiu pedir vinte hambúrgueres por vez. David soube que ele era um obstáculo a ser vencido assim que Ira, o Baleia, ao pedir os primeiros vinte, pediu também um milkshake com batatas fritas.

Depois de comer os cem hambúrgueres, e após ele e David recolherem as apostas, Ira pediu mais vinte hambúrgueres "para a Sra. Baleia".

Responsabilização é uma disposição ou obrigação de responder aos outros por nossas ações ou crenças. A aposta é uma forma de responsabilização. Se estamos apaixonados por nossas próprias opiniões, isso pode nos custar uma aposta. Ira, o Baleia, responsabilizou os outros jogadores por suas crenças sobre se ele poderia comer cem hambúrgueres da White Castle. Responsabilização é o motivo pelo qual John Hennigan mudou--se (brevemente) para Des Moines. Após passar algum tempo naquele tipo de ambiente, você fica extremamente vigilante quanto ao nível de confiança que você tem em suas crenças. Ninguém é forçado a fazer ou aceitar tais apostas, mas o lembrete aqui é que você sempre pode ser responsabilizado pela precisão do que acredita e diz. A questão é que é preciso agir para provar.

Estar em um ambiente onde o desafio de uma aposta é algo sempre iminente funciona para reduzir o raciocínio motivado. Muda a estrutura pela qual vemos informações que negam nossas crenças, reforçando a mudança de estrutura que nosso grupo de busca da verdade recompensa. As evidências que podem contradizer uma crença que temos não são mais vistas como prejudiciais, mas consideradas úteis porque podem melhorar nossas chances de fazer uma aposta melhor. E ganhar uma aposta desencadeia uma atualização positiva de reforço.

A responsabilização, tal como o reforço da precisão, também aprimora nossa tomada de decisão e processamento de informações quando estamos fora do grupo, porque *sabemos de antemão* que teremos que responder ao grupo por nossas decisões. No início da minha carreira de pôquer, meu grupo recomendou um jeito de evitar os efeitos do viés de conveniência quando eu estava perdendo. Eu deveria ter um "limite de perda" predefinido: caso perdesse US$600 nas apostas, eu sairia do jogo. Os jogadores experientes e espertos que me aconselharam sabiam que, ao estar perdendo, eu poderia não mais ser racional ao avaliar se era por ter azar ou por jogar mal. Um limite de perda predeterminado atua como um freio contra perdas irracionalmente perseguidas, mas a autoaplicação é um problema. Se você tiver mais dinheiro vivo, poderá meter a mão no bolso. Se estiver sem dinheiro, os cassinos têm caixas eletrônicos e máquinas que lhe permitem obter adiantamentos de dinheiro em seus cartões de crédito. Os jogadores de pôquer também são bastante liberais quanto a emprestar dinheiro a jogadores perdedores.

Era muito menos provável eu quebrar um limite de perda porque sabia que seria responsabilizada por meu grupo. Se eu atingisse meu limite de perdas, minha voz interior poderia dizer: "Este jogo é tão bom que eu deveria investir mais dinheiro e continuar jogando." Mas também me lembraria de que teria que responder pela decisão a um grupo de jogadores que respeitava. A responsabilização me fazia manter em mente essa conversa, na qual eu começava a explicar como estava apenas tendo azar e eles exporiam por que eu provavelmente estava sendo tendenciosa em minha avaliação, ajudando-me a resistir ao impulso de comprar mais fichas. E, depois de sair de um jogo perdedor e ir para casa, eu poderia amenizar um pouco a dor da derrota conduzindo a conversa em que meu grupo aprovaria minha decisão de encerrar o jogo quando lhes contasse o que ocorrera.

Imaginar como será a discussão nos ajuda a identificar mais erros por conta própria, detectando-os mais rapidamente.

O grupo idealmente nos expõe a uma diversidade de pontos de vista

John Stuart Mill é um dos heróis do pensar em apostas. Mais de 150 anos depois de escrever *Sobre a Liberdade*, suas ideias sobre filosofia social e política permanecem surpreendentemente atuais. Um dos temas frequentes em *Sobre a Liberdade* é a importância da diversidade de opinião. Diversidade e dissidência não são apenas verificações da falibilidade, mas o único meio de testar a verdade definitiva de uma opinião: "O único modo de um ser humano poder fazer alguma abordagem no sentido de conhecer o todo de um assunto é ouvir o que pode ser dito a respeito por pessoas de toda variedade de opinião, e estudar todas as maneiras de ver de cada caráter mental. Nenhum homem sábio jamais adquiriu sua sabedoria de qualquer modo, exceto este; nem é da natureza do intelecto humano tornar-se sábio de qualquer outro jeito."

Há uma beleza simples na visão de Mill. Por conta própria, temos apenas um ponto de vista. É nossa limitação como humanos. Mas, se pegarmos um bocado de pessoas com essa limitação e as colocarmos juntas em um grupo, ficamos expostos a opiniões diversas e podemos testar hipóteses alternativas, avançando em direção à precisão. É quase impossível para nós, sozinhos, obtermos a diversidade de pontos de vista observada em um grupo de decisão bem constituído. Para ter uma visão mais objetiva do mundo, precisamos de um ambiente que nos exponha a hipóteses alternativas e perspectivas diferentes. Isso não se aplica apenas ao mundo à nossa volta: para *nos* ver de uma forma mais realista, precisamos de outras pessoas para preencher nossos pontos cegos.

Um grupo com variados pontos de vista pode nos ser útil compartilhando o trabalho sugerido nos dois capítulos anteriores para combater o raciocínio motivado sobre crenças e vieses de resultados. Quando pensamos em apostas, passamos por uma série de perguntas para examinar a exatidão de nossas crenças. Por exemplo:

- Por que minha crença pode não ser verdadeira?
- Que outras evidências podem estar relacionadas à minha crença?
- Existem áreas semelhantes nas quais posso olhar para avaliar se crenças similares às minhas são verdadeiras?
- Quais fontes de informação perdi ou não dei a devida atenção ao estabelecer minha crença?
- Que razões levam outras pessoas a poder ter uma crença diferente; em que elas se apoiam e por que elas podem estar certas e eu não?
- Que outras perspectivas existem sobre o motivo pelo qual as coisas aconteceram da maneira como aconteceram?

Fazer essas perguntas a nós mesmos é o que basta para dar um grande passo em direção à calibração. Mas responder a essas perguntas por conta própria não nos leva muito longe. Só nos expomos às informações a que fomos expostos, só vivemos as experiências que vivemos, só pensamos nas hipóteses que podemos conceber. É difícil saber quais motivos alguém poderia ter para acreditar em algo diferente. Não somos eles. Não tivemos suas experiências. Não sabemos que tipo de informação eles têm. Isso é com eles.

Muito do viés em nosso processamento de informações origina-se da quantidade de corda que a incerteza nos oferece. Diversidade bem implantada de pontos de vista em um grupo pode reduzir a incerteza causada por informações incompletas, preenchendo as lacunas do que sabemos, fazendo com que a vida comece a se encaixar mais perfeitamente em um tabuleiro de xadrez.

Os outros não estão interessados em preservar nossa narrativa, nem ancorados em nossos preconceitos. É muito mais fácil ter outra pessoa oferecendo a perspectiva dela do que você se imaginar sendo outra pessoa e pensar do ponto de vista dela. Um grupo diversificado pode assumir por nós parte do trabalho pesado de desvinculação. Uma mesa de pôquer é um ambiente naturalmente diversificado porque geralmente não selecionamos com quem jogamos nos baseando em suas opiniões. Melhor ainda, quando há divergências decorrentes das diversas opiniões representadas em uma mesa de pôquer, a discussão pode evoluir naturalmente para apostas. Essas são as circunstâncias ideais para promover a precisão.

Numerosos grupos reconheceram a necessidade de engendrar o tipo de diversidade e estímulo à dissidência que ocorre naturalmente em uma mesa de pôquer. Nos EUA, o Departamento de Estado, desde a Guerra do Vietnã, tem um Canal de Dissidência formal, em que os funcionários podem ter suas opiniões divergentes ouvidas e tratadas sem medo de punição. A American Foreign Service Association, a organização profissional de funcionários estrangeiros, tem *quatro* prêmios em separado que concede anualmente aos membros "para reconhecer e encorajar dissidência construtiva e assunção de riscos no Foreign Service [equivalente ao Ministério das Relações Exteriores]". O Canal de Dissidência recebeu o crédito de uma mudança de política que ajudou a acabar com a guerra genocida na Bósnia. Em 2016, no mês de junho, 51 funcionários do Departamento de Estado assinaram um memorando pedindo ao presidente Obama para fortalecer os esforços militares norte-americanos na Síria. No fim de janeiro de 2017, aproximadamente 1 mil funcionários assinaram um telegrama dissidente em resposta à ordem executiva do presidente Trump que suspendia a imigração de sete países de maioria muçulmana. O Canal de Dissidência representa algo esperançoso no processo de tomada de decisão dos EUA. Em um ambiente de polarização crescente, os funcionários do Foreign

Service podem fazer ouvir suas vozes discordantes sobre políticas, independentemente de o governo ser democrata ou republicano. O valor de permitir a dissidência transcende a política partidária.

Após o 11 de setembro, a CIA criou "equipes vermelhas" que, segundo Neal Katyal, professor de direito de Georgetown, em um artigo de opinião publicado no *New York Times*, "se dedicam a argumentar contra a sabedoria convencional da comunidade de inteligência e a detectar falhas na lógica e na análise". Altos funcionários do governo Obama, após a operação que matou Osama bin Laden, mencionaram tais análises entre os métodos usados para medir o grau de confiança de que Bin Laden, na ausência de confirmação visual ou auditiva, estava no complexo sujeito à operação.

Canais de dissidência e equipes vermelhas são uma bela implementação do princípio fundamental de Mill de que não podemos saber a verdade de um assunto sem ouvir o outro lado. Seria uma demonstração de sabedoria se esse compromisso com a diversidade de opinião fosse aplicado aos nossos próprios grupos de decisão. Por exemplo, se um grupo de estratégia corporativa descobre como integrar as operações após uma fusão, seria bom ter no grupo alguém que inicialmente se opôs a ela. Talvez ele tenha motivos pelos quais os dois departamentos de vendas não se harmonizam. Pessoas assim poderiam ajudar a maioria a ir em frente adotando uma abordagem mais sábia que levasse em conta esses motivos, sejam eles quais forem.

A diversidade é a base da tomada de decisão produtiva do grupo, mas não podemos subestimar o quão difícil é mantê-la. Todos tendemos a gravitar em torno de pessoas que são quase nossos clones. Afinal, é agradável ouvir o eco de nossas ideias. Se houver alguma dúvida sobre o grau de facilidade em seguir nessa direção confirmatória, basta ver essa tendência em grupos considerados entre os mais dedicados à busca da verdade: juízes e cientistas.

Juízes federais: derivações acontecem

Cass Sunstein, agora professor de direito de Harvard, conduziu um estudo maciço com colegas, quando estava no corpo docente da Escola de Direito da Universidade de Chicago, sobre diversidade ideológica em júris federais. Sunstein reconheceu desde o início que os Tribunais de Recursos dos Estados Unidos são "um experimento natural extraordinário e de longa data" em diversidade. Os júris dos tribunais de apelação são constituídos por três juízes escolhidos aleatoriamente entre os magistrados que compõem esses órgãos judiciais. Esse grupo inclui juízes vitalícios escolhidos (quando há uma vaga ou o Congresso reconhece a necessidade de juízes adicionais) pelo Presidente da República em exercício. Em qualquer apelação específica, você poderia obter um conjunto de três nomeados democratas, três nomeados republicanos ou uma combinação de dois para um para qualquer dos partidos.

O estudo, abrangendo mais de 6 mil recursos federais e quase 20 mil votos individuais, descobriu, sem surpresa nenhuma, que a votação judicial geralmente seguia linhas políticas. A imparcialidade pura, sem nuances, mesmo por juízes vitalícios que juraram cumprir a lei, é improvável.

Quando havia diversidade política nos júris, os pesquisadores encontraram várias áreas em que essa diversidade aprimorou o trabalho do grupo. Mesmo que, na maioria dos casos, dois juízes de linhas políticas semelhantes pudessem ditar o resultado do júri, houve diferenças significativas entre júris heterogêneos e homogêneos. O único integrante da outra parte teve "um grande efeito disciplinador".

Eles encontraram, por exemplo, "fortes evidências de redução da influência do componente ideológico" em casos ambientais. Os indicados pelos democratas, que em geral votaram a favor dos demandantes em 43%

das vezes, agiram assim em apenas 10% das vezes quando se sentaram com dois indicados republicanos. Os indicados republicanos, que em geral votaram pró demandantes em 20% das vezes, votaram a favor em 42% das vezes quando sentados com dois indicados democratas. Isso se manteve na maioria das 25 categorias de casos nos quais a amostra era grande o suficiente para chegar a resultados conclusivos.

Os autores concluíram que o estudo endossou a importância da exposição a diversos pontos de vista: "O que é necessário é uma diversidade razoável, ou diversidade de pontos de vista razoáveis... e o importante é garantir que os juízes, não menos do que qualquer outra pessoa, sejam expostos a ela, e não apenas por meio dos argumentos dos defensores."

O grupo de Sunstein descobriu que os juízes federais de apelação *precisam* do ponto de vista diverso de um nomeado do partido oposto. Os juízes, descobriram eles, seguiram o instinto humano de sucumbir ao pensamento de grupo. "Nossos dados fornecem fortes evidências de que juízes com ideias semelhantes também vão a extremos: a probabilidade de um juiz votar em uma ou outra direção aumenta muito com a presença de juízes indicados pelo presidente do mesmo partido político. Em resumo, afirmamos que há fortes efeitos de conformidade e polarização de grupo nos tribunais federais de apelação."

A crescente polarização da Suprema Corte é um exemplo disso. Cada magistrado tem agora quatro escrivães, todos com credenciais semelhantes: os mais bem graduados das melhores faculdades de direito, editores de revistas jurídicas e secretários de juízes de tribunais de apelação federais. Os escrivães, ao longo dos anos, têm desempenhado um papel cada vez mais relevante, ajudando os juízes em sua carga de trabalho intelectual, discutindo detalhes de casos e redigindo versões iniciais de opiniões.

Antes da nomeação do Presidente da Suprema Corte, Roberts, em 2005, era questão informal de honra, especialmente entre alguns dos membros conservadores do tribunal, que contratassem funcionários com origens ideológicas diferentes das suas. Bob Woodward e Scott Armstrong, em *The Brethren*, descreveram como o juiz Powell "se orgulhava de contratar funcionários liberais. Ele diria a seus funcionários que o lado conservador das questões vinha a ele naturalmente. O trabalho deles era apresentar o outro lado, desafiá-lo. Ele preferia encontrar um argumento convincente para outra posição na privacidade de seus próprios aposentos, do que encontrá-lo inesperadamente em uma conferência ou em uma dissidência."

O Presidente da Suprema Corte, Burger, contratou igualmente entre ex-escrivães de juízes indicados por democratas e republicanos. O presidente da Suprema Corte, Rehnquist, que atuou no tribunal com Burger e o sucedeu, assumiu suspeitando do papel que os funcionários liberais poderiam ter em influenciar sua opinião. Contudo, de acordo com *The Brethren*, essa atitude desapareceu quase imediatamente. Rehnquist acreditava que "os intercâmbios legais e morais nos quais os funcionários liberais estavam envolvidos eram bons para os juízes e para a Corte". O juiz Scalia, quando atuou no circuito da capital federal norte-americana, e em seus primeiros anos na Suprema Corte, era conhecido por procurar escrivães com ideologias liberais.

À medida que a Suprema Corte ficava mais dividida, essa prática virtualmente cessou. Segundo um artigo do *New York Times* em 2010, apenas o juiz Breyer empregava regularmente assistentes que haviam trabalhado para juízes nomeados pelos presidentes de ambos os partidos. A partir de 2005, Scalia não contratou nenhum funcionário com experiência de trabalho para juízes indicados pelos democratas. Observando-se essa mudança nas práticas de contratação, não é de admirar que o tribunal tenha se tornado mais polarizado. Os juízes estão em processo de criação de suas próprias câmaras de eco.

O juiz Thomas, de 1986 até a época em que o artigo foi escrito, para 84 vagas, contratou 84 escrivães que haviam trabalhado para juízes nomeados pelos republicanos. Não surpreendentemente, conforme os dados compilados do *Journal of Law, Economics and Organization*, ele é o juiz mais distante do centro ideológico do tribunal, muito mais à direita do que o juiz de tendência mais liberal (Sotomayor) está à esquerda.

Thomas disse, certa vez: "Não vou contratar funcionários que tenham profundas divergências comigo. É como treinar um porco. É uma perda de tempo e irrita o porco."* Isso só faz sentido caso você acredite que o objetivo de um grupo de decisão é treinar as pessoas para concordar com você. Porém, se o objetivo é obter o melhor processo de decisão, esse com certeza é um sentimento estranho.

Essa polarização é, em si, uma advertência contra a formação de um grupo de decisão que é uma coleção de clones que compartilham as mesmas opiniões e fontes de conhecimento que nós. Quanto maior a homogeneidade, mais o grupo promoverá e amplificará o pensamento confirmatório. Lamentavelmente, é exatamente para onde nos encaminhamos. Até mesmo os juízes da Suprema Corte dos EUA fazem isso. Todos conhecemos essa tendência na política; é a reclamação de ambos os lados do espectro político norte-americano. Os conservadores reclamam que os liberais vivem em uma câmara de eco, na qual apenas repetem e confirmam seu ponto de vista. Eles não se abrem a novas informações ou ideias que diferem daquilo em que já acreditam. Exatamente a mesma crítica que os liberais fazem aos conservadores.

---

* Thomas parafraseou uma citação frequentemente atribuída a Mark Twain: "Nunca tente ensinar um porco a cantar. Isso desperdiça seu tempo e irrita o porco."

Não obstante o acesso ilimitado a opiniões das mais diversas oferecido pela internet e pela variedade de veículos de notícias multimídia, isso também proporciona uma oportunidade sem precedentes de nos instalarmos em uma bolha, obtendo nossas informações de fontes que sabemos que compartilharão nossa visão de mundo. Não raro, nem percebemos quando estamos na câmara de eco: de tão apaixonados por nossas próprias ideias, tudo soa sensato e certo. No discurso político, praticamente todos, mesmo aqueles familiarizados com o pensamento de grupo, afirmarão: "Estou no grupo racional trocando ideias e pensando nessas coisas. As pessoas do outro lado, contudo, estão em uma câmara de eco."

É necessário estar vigilante sobre essa tendência em nossos grupos e estar preparado para enfrentá-la. Quer seja ao formar um grupo de amigos ou um grupo no trabalho (ou ao contratar pela diversidade de pontos de vista e tolerância à discordância, quando lhe cabe guiar a cultura de uma empresa em direção à precisão) devemos evitar gravitar em torno de clones de nós mesmos. Precisamos também reconhecer a dificuldade envolvida nisso: a norma é em direção à homogeneidade. Somos todos culpados disso, e nem percebemos.

Psicólogos sociais: derivação confirmatória e Academia Heterodoxa

Em 2011, falando para uma audiência de 1 mil psicólogos sociais, Jon Haidt observou a falta de diversidade de pontos de vista em sua área. Ele relatou que conseguiu identificar apenas um psicólogo social conservador com algum grau de reconhecimento em todo o campo.

Nos EUA, pesquisas de organizações profissionais de sociólogos descobriram que de 85% a 96% dos membros que responderam se identificaram como esquerdistas, votaram em Obama em 2012 ou se colocaram à esquerda do centro em um questionário de opiniões políticas. (A maioria dos 4% a 15% restantes foram identificados como centristas ou moderados, em vez de conservadores.) A tendência tem uma cauda longa, mas tem se acelerado. Na década de 1990, entre os psicólogos sociais, a proporção de liberais em relação aos conservadores era de 4:1. Pesquisas mais recentes mostram que essa proporção cresceu para mais de 10:1, às vezes muito maior. A tendência de contratar para uma visão de mundo em conformidade, combinada com os aspectos desanimadores de ser tão decisivamente superado ideologicamente em número, sugere que, se não houver controle, tal situação não vai melhorar. Segundo as pesquisas que estabeleceram essa tendência à homogeneidade, cerca de 10% dos professores entrevistados se identificaram como conservadores, em comparação com apenas 2% dos alunos de graduação e pós-doutorado.

Haidt, junto com Philip Tetlock e quatro outros profissionais (os psicólogos sociais José Duarte, Jarret Crawford e Lee Jussim, e a socióloga Charlotta Stern) fundaram uma organização chamada Heterodox Academy [Academia Heterodoxa], para combater essa tendência à homogeneidade de pensamento na ciência e nos acadêmicos em geral. Em 2015, eles publicaram suas descobertas na revista *Behavioral and Brain Sciences (BBS)*, junto com 33 artigos de comentários livres de pares. O artigo da *BBS* explicou e documentou o desequilíbrio político na psicologia social, como ele reduz a qualidade da ciência e o que pode ser feito para melhorar a situação.

A psicologia social é particularmente vulnerável aos efeitos do desequilíbrio político. Os psicólogos sociais estão pesquisando muitas das questões polêmicas que dividem a esquerda e a direita políticas: racismo, sexismo, estereótipos e respostas ao poder e à autoridade. Vindo de uma comunidade composta quase inteiramente por cientistas de tendência liberal, a qualidade e o impacto da pesquisa podem ser prejudicados.

Os autores identificaram casos nos quais os valores políticos estavam "incorporados nas questões de pesquisa de tal maneira que tornam alguns construtos inobserváveis e incomensuráveis, invalidando assim as tentativas de testar hipóteses". Isso ocorreu em vários experimentos envolvendo atitudes sobre questões ambientais e tentativas de vincular ideologia a comportamento antiético. Eles também identificaram o risco de os pesquisadores se concentrarem em tópicos que validassem sua narrativa compartilhada, e evitarem tópicos que contestassem essa narrativa, como a precisão do estereótipo e o escopo e a direção do preconceito. Por fim, apontaram para o problema óbvio inerente à legitimidade de uma pesquisa que caracteriza os conservadores como dogmáticos e intolerantes realizada por uma disciplina cuja inclinação liberal é de mais de 10:1.

Em primeiro lugar, o esforço da Academia Heterodoxa mostra que há uma derivação natural em direção à homogeneidade e ao pensamento confirmatório. Todos nós experimentamos essa atração por pessoas que pensam como nós. Cientistas, exaustivamente educados e habilitados para a busca da verdade, não estão imunes. Como os autores do artigo da *BBS* reconheceram: "Mesmo comunidades de pesquisa de indivíduos altamente inteligentes e bem-intencionados podem ser vítimas do viés de confirmação, pois o QI está *positivamente* correlacionado com o número de razões que as pessoas, em uma discussão, encontram para apoiar seu próprio lado. É assim que esses vieses se fortalecem. Até mesmo juízes e cientistas sucumbem a eles. Não devemos nos sentir mal, seja qual for nossa situação, por admitir que também precisamos de ajuda.

Em segundo lugar, grupos em que há uma variedade de pontos de vista são a melhor proteção contra o pensamento confirmatório. A revisão por pares, a preciosidade de ter a mente aberta, e o teste de hipótese do método científico, "oferecem muito menos proteção contra o erro quando a comunidade de pares é politicamente homogênea". Em outras palavras, as opiniões dos membros do grupo não são muito úteis se o grupo for constituído de clones. Estudos experimentais citados no artigo da *BBS* descobriram que o viés de confirmação levou os revisores "a trabalhar mais arduamente para encontrar falhas em artigos cujas conclusões eles não gostam e a ser mais permissivos sobre questões metodológicas quando endossam as conclusões". Os autores do artigo da *BBS* concluíram que "ninguém encontrou uma maneira de erradicar o viés de confirmação nos indivíduos, mas podemos diversificar o campo a ponto de os vieses de ponto de vista individuais começarem a se anular".

O artigo da *BBS*, e o trabalho contínuo da Academia Heterodoxa, incluem recomendações específicas voltadas para estimular a diversidade e as opiniões divergentes. Eu lhe encorajo a ler as recomendações específicas, que incluem coisas como uma política antidiscriminação de pontos de vista opostos, desenvolver maneiras de encorajar pessoas com pontos de vista contrários a se juntar ao grupo e se envolver no processo, e pesquisas para aferir o verdadeiro grau de heterogeneidade ou homogeneidade na opinião no grupo. Esses são exatamente o tipo de coisas que faríamos bem em adotar (e, quando necessário, adaptar) nos grupos de nossas vidas pessoais e no local de trabalho.

Mesmo entre aqueles cujo compromisso é com a busca da verdade, juízes e acadêmicos, podemos ver o quão forte é a tendência de procurar confirmar nossas crenças. Caso tenha alguma dúvida da verdade disso para todos nós, deixe este livro de lado por um momento e verifique o feed do

Twitter de quem você segue. É uma aposta bastante segura que a maior parte dele está ideologicamente alinhada com você. Se for assim, comece a seguir algumas pessoas do outro lado.

Quer apostar (na ciência)?

Se pensar em apostas contribui para diminuir os vieses, não poderíamos aplicar isso para ajudar a resolver o problema da Academia Heterodoxa? Pode-se pressupor que os cientistas seriam mais precisos se tivessem que apostar na probabilidade de que os resultados se replicariam em relação à tradicional revisão por pares, que pode ser suscetível ao viés do ponto de vista. Especialmente em um mercado de apostas anônimas, de nada vale confirmar a força de sua ideologia preexistente ou apostar apenas com base em que a replicação de um estudo confirma seu próprio trabalho ou crenças. A maneira de um cientista estar "certo" nesse mercado de apostas é usar sua habilidade de um jeito superior para fazer apostas mais objetivas sobre se os resultados seriam ou não replicados. Pesquisadores que soubessem com antecedência que seu trabalho estaria sujeito a um teste de mercado também enfrentariam uma forma adicional de responsabilização que provavelmente modularia seu relato de resultados.

Pelo menos um estudo descobriu que, sim, um mercado de apostas em que os cientistas apostam na probabilidade de replicação dos resultados experimentais era mais preciso do que apenas a opinião de especialistas. Na psicologia, na última década, houve uma controvérsia a respeito de um número potencialmente grande de estudos publicados com resultados que os pesquisadores subsequentes não puderam replicar. O Reproducibility Project: Psychology tem trabalhado na replicação de estudos de importantes periódicos de psicologia. Anna Dreber, economista comportamental da

Stockholm School of Economics, montou, com vários colegas, um mercado de apostas com base nessas tentativas de replicação. Eles reuniram um grupo de especialistas em áreas relevantes e solicitaram as opiniões deles sobre a probabilidade de o Projeto de Reprodutibilidade replicar os resultados de 44 estudos. E, então, deram a esses especialistas dinheiro para apostar na replicação de cada estudo em um mercado de previsão.

Os especialistas envolvidos na revisão por pares tradicional deram sua opinião sobre se um resultado experimental seria replicado, acertando em 58% das vezes. Um mercado de apostas em que os corretores eram exatamente os mesmos especialistas, e esses especialistas tinham dinheiro em jogo, previu corretamente 71% das vezes.

Foram muitas as pessoas que ficaram surpresas ao saber que a opinião do especialista expressa como uma aposta era mais precisa do que a opinião dele expressa por meio da revisão por pares, uma vez que a revisão por pares é considerada uma base sólida do método científico. Esse resultado não deve, certamente, ser surpreendente para os leitores deste livro. Sabemos que os cientistas se dedicam à busca da verdade e levam a revisão por pares a sério. Até se pode argumentar que já existe um elemento de aposta implícito no processo científico, no sentido de que a reputação de pesquisadores e pares têm relação direta com a qualidade de seu trabalho. Mas sabemos que os cientistas, como os juízes — e como *nós* — são humanos e estão sujeitos a esses padrões de pensamento confirmatório. Tornar o risco explícito, em vez de implícito, faz com que todos sejamos mais objetivos.

Um número crescente de empresas está, de fato, implementando mercados de apostas para resolver as dificuldades em obter e estimular opiniões divergentes. Entre elas, incluem-se: Google, Microsoft, General Electric, Eli Lilly, Pfizer e Siemens. As pessoas ficam mais dispostas a dar sua opinião se o objetivo é ganhar uma aposta, em vez de se dar bem com as pessoas na sala.

Precisão, responsabilização e diversidade contidas no estatuto de um grupo contribuem para uma melhor tomada de decisão, em particular se o grupo promove o pensamento nas apostas. Tendo compreendido os elementos de um bom estatuto, passamos agora às regras de conduta para um grupo de decisão produtivo, como comunicar-se de forma mais eficaz. Na verdade, um sociólogo pioneiro projetou um conjunto de normas de busca da verdade para um grupo (cientistas) que se constitui em um plano muito bom para o engajamento. Se ele era um apostador, desconheço, mas foi influenciado por algo muito relevante para pensar sobre viés, racionalidade e o abismo potencial entre percepção e realidade: ele era um mágico.

CAPÍTULO 5
Divergir para Vencer

CUDOS para um mágico

Meyer R. Schkolnick nasceu em 4 de julho de 1910, no sul da Filadélfia. Fazia mágicas em festas de aniversário quando adolescente e pensou em construir uma carreira como artista. Adotou o nome artístico de "Robert Merlin". Um amigo o convenceu de que um mágico adolescente que utilizasse o nome de Merlin não era recomendável, então ele se apresentou como Robert Merton. Quando Robert K. Merton (para diferenciá-lo de seu filho, o economista e ganhador do Nobel, Robert C. Merton) morreu em 2003, o *New York Times* o chamou de "um dos sociólogos mais influentes do século XX".

Os fundadores da Academia Heterodoxa, no artigo da *BBS*, reconheceram especificamente os artigos de Merton de 1942 e 1973, nos quais ele estabeleceu normas para a comunidade científica, normas essas conhecidas pelo acrônimo CUDOS: "Uma ciência ideologicamente equilibrada que rotineiramente recorresse a colaborações adversárias para resolver disputas empíricas tem uma semelhança notável com o modelo de tipo ideal de Robert Merton de uma comunidade epistêmica autocorretiva organizada em torno das normas do CUDOS." De acordo com o artigo da *BBS*, CUDOS significa:

Comunidade — os dados pertencem ao grupo.

Universalismo — aplicar padrões uniformes para reivindicações e evidências, independentemente de onde vieram.

Desinteresse/imparcialidade — vigilância contra potenciais conflitos que possam vir a influenciar a avaliação do grupo.

Opiniões **S**ujeitas a um ceticismo organizado — discussões no grupo para encorajar engajamento e dissidência.

Caso queira escolher um modelo de comportamento para projetar as regras práticas de conduta de um grupo, você não pode fazer melhor do que Merton. Para começar, ele cunhou a frase "modelo", bem como "profecia autorrealizável", "grupo de referência", "consequências não intencionais" e "grupo de foco". Ele fundou a ciência da sociologia e foi o primeiro sociólogo a receber a Medalha Nacional de Ciência.

Merton iniciou sua carreira acadêmica na década de 1930, estudando a história das influências institucionais na comunidade científica. Para ele, foi uma sequência de muitos períodos de avanço científico impulsionado por influências geopolíticas, mas também períodos de luta para manter a independência relativamente àquelas influências. Durante sua vida, aconteceram as duas guerras mundiais e a Guerra Fria, e ele estudou e testemunhou movimentos nacionalistas nos quais as pessoas "vestiam suas personalidades políticas em trajes de cientista", avaliando explicitamente o conhecimento científico com base em afiliações políticas e nacionais.

Em 1942, Merton escreveu sobre a estrutura normativa da ciência. Ele aprimorou o artigo ao longo dos 31 anos seguintes, publicando a versão final como parte de um livro em 1973. Esse artigo de 12 páginas é um excelente manual para desenvolver regras de engajamento para qualquer grupo que busca a verdade. Percebi que era aplicável tanto em meu grupo de pôquer quanto em grupos profissionais e de local de trabalho com os quais me deparei em palestras e consultoria. Cada elemento do CUDOS pode ser amplamente aplicado e adaptado para levar um grupo à objetividade. Quando há um desvio em direção à confirmação e fica-se longe de explorar a precisão, é provável que isso decorra do fracasso em praticar uma das normas de Merton. Não surpreendentemente, o artigo de Merton seria um excelente guia de carreira para quem busca ser um apostador que obtém lucros ou um período lucrativo de tomadas de decisão.

Comunidade Mertoniana: mais é mais

A norma Mertoniana da comunidade refere-se à propriedade comunal dos dados dentro dos grupos. Merton argumentou que, na área acadêmica, os dados de um determinado pesquisador devem ser, por fim, compartilhados com a comunidade científica em geral para que o conhecimento avance. "O sigilo é a antítese dessa norma; a comunicação completa e aberta, sua promulgação." Na ciência, isso significa que a comunidade concorda que os resultados da pesquisa não podem ser revisados adequadamente sem o acesso aos dados e a uma descrição detalhada do projeto experimental e métodos. Os pesquisadores têm o direito de manter privados os dados até sua publicação, mas, assim que isso for feito, eles devem proporcionar à comunidade todas as oportunidades de avaliá-los adequadamente. Qualquer tentativa de precisão está condenada ao fracasso se o grupo de busca da verdade tiver acesso limitado a informações potencialmente pertinentes. Sem todos os fatos, a precisão é comprometida.

Esse ideal de compartilhamento científico foi descrito de forma semelhante pelo físico Richard Feynman em uma palestra de 1974 como "uma espécie de honestidade absoluta — tipo dar o melhor de si. Por exemplo, se você estiver fazendo um experimento, deve relatar tudo o que acha que pode torná-lo inválido, não apenas o que você acha que está certo sobre ele: outras causas que poderiam explicar seus resultados..."

Não é nada realista pensar que podemos alcançar o ideal de Feynman; até mesmo os cientistas têm dificuldade com isso. Em nosso próprio grupo de decisão, devemos nos esforçar para cumprir a regra de que "mais é mais". Reúna todas as informações que estão por aí. Satisfaça-se com uma definição mais extensa do que poderia ser concebivelmente relevante. Recompense o processo de tirar do armário os esqueletos de nosso próprio raciocínio. Adote como regra de ouro: se desejamos omitir detalhes devido ao desconforto que eles nos causam, ou porque requerem mais esclarecimentos para serem explicados, esses são exatamente os detalhes que devemos compartilhar. O simples fato de hesitarmos e nos sentirmos desconfortáveis é um sinal de que tais informações podem ser críticas para fornecer um relato completo e equilibrado. Da mesma forma, como membros de um grupo avaliando uma decisão, devemos interpretar essa hesitação como um sinal para explorar mais.

Nos EUA, ao considerar a autogovernança como um experimento de busca da verdade, estabelecemos que a abertura no compartilhamento de informações é a pedra angular da tomada e da prestação de contas das decisões governamentais. As garantias constitucionais de liberdade de imprensa e expressão reconhecem a importância da *autoexpressão*, mas também estão lá porque precisamos de mecanismos para assegurar que a informação chegue ao público. O governo serve ao povo, então os dados pertencem às pessoas e elas têm o direito de compartilhá-los entre si. Estatutos como os das leis de acesso à informação têm o mesmo propósito. Sem livre acesso às informações, é impossível fazer avaliações fundamentadas de um governo.

O compartilhamento de dados e informações, como os outros elementos de um estatuto de busca da verdade, é feito por acordo. Os acadêmicos concordam em compartilhar os resultados. O governo compartilha informações de comum acordo com a população. Sem um acordo, não podemos e não devemos obrigar outras pessoas a compartilhar informações que desejam manter privativas. Todos nós temos direito à privacidade. Empresas e outras entidades têm o direito de proteger segredos comerciais e sua propriedade intelectual. Mas, em nosso grupo, um acordo para compartilhar detalhes pertinentes à avaliação da qualidade de uma decisão é parte integrante de um estatuto produtivo de busca da verdade.

Se o grupo discute uma decisão e não tem todos os detalhes, talvez a pessoa que os forneceu não tenha percebido a relevância de alguns dos dados. Ou pode significar que quem o fez tende a encorajar uma certa narrativa da qual provavelmente nem está ciente. Afinal, como Jonathan Haidt aponta, todos nós somos nossos melhores agentes de relações públicas, construindo uma narrativa que nos ilumina com a luz mais lisonjeira.

Não há quem nunca tenha passado por situações em que nos deparamos com duas versões do mesmo evento, dramaticamente diferentes porque foram abastecidas por fatos e perspectivas diferentes. Isso é conhecido como Efeito Rashomon, batizado em homenagem ao clássico cinematográfico *Rashomon* de 1950, dirigido por Akira Kurosawa. O elemento central da trama é a incompletude como uma ferramenta para vieses. No filme, quatro pessoas fazem relatos separados e drasticamente diferentes de uma cena que todos observaram, a sedução (ou estupro) de uma mulher por um bandido, o duelo do bandido com o marido dela (se é que houve um duelo) e a morte do marido (por ter perdido o duelo, ter sido assassinado ou ter cometido suicídio).

Mesmo não havendo versões conflitantes, o Efeito Rashomon nos lembra de que não podemos presumir que uma versão de uma história seja precisa ou completa. Não podemos contar com alguém para mostrar o outro lado da história, ou qualquer versão individual que forneça um relato completo e objetivo de todas as informações relevantes. É por isso que, dentro de um grupo de decisão, vale a pena se comprometer com essa norma Mertoniana em ambos os lados da discussão. Ao apresentar uma decisão para ser discutida, devemos estar atentos aos detalhes que podemos estar omitindo e agir com segurança redobrada ao adicionar algo que possa ser relevante. Do lado da avaliação, as consultas mútuas são requisitos imprescindíveis para extrair esses detalhes quando necessário.

Minha consulta com o CEO que foi rastreando os problemas de sua companhia até a demissão do presidente demonstrou o valor de um compromisso com o compartilhamento de dados. Depois que ele descreveu o que ocorrera, solicitei muito mais informações. Entrar em detalhes sobre o processo de contratação desse executivo e as abordagens para lidar com as deficiências do presidente no trabalho levou a mais perguntas sobre essas decisões, o que por sua vez levou a que mais detalhes fossem compartilhados. Ele estava identificando o que pensava ter sido uma má decisão em decorrência da descrição que fizera inicialmente da situação. Após obter todos os detalhes de todas as dimensões da questão, chegamos a uma conclusão diferente: demitir o presidente havia sido uma decisão bastante razoável do ponto de vista estratégico. Acontece que acabou mal.

Seja um compartilhador de dados. Os especialistas fazem isso. Na verdade, essa é uma das razões pelas quais eles se tornam especialistas. Eles entendem que compartilhar dados é a melhor maneira de avançar em direção à precisão, graças aos insights de seus ouvintes da mais alta confiabilidade.

Você deveria ouvir a profusão de detalhes que um dos melhores jogadores de pôquer coloca quando descreve uma jogada em andamento. Um leigo pensaria: "Isso parece um monte de detalhes irrelevantes e sem sentido. Por que eles estão dizendo tudo isso?" Quando dois jogadores de pôquer experientes se reúnem para trocar pontos de vista e opiniões sobre as mãos, o detalhe é extraordinário: as posições de todos na jogada; o tamanho das apostas e do pote após cada movimento; o que eles sabem sobre o estilo de jogo dos oponentes em experiências anteriores; como eles estavam se saindo naquele jogo específico; como eles estavam jogando nas mãos mais recentes daquele jogo (especialmente se estavam ganhando ou perdendo recentemente); quantas fichas cada pessoa tinha durante a mão; o que seus adversários sabiam um do outro etc. O que os especialistas reconhecem é que quanto mais detalhes você der, melhor será a avaliação da qualidade da decisão. E como os mesmos tipos de detalhes são sempre esperados, jogadores experientes trabalham essencialmente a partir de um modelo, então há menos oportunidade de transmitir apenas as informações que podem enganar o ouvinte e levá-lo à conclusão que interessa.

Em um documentário sobre Vince Lombardi, o treinador de futebol americano John Madden, que está no Hall da Fama desse esporte, contou uma história na qual ele, ainda um jovem assistente técnico, frequentava uma clínica de treinamento onde Lombardi discorreu sobre a "power sweep" — uma jogada em que um atacante sai em desabalada carreira tentando atravessar à força a barreira inimiga — que se tornou famosa com os Green Bay Packers na década de 1960. Lombardi manteve o público fascinado ao descrever aquela peça por oito horas. Madden disse: "Eu fui lá todo convencido, pensando que sabia tudo que havia para saber sobre futebol americano, e ele passou oito horas falando sobre essa jogada... percebi, então, que eu de fato não sabia nada sobre esse esporte."

É natural nossa relutância em compartilhar informações que possam levar outras pessoas a encontrar falhas em nossa tomada de decisão. Meu grupo tornou isso mais fácil, fazendo com que eu me sentisse bem em relação ao compromisso de me aprimorar. Quando compartilhei detalhes que me colocaram em uma situação nada meritória, a aprovação à minha atitude pelo grupo de jogadores que eu respeitava tornou positiva minha autoimagem. Em minha consultoria, incentivei as empresas a se certificarem de não definir "vencer" apenas por resultados ou elaborando uma narrativa de autoaprimoramento. Se parte do sucesso corporativo consiste em fornecer a avaliação mais precisa, objetiva e detalhada do que está acontecendo, os funcionários competirão para vencer nesses termos. Isso recompensará os melhores hábitos mentais.

Aceite ser um compartilhador de dados e recompensar outras pessoas em seu grupo de decisão por contar mais da história.

Universalismo: não destrua a mensagem

O conhecido conselho "não mate o mensageiro" é realmente uma boa maneira de sintetizar as razões pelas quais queremos proteger e encorajar ideias divergentes. Em *Life of Lucullus*, obra de Plutarco, há um exemplo literal inicial: o rei da Armênia foi avisado com antecedência de que as tropas de Lúculo estavam se aproximando. Ele matou o mensageiro por entregar aquela mensagem e, a partir de então, os mensageiros deixaram de dar o seu recado. Obviamente, se você não gosta da mensagem, não deve descontar no mensageiro.

A norma Mertoniana de universalismo é o oposto. "Reivindicações de que algo é verdade, qualquer que seja sua fonte, devem ser submetidas a critérios impessoais preestabelecidos." Significa que a aceitação ou rejeição de uma ideia não deve "depender dos atributos pessoais ou sociais de seu protagonista". "Não destrua a mensagem", sabe-se lá por que, não recebeu a mesma atenção histórica ou literária, mas trata de uma questão de tomada de decisão igualmente importante: não subestime ou ignore uma ideia só porque não gosta de quem ou de onde ela veio.

Quando nossa opinião sobre a pessoa que está transmitindo a mensagem é negativa, cerramos nossas mentes para o que ela está dizendo e em função disso perdemos muitas oportunidades de aprendizado. O inverso também acontece: quando temos uma opinião positiva do mensageiro, tendemos a aceitar a mensagem sem examiná-la muito. Ambos são ruins.

Quer a situação envolva fatos, ideias, crenças, opiniões ou previsões, a informação em si tem (ou não) mérito independentemente de sua origem. Caso esteja decidindo a verdade sobre se a Terra é redonda, não importa se a ideia veio de seu melhor amigo, de George Washington ou Benito Mussolini. A precisão da declaração deve ser avaliada seja qual for sua fonte.

Aprendi uma lição cedo na minha carreira no pôquer sobre universalismo. Comecei a jogar usando aquela lista de mãos que meu irmão, Howard, escreveu em um guardanapo. Tratei esse conselho inicial como um documento sagrado. Portanto, quando via alguém jogando mãos fora da lista, na hora o rotulava como um jogador ruim. Quando via esse jogador pôr em prática, logo após tal jogada, uma estratégia que eu não tinha como parte do meu jogo, eu a descartava. Fazer isso de forma generalizada (em especial quando eu estava rotulando esses jogadores como "ruins" me baseando em uma visão da estratégia de um iniciante) foi uma lição onerosa de universalismo. Foram muitas as ocasiões na mesa, nos primeiros anos de minha carreira no pôquer, em que eu destruí a mensagem.

Minha culpa era da mesma natureza da que David Letterman admitiu em sua explicação para Lauren Conrad. Ele passou muito tempo presumindo que as pessoas à sua volta eram idiotas antes de considerar a hipótese alternativa: "Talvez eu seja o idiota." No pôquer, eu era a idiota.

Ao me dar conta de que a lista de Howard era apenas uma maneira segura de começar, e não a Carta Magna rabiscada em lápis de cera em um guardanapo, desenvolvi um exercício para praticar e reforçar o universalismo.

Quando tinha o impulso de classificar alguém como mau jogador, me obrigava a procurar algo que ele fazia bem. Era algo que eu poderia fazer sozinha e que poderia obter ajuda do meu grupo para analisar as estratégias que achei que aqueles jogadores poderiam estar executando bem. Esse compromisso trouxe muitos benefícios.

Com isso, aprendi algumas táticas e estratégias novas e lucrativas. Também elaborei uma imagem mais completa das estratégias de outros jogadores. Mesmo quando acabava determinando que as escolhas estratégicas daquele jogador não eram, no fim das contas, lucrativas, eu tinha um entendimento mais profundo do jogo do meu oponente, fato que me ajudava a planejar estratégias contrárias. Comecei a analisar mais profundamente a maneira de pensar de meus adversários. E, em alguns casos, reconheci que havia subestimado as habilidades de certos jogadores que inicialmente pensei que jogar contra eles seria lucrativo. Isso me levou a tomar decisões mais objetivas sobre a seleção de jogos. E meu grupo de pôquer também se beneficiou com esse exercício porque, ao dividirmos as estratégias uns com os outros, multiplicamos o número de técnicas de jogo que podíamos observar e discutir. Admitir que as pessoas contra quem joguei tinham coisas a me ensinar foi difícil, e meu grupo foi importante para eu sentir orgulho de mim mesma ao opor resistência à vontade de ficar apenas reclamando da sorte de meus oponentes.

Quase qualquer grupo pode criar um exercício para desenvolver e reforçar a receptividade mental que o universalismo requer. Por exemplo, com a polarização política, esquecemos a verdade óbvia de que ninguém tem exclusivamente boas ou má ideias. Os liberais fariam bem em reservar algum tempo para ler e assistir a fontes de notícias mais conservadoras, e os conservadores fariam bem em ler e assistir a fontes de notícias mais liberais: não com o objetivo de confirmar que o outro lado é um bando de idiotas que não têm nada de valor a dizer, mas sim para, específica e propositalmente, encontrar coisas com as quais possam *concordar*. Ao fazer isso, aprendemos coisas que não teríamos aprendido de outra forma. Nossas opiniões provavelmente serão moderadas tal como juízes de lados opostos do balcão político moderam uns aos outros. Ainda que, no final, não encontremos muito com o que concordar, entenderemos melhor a posição oposta — e a nossa também. Estaremos praticando o que John Stuart Mill pregou.

Outra maneira de não confundir a mensagem com o mensageiro é imaginar que a mensagem vem de uma fonte à qual damos muito ou pouco valor. Se ouvirmos o relato de alguém de quem gostamos, imagine se alguém de quem não gostamos nos contasse a mesma história e vice-versa. Isso pode ser incorporado ao trabalho de um grupo exploratório, que se perguntaria: "Como nos sentiríamos se ouvíssemos de uma fonte muito diferente?" Podemos refinar esse processo de verificação de informações no grupo omitindo, de início e intencionalmente, de onde ou de quem ouvimos a ideia. Iniciar nossa história identificando o mensageiro pode interferir no compromisso do grupo com o universalismo, levando-o a concordar ou desacreditar a mensagem, dependendo de sua opinião sobre o mensageiro. Assim, comece deixando a fonte de fora, o que dá ao grupo a oportunidade de formar uma impressão sem destruir (ou celebrar) a mensagem com base em sua opinião sobre o mensageiro (ou seja, opinião desconhecendo a experiência e a credibilidade do mensageiro).

John Stuart Mill deixou claro que a única maneira de obter conhecimento e abordar a verdade é examinar cada variedade de opinião. Nós aprendemos e nos aprimoramos. Mesmo quando o resultado desse exame confirma nossa posição inicial, a entendemos melhor se formos receptivos a todos os lados da questão. Isso requer mente aberta para as mensagens cuja origem não gostamos.

Imparcialidade: todos nós temos um conflito de interesses, e é contagioso

A comunidade científica ignorava, na década de 1960, se o açúcar ou a gordura tinham culpa no aumento das taxas de doenças cardíacas. Em 1967, três cientistas de Harvard promoveram uma revisão abrangente das pesquisas até então disponíveis, publicada no *New England Journal of Medicine*, que apontou o dedo firmemente para a gordura como a responsável. O artigo influenciou, obviamente, o debate sobre dieta e doenças cardíacas. Afinal, era um periódico de prestígio e os três pesquisadores vinham de Harvard. Culpar a gordura e exonerar o açúcar afetou a dieta de centenas de milhões de pessoas por décadas, uma crença que provocou uma mudança nos hábitos alimentares que tem sido associada ao aumento maciço das taxas de obesidade e diabetes.

A influência desse artigo e seus efeitos negativos sobre os hábitos alimentares e saúde nos EUA constituem-se em uma impressionante demonstração de quão imperativa é a imparcialidade. Descobriu-se, recentemente, que um grupo que representa a indústria açucareira pagou os três cientistas de Harvard para escrever o artigo, segundo um artigo publicado no *JAMA Internal Medicine* em setembro de 2016. Não é de admirar que, consistentemente com os interesses daquela indústria que os havia pago, os pesquisadores atacaram a metodologia dos estudos que havia encontrado uma ligação entre o açúcar e as doenças cardíacas, e defenderam os estudos que não haviam indicado nenhuma ligação. Os ataques dos cientistas e as defesas da metodologia de estudos sobre gordura e doenças cardíacas seguiram o mesmo padrão favorável ao açúcar.

Nenhum dos cientistas envolvidos estão vivos. Caso estivessem, é possível que, se pudéssemos lhes perguntar, nem mesmo tivessem consciência de que estavam sendo influenciados. Dada a natureza humana, eles provavelmente teriam ao menos defendido a verdade do que escreveram e negado que a indústria açucareira tivesse ditado ou influenciado o pensamento deles sobre o assunto. Seja como for, se o conflito de interesses tivesse sido divulgado, a comunidade científica teria encarado suas conclusões com muito mais ceticismo, levando em consideração a possibilidade de um viés em razão do interesse financeiro dos pesquisadores. Na época, o *NEJM* não exigia que tais questões fossem divulgadas (essa política mudou em 1984.) Com isso, impediu-se uma avaliação precisa dos resultados, o que resultou em sérios danos à saúde da população.

Nós temos a tendência de pensar em conflitos de interesse no sentido financeiro, como os pesquisadores sendo pagos pela indústria açucareira. Mas há um variado leque de conflitos de interesse. Eles são uma constante em nossos cérebros. Interpretamos o mundo que nos cerca como nos convém: para confirmar nossas crenças, para evitar ter que admitir ignorância ou erro, para receber o crédito por bons resultados após nossas decisões, para encontrar as razões pelas quais os maus resultados de nossas decisões deveram-se a fatores fora de nosso controle, para nos compararmos bem com nossos colegas. Enfim, para viver em um mundo no qual a maneira como as coisas acontecem faz sentido. Não somos naturalmente imparciais, desinteressados. Não processamos informações independentemente da forma como desejamos que o mundo seja.

Lembra-se da experiência de pensamento que sugeri no início do livro sobre como seriam as manchetes se o passe de Pete Carroll tivesse vencido o Super Bowl de 2015? Elas alardeariam o brilhantismo da jogada. As pessoas teriam analisado a decisão de Carroll de forma diferente. Saber como algo acabou cria um conflito de interesses que se expressa como resultante.

Richard Feynman notou que na física, um ramo da ciência que a maioria de nós considera tão objetivo quanto 2 + 2 = 4, ainda existe um viés de resultado demonstrável. Ele descobriu que se aqueles que analisam os dados soubessem, ou pudessem apenas intuir a hipótese sendo testada, a análise teria mais probabilidade de apoiar a hipótese sendo testada. As medições podem ser objetivas, mas a organização dos dados é vulnerável a distorções, mesmo inconscientes. De acordo com Robert MacCoun e o Nobel de física Saul Perlmutter, em um artigo da *Nature* de 2015, a análise cega, em que não se conhece o resultado, se espalhou por várias áreas da física de partículas e da cosmologia, em que "é frequentemente considerada a única maneira de confiar em muitos resultados". Como a ideia — introduzir uma variável aleatória para que aqueles que analisam os dados não possam supor o resultado que o pesquisador pode estar esperando — é pouco conhecida nas ciências biológicas, psicológicas e sociais, os autores concluíram que esse método "pode melhorar a confiança e a integridade em muitas ciências, incluindo aquelas com análises de alto risco que são facilmente vitimadas por vieses". A cegueira resultante reforça a imparcialidade.

A ideia embutida na análise cega quanto ao resultado pode ser aplicada na maneira como comunicamos informações conforme vamos tomando decisões envolvendo nossas atividades mais ambíguas, do tipo descrever uma mão de pôquer, uma discussão em família ou os resultados de um teste de mercado para um novo produto. Se o grupo vai nos ajudar a tomar e avaliar decisões de forma imparcial — sem vieses — passamos a não infectá-las como fariam os analistas de dados se pudessem supor a hipótese que está sendo testada. Contar a alguém como uma história termina incentiva-o a interpretar os detalhes de forma a se adequar a esse resultado. Se eu ganho uma mão, é mais provável que meu grupo avalie minha estratégia como boa. Se perco, o inverso seria verdadeiro. Ganhar um caso no tribunal torna a estratégia brilhante. Perder faz apontar erros cometidos. Consideramos os resultados como bons sinais da qualidade da decisão, como se estivéssemos jogando xadrez. Se o resultado for conhecido, influenciará a avaliação da qualidade da decisão para alinhá-la com a qualidade do resultado.

Se o grupo for cego para o resultado, ele avalia com maior fidedignidade a qualidade da decisão. A melhor maneira de fazer isso é desconstruir as decisões antes que um resultado seja conhecido. Advogados podem avaliar a estratégia do julgamento antes de chegar ao veredicto. Equipes de vendas podem avaliar a estratégia antes de saber se concluíram a venda. Corretores podem checar o processo antes de as posições serem estabelecidas ou o prazo das opções expirar. Após o resultado, ao buscar conselhos, habitue-se a fornecer detalhes sem revelar o resultado. No pôquer, não é prático analisar as mãos antes de saber no que vão dar, pois os resultados surgem segundos após as decisões. Para resolver isso, muitos jogadores de pôquer experientes omitem o resultado ao buscar conselhos sobre seu jogo.

Não me dei conta de que isso se tornara um hábito tão natural até começar a organizar seminários de pôquer para jogadores principiantes, para os quais aquela não era a norma. Quando usei como ilustração algumas mãos que havia jogado, eu as descrevia até o ponto de decisão que estava discutindo e não mais, omitindo como a mão havia terminado. Afinal, foi assim que fui treinada por meu grupo de pôquer. Quando terminávamos a discussão, era chocante ver uma sala cheia de gente me olhando como se as tivesse deixado balançando à beira de um abismo.

"Ei, mas como ficou a mão?!"

Eu lhes dava a pílula vermelha: "Isso não importa."

Claro, não é preciso descrever uma mão de pôquer para usar essa estratégia para promover a imparcialidade. Está ao alcance de qualquer um fazer a narrativa apenas até o ponto da decisão sob consideração, deixando de lado o resultado para não infectar seus ouvintes com vieses. E os resultados não são o único problema. As crenças também são contagiosas. Se nossos ouvintes souberem o que acreditamos ser verdade, provavelmente se esforçarão um bocado para justificar nossas crenças, muitas vezes sem perceber que estão fazendo isso. Eles desenvolverão um conflito ideológico de interesses criado quando lhes revelamos nossas crenças. Portanto, ao tentar examinar alguma informação, algum fato ou opinião, faríamos bem, enquanto buscamos a opinião do grupo, em proteger nossos ouvintes omitindo nossa opinião.

Resumindo: o grupo tem menos probabilidade de sucumbir a conflitos ideológicos de interesse quando não sabe qual é ele. Esse é o ponto de MacCoun e Perlmutter.

Outro jeito de um grupo evitar vieses em seus membros é recompensá-los pela habilidade em debater pontos de vista opostos e encontrar mérito em posições contrárias. Quando os membros do grupo discordam, o valor de uma discussão pode ser apenas marginal porque as pessoas que estão debatendo tendem a confirmar sua posição, muitas vezes criando um impasse. Se duas pessoas discordarem, um árbitro pode fazer com que cada uma delas discuta a posição da outra com o objetivo de ser o melhor debatedor. Com isso, desloca-se o interesse em direção à abertura da mente para a opinião oposta, em vez da confirmação de sua posição original. Não há como vencer o debate sem poder argumentar com força e credibilidade contra o outro lado. A chave é o grupo ter um estatuto que recompense a consideração objetiva de hipóteses alternativas, de modo que vencer o debate é melhor do que apoiar a posição preexistente. O reforço do grupo deve nos desencorajar de criar um argumento falacioso quando estamos argumentando contra nossas crenças e nos encorajar a nos sentir bem por vencer o debate. Esse é um dos motivos pelos quais é bom para um grupo ter pelo menos três membros, dois para discordar e um para arbitrar.

Descobri que duas pessoas cujas posições sobre uma questão estão distantes geralmente se inclinarão para o meio após um debate ou uma explicação habilidosa da posição oposta. O envolvimento nesse tipo de interação cria uma compreensão e uma apreciação de outros pontos de vista muito mais profundas e poderosas do que apenas ter ouvido sobre outra perspectiva. Em última instância, ele nos dá um entendimento mais profundo de nossa própria posição. Mais uma vez, somos lembrados da afirmação de John Stuart Mill de que esse tipo de mentalidade aberta é a *única* maneira de aprender.

Opiniões sujeitas a um ceticismo organizado: verdadeiros céticos fazem argumentos e amigos

O ceticismo é injustamente malvisto porque tende a ser associado a traços de caráter negativos. Alguém que discorda pode ser considerado "desagradável". Alguém que diverge pode estar criando "cizânia". Talvez em parte isso ocorra porque "cético" soa como "cínico". No entanto, o verdadeiro ceticismo é consistente com boas maneiras, discurso civilizado e comunicação amigável.

O ceticismo é uma maneira de ver o mundo perguntando por que as coisas podem não ser verdadeiras, e não por que são verdadeiras. É um reconhecimento de que, embora haja uma verdade objetiva, nem tudo em que acreditamos sobre o mundo é verdadeiro. Pensar em apostas incorpora ceticismo ao nos levar a examinar o que fazemos e o que não sabemos, e qual é nosso nível de confiança em nossas crenças e previsões. Essa atitude nos aproxima do que é objetivamente verdadeiro.

Um grupo de decisão produtivo faria bem em se organizar em torno do ceticismo. Esse também deve ser o seu guia de comunicação, uma vez que o ceticismo real não é um elemento para confronto. Pensar em apostas exige o imperativo do ceticismo. Sem adotar a incerteza, não podemos apostar racionalmente em nossas crenças. E precisamos ser particularmente céticos em relação às informações que concordam conosco, porque sabemos que temos a tendência de apenas aceitar e aplaudir as evidências confirmatórias. Se não "dermos nosso melhor" (como disse a frase famosa de Richard Feynman) para descobrir no que podemos estar errados, vamos fazer algumas apostas muito ruins.

Se assumirmos a incerteza, colocando-a como pano de fundo na maneira como nos comunicamos com o grupo, a dissidência conflituosa se desvanece porque nosso ponto de partida é incerto. Assim como podemos envolver nossa incerteza no modo como expressamos nossas crenças ("Tenho 60% de certeza de que o garçom vai errar meu pedido"), ao implementar a norma do ceticismo naturalmente modulamos a expressão de discordância com os outros. Afinal, expor um desacordo é apenas outro jeito de expressar nossas próprias crenças, cuja natureza reconhecemos ser probabilística. Portanto, expressar abertamente a incerteza em uma crença divergente é uma decorrência. Não discordamos mais com declarações de "Você está errado!". Em vez disso, nos engajamos dizendo: "Não tenho certeza sobre isso." Ou apenas pergunte: "*Você* tem certeza disso?" ou "Você já considerou esta outra maneira de pensar sobre isso?". Nós nos engajamos assim simplesmente porque é fiel à incerteza. O ceticismo organizado convida as pessoas a uma exploração cooperativa. As pessoas estão mais abertas a ouvir diferentes perspectivas expressas dessa forma.

O ceticismo deve ser encorajado e, quando possível, posto em ação. O termo "advogado do diabo" se desenvolveu séculos atrás a partir da prática da Igreja Católica que, durante o processo de canonização, contratava alguém para apresentar argumentos contrários à santificação. Assim como a CIA tem as "equipes vermelhas" e o Departamento de Estado seu Canal de

Dissidência, podemos incorporar a divergência em nossos negócios e nossa vida pessoal. Podemos criar um grupo cuja função (literalmente nos negócios, ou figurativamente em nossa vida pessoal) seja apresentar o outro lado, apor argumentos de por que uma estratégia pode ser imprudente, uma previsão pode estar errada ou uma ideia pode estar mal fundamentada. Ao fazer isso, a "equipe vermelha" naturalmente levanta hipóteses alternativas. Da mesma forma, as empresas podem implementar um canal de dissidência anônimo, possibilitando a qualquer funcionário, da recepção à diretoria, expressar opiniões divergentes, estratégias alternativas, ideias inovadoras e pontos de vista que discordem do que prevalece na empresa, sem receio de repercussões. A empresa deve fazer seu melhor para recompensar essa divergência construtiva levando as sugestões a sério, caso contrário não haverá reforço à exposição de perspectivas diferentes.

De maneira menos formal, procure oportunidades de recrutar um advogado do diabo para essa finalidade precípua. Ao buscar conselhos, podemos fazer perguntas específicas para encorajar a outra pessoa a descobrir os motivos pelos quais podemos estar errados. Agindo assim, ela não será tão reticente em desafiar aquilo que queremos realizar; estamos *pedindo* por isso, então não é um problema para essa pessoa discordar ou dar conselhos contrários aos que ela pensa que queremos ouvir.

Não se engane: ver a nós mesmos e ao mundo com mais precisão e objetividade está longe de ser um processo fácil e nos faz pensar em coisas que geralmente evitamos. O grupo precisa de regras de conduta que não tornem isso mais difícil, permitindo que os membros se furtem por serem desagradáveis ou agirem com desdém. E precisamos estar cientes de que mesmo uma manifestação mais branda para aqueles que não concordaram com o estatuto de busca da verdade pode ser percebida como um confronto. Consulte David Letterman para obter detalhes.

Comunicando-nos com o mundo além do nosso grupo

O propósito principal deste capítulo foi a formação de grupos de busca da verdade por nossa própria iniciativa, ou fazer parte de tais grupos. Sem ter sob controle a cultura em que estamos imersos,* aqueles entre nós que buscam a dissidência mais ativamente estarão em minoria quando estivermos longe de nosso grupo. Isso não significa que a busca pela verdade não esteja no âmbito de tais configurações. Significa apenas que devemos pegar os elementos mais construtivos e civilizados da comunicação para a busca da verdade e apresentá-los com cuidado. Há várias maneiras de nos comunicarmos para maximizar nossa capacidade de envolvimento na busca da verdade com qualquer pessoa.

Primeiro, expresse incerteza. Ela não apenas aprimora a busca da verdade dentro dos grupos, mas também convida todos à nossa volta a compartilhar informações úteis e opiniões divergentes. O receio de estar errado (ou de ter que sugerir que outra pessoa está errada) contrabalança o contrato social de confirmação, muitas vezes fazendo com que as pessoas soneguem valiosas percepções e opiniões. Se começarmos deixando clara nossa própria incerteza, nosso público terá mais probabilidade de entender que qualquer discussão que se segue não envolverá certo ou errado, maximizando nossas interações de busca da verdade com aqueles fora de nosso grupo regulamentado.

---

* Quando estamos em uma posição de influenciar a contratação e a cultura de uma empresa, as mesmas ideias se aplicam. Contratar estatuto de busca da verdade e moldar uma cultura que recompensa as pessoas pelo pensamento exploratório e pela expressão de diversos pontos de vista será muito útil para uma empresa. Na verdade, se não promovermos ativamente essa política, corremos o risco de *desencorajar* a busca da verdade porque as pessoas com pontos de vista diversos se sentem isoladas ou sendo excluídas. Uma das principais preocupações da Academia Heterodoxa é descobrir como fazer com que mais conservadores se tornem cientistas sociais ou se envolvam em pensamentos exploratórios com cientistas sociais. É uma cartada difícil: ninguém gosta da ideia de ser o único obstáculo em uma versão da vida real de *12 homens e uma sentença*, especialmente com sua reputação e sustento em jogo.

Segundo, conduza com aquiescência. Por exemplo, ouça as coisas com as quais concorda, declare-as e seja específico e, em seguida, anteponha um "e" em vez de "mas". Se há uma coisa que aprendemos até agora é que gostamos de ter nossas ideias afirmadas. Caso queiramos envolver alguém com quem tenhamos alguma divergência (dentro ou fora do nosso grupo), ele ficará mais aberto e menos na defensiva se começarmos por aquelas áreas de consenso, que certamente existirão. É raro discordarmos de tudo o que alguém tem a dizer. Colocando em prática as estratégias que promovem o universalismo, buscando ativamente as ideias com as quais concordamos, e o envolvimento das pessoas no processo de aprendizagem conosco se dará naturalmente. Quanto a nós, estaremos mais abertos ao que os outros têm a dizer, aumentando nossa capacidade de calibrar nossas próprias crenças.

Quando lideramos com aquiescência, aqueles que nos ouvem estarão mais abertos a qualquer divergência que possa surgir. Ademais, quando a nova informação é colocada como um *complemento* em vez de *negar* o que veio antes, nosso público estará muito mais receptivo ao que temos a dizer. Os elementos retóricos mais simples podem fazer a diferença. Se alguém expressar uma crença ou previsão que não soe estar bem estruturada e tivermos informações relevantes, tente dizer "e", como em: "Eu concordo com você que (insira conceitos e ideias específicos com os quais concordamos), E..." Depois de "e", complete com as informações adicionais. Nessa mesma interação, se disséssemos: "Concordo com você que (insira conceitos e ideias específicas com as quais você concorda), MAS..." Esse desafio coloca as pessoas na defensiva. "E" é uma oferta para contribuir. "Mas" é negação e repúdio ao que veio antes.

De uma forma mais ampla, podemos pensar nisso como uma tentativa de evitar a linguagem do "não". Na arte performática do improviso, o primeiro conselho é que, quando alguém começa uma cena, você deve responder "sim, e..." em que "sim" significa que você está aceitando a construção da situação e "E" significa que você está adicionando algo a ela. Trata-se de uma excelente recomendação em qualquer situação na qual se deseja estimular o pensamento exploratório. O importante é tentar encontrar áreas de concordância para manter o espírito de parceria na busca da verdade. Ao expressar informações potencialmente contraditórias ou divergentes, o modo como usamos a linguagem idealmente minimiza o elemento de desacordo.

Terceiro, por vezes convém contemporizar para se engajar na busca da verdade. Se alguém está descarregando em nós suas emoções, podemos perguntar se está apenas procurando desabafar ou se está buscando um conselho. Caso ele não esteja à procura de conselhos, tudo bem. As regras de conduta foram esclarecidas. Há ocasiões em que as pessoas só querem desabafar. É o meu caso, certamente. Faz parte da nossa natureza. Queremos apoiar as pessoas ao redor, e isso inclui confortá-las quando precisam apenas de compreensão e simpatia. Mas às vezes dirão que gostariam de ser aconselhadas, e isso é potencialmente um acordo para optar por alguma busca da verdade. (Mesmo assim, vá pé ante pé, porque as pessoas podem dizer que querem conselhos quando na verdade desejam corroboração.)

Esse tipo de acordo temporário é de fato apenas uma espécie de outro lado da moeda, um tipo de exclusão temporária que fizemos em meu grupo de pôquer quando alguém teve que desabafar sobre uma perda especialmente intensa e ainda latejando. Invertendo a situação, não precisa soar ofensivo perguntar: "Você quer apenas jogar tudo para o alto ou está pensando no que fazer a seguir?"

Finalmente, concentre-se no futuro. Como eu disse no início deste livro, geralmente somos muito bons em identificar os objetivos positivos que buscamos; nosso problema está na execução das decisões ao longo do caminho para atingir esses objetivos. Ninguém gosta de se envolver com sua má execução.

Para isso é necessário assumir a responsabilidade pelo que é com frequência um mau resultado, o que, como David Letterman descobriu, dará um fim à conversação. Em vez de reviver o que já aconteceu, tente se fixar no que a pessoa pode fazer para que as coisas sejam melhores dali em diante. Quer sejam nossos filhos, outros familiares, amigos, parceiros de relacionamento, colegas de trabalho ou até nós mesmos, todos compartilhamos o traço comum de ser mais racionais sobre o futuro do que sobre o passado. É mais difícil ficar na defensiva sobre algo que ainda não aconteceu.

Imagine se David Letterman tivesse dito: "É uma pena ter todas essas pessoas excêntricas criando todo esse drama em sua vida. Você já pensou em como pode se livrar dessa situação no futuro?" Se Lauren Conrad tivesse dito algo "dramático", como "Tenho tantos problemas que nem consigo pensar no futuro" ou "Estou ligada a essas pessoas, então não há nada que eu possa fazer a respeito", esse com certeza seria um bom momento para encerrar a discussão. Mas o resultado mais provável é que ela teria se envolvido. Focar o futuro poderia fazê-la tentar descobrir por que todo aquele drama ocorreu; ela não seria capaz de responder sensatamente à pergunta sobre o futuro sem examinar o passado. Quando validamos a experiência do passado da outra pessoa e nos concentramos na exploração do futuro, ela mesma pode trazer suas decisões passadas.

Eis aí uma boa abordagem para se comunicar com nossos filhos, que, com seus egos em desenvolvimento, não precisam necessariamente de uma pílula vermelha goela abaixo. Uma criança não tem os meios necessários para consentir com os desafios das interações pela busca da verdade. Mas eles podem ser espicaçados. Eu sei, em *Matrix*, Morfeu levou Neo para visitar o Oráculo e, enquanto ele esperava no saguão, viu crianças dobrando colheres com a mente e se envolvendo em outro comportamento precoce de pílula vermelha. Mas as crianças da vida real não apreciam se sentirem julgadas. E nenhum pai na vida real quer um filho com a capacidade de jogar mentalmente talheres pela sala.

Meu filho tinha se especializado em tirar notas ruins nas provas por culpa do professor. Eu precisei ter o cuidado que Letterman não teve. Então, dizia a ele: "Deve ser difícil ter um professor assim. Você acha que há algo que pode fazer para melhorar sua nota no futuro?" Ao mesmo tempo proporcionava uma validação e levava a discussões produtivas sobre assuntos como o desenvolvimento de estratégias para se preparar para as provas vindouras e marcar reuniões com o professor para descobrir o que ele procurava ao atribuir as tarefas. Tais reuniões também criariam uma boa impressão que provavelmente se refletiria nas notas futuras. Em última análise, mesmo nas decisões quanto aos nossos próprios filhos, reviver os resultados pode levar a uma atitude defensiva. O futuro, por outro lado, sempre pode ser melhor se pudermos fazer com que eles se concentrem naquilo que está sob o controle deles.

Esses métodos de comunicação com pessoas fora de nosso grupo de busca da verdade centram-se em objetivos e ações futuras. Quando funciona, elas fazem uma curta viagem ao futuro, deixando à parte as frustrações do presente e buscando maneiras de melhorar as coisas que podem controlar. Prestar contas a um grupo que busca a verdade também é, de certa forma, um portal para viajar no tempo. Por saber que teremos que responder ao grupo, começamos a pensar com antecedência em como isso se dará. Antecipar e ensaiar essas discussões racionais pode melhorar nossa tomada de decisão e análise iniciais, em um momento no qual, de outra forma, não seríamos tão racionais.

Isso leva à derradeira estratégia de decisão deste livro: maneiras de usar técnicas de viagem no tempo para tomar decisões melhores. Ao trazer à cena versões passadas e futuras de si mesmo, você pode se tornar seu próprio monitor.

CAPÍTULO 6

Aventuras em uma Viagem Mental no Tempo

Deixe Marty McFly encontrar Marty McFly

Graças ao sucesso dos três filmes De Volta para o Futuro, é provável que nossa fonte de referência sobre as regras da viagem no tempo esteja mais para o Dr. Brown do que para o Dr. Stephen Hawking. A primeira regra, enfatizada pela trilogia e recorrente daí em diante em praticamente todos os filmes do gênero, é: "Aconteça o que acontecer, não se encontre consigo mesmo!". Doc Brown (Christopher Lloyd) explica a Marty McFly (Michael J. Fox) em *De Volta para o Futuro 2* (1989) que "o encontro pode criar um paradoxo temporal cujos resultados podem causar uma reação em cadeia que desestruturaria o continuum do espaço-tempo e destruiria o universo inteiro. Veja, esse é o pior cenário possível. A destruição pode, de fato, ser muito localizada, limitando-se à nossa própria galáxia".

"Não se encontre consigo mesmo" tornou-se um elemento inquestionável da "ciência" da viagem no tempo. Em *Timecop - O Guardião do Tempo* (1994), uma vez que "a mesma matéria não pode ocupar o mesmo espaço ao mesmo tempo", o personagem de Jean-Claude Van Damme destrói o vilão ao juntar suas versões passada e futura. O vilão se transforma em uma bolha que se liquefaz e desaparece da existência.

Na vida real, em tomadas de decisão, trazemos nosso eu passado ou futuro para a equação e o continuum espaço-tempo não se abala. Longe de nos transformar em uma bolha liquefeita, uma visita de nossas versões passadas ou futuras nos ajuda a fazer apostas melhores. Ao tomar decisões, não pensar sobre decisões semelhantes no passado e possíveis consequências futuras frequentemente nos transforma em uma bolha, atolada no pensamento momentâneo no qual o escopo do tempo é distorcido. Como tomadores de decisão, é *de nosso interesse* colidir com versões passadas e futuras de nós mesmos. A capacidade que temos de viajar no tempo mental torna isso possível. Como é o caso da responsabilização, tais reuniões podem levar a melhores decisões: no momento da decisão, a responsabilização perante nosso grupo pode nos lançar brevemente no futuro para imaginar a conversa sobre tal decisão que teremos com nosso grupo. Manter essa conversação frequentemente nos lembrará de seguir um caminho mais racional.

Assim como podemos recrutar outras pessoas para serem nossas companheiras de decisão, podemos recrutar outras versões de nós mesmos com a mesma finalidade. Podemos operacionalizar e encorajar a viagem mental no tempo, aproveitando o poder que ela tem, e descobrir maneiras de provocar essa colisão de passado, presente e futuro tanto quanto possível. Nossa versão do presente precisa dessa ajuda, e nossas versões do passado e do futuro podem ser as melhores companheiras de decisão para o trabalho.*

---

* Há todo um campo de estudo sobre viagem mental no tempo e seus benefícios para as tomadas de decisão. O neurocientista Endel Tulving, professor de psicologia da Universidade de Toronto, foi o pioneiro na análise e pesquisa da cronestesia, termo que designa a viagem mental no tempo por meio da capacidade de estar ciente de nosso passado ou futuro. Para obter mais material sobre a neurociência da viagem no tempo e seus benefícios para as tomadas de decisão, consulte a Bibliografia Selecionada e Recomendações para Leitura Adicional.

Os jogadores de pôquer têm desafios de decisão únicos que os levam a pensar muito sobre como fazer com que essa colisão entre passado, presente e futuro ocorra bem no momento de tomar uma decisão e colocá-la em ação. Como as decisões no pôquer são tomadas muito rapidamente, os jogadores não têm, na mesa de jogo, o luxo de ter tempo para coordenar seus planos estratégicos racionais e de longo prazo e suas decisões. E, frise-se, todas essas decisões tomadas sob severas restrições de tempo têm consequências imediatas expressas em uma troca de fichas. A troca constante de fichas lembra aos jogadores que em cada decisão há risco. É verdade que a direção na qual as fichas fluem no curto prazo se correlaciona apenas vagamente com a qualidade da decisão: você pode ganhar uma mão depois de tomar decisões ruins e perder uma mão depois de tomar boas decisões. Mas o simples fato de que as fichas estão mudando de mãos é um lembrete de que toda decisão tem consequências, ou seja, todas as decisões de execução que você toma ao longo do caminho realmente importam.

Quando estamos fora da mesa de pôquer, não sentimos ou experimentamos na hora as consequências da maioria das decisões que tomamos. Pode demorar para saber se uma decisão específica nos favorecerá ou não. Se decidirmos, equivocadamente, substituir maçãs por SnackWell's, não há um resultado imediato que nos permita saber que pode ter havido um custo nessa escolha. Se a repetirmos o suficiente, haverá consequências, mas elas demoram para acontecer. Nos negócios, se um líder ignora as ideias de um estagiário porque "O que um estagiário pode saber?", talvez se passem muitos anos para que o estagiário se torne um concorrente de sucesso antes que o erro se torne óbvio. Se a trajetória desse negócio sofre percalços devido à escassez de novas ideias, o dono do negócio pode nunca perceber o efeito dessa atitude.

Os melhores jogadores de pôquer desenvolvem maneiras práticas de incorporar seus objetivos estratégicos de longo prazo às decisões do momento. O restante deste capítulo é dedicado a muitas dessas estratégias destinadas a recrutar nossos eus do passado e do futuro para ajudar em todas as decisões de execução que temos que tomar para alcançar nossas metas de longo prazo. Como acontece com todas as estratégias deste livro, é preciso reconhecer que nenhuma estratégia pode nos transformar em atores perfeitamente racionais. Além disso, podemos tomar as melhores decisões possíveis e ainda assim não obter o resultado desejado. Aprimorar a qualidade da decisão é *aumentar*, não *garantir* nossas chances de bons resultados. Até mesmo quando esse esforço faz uma pequena diferença — mais pensamento racional e menos decisões emocionais, traduzido em uma maior probabilidade de melhores resultados — ele pode ter um impacto significativo em como nossas vidas acabam. Bons resultados se multiplicam. Bons processos tornam-se hábitos e possibilitam futuras calibrações e melhorias.

Esses métodos envolvem muitas viagens mentais no tempo, e os jogadores de pôquer poderiam ensinar uma ou duas coisas a Marty McFly e Doc Brown.

Jerry da Noite

Uma explicação particularmente sucinta de todas as pesquisas científicas sobre a luta entre nossos desejos imediatos e as metas de longo prazo, veio de Jerry Seinfeld ao discorrer a respeito do motivo pelo qual ele não dorme o suficiente: "Eu fico acordado até tarde da noite porque sou o Cara da Noite. Esse cara quer ficar acordado até tarde. 'Que tal acordar depois de cinco horas de sono?' É esse o problema do Cara da Manhã. Isso não é problema meu. Eu sou o Cara da Noite. Fico acordado até tarde.' Então você se levanta de manhã: você está exausto, você está grogue. 'Oooh, eu odeio aquele Cara da Noite? Veja só: o Cara da Noite sempre ferra o Cara da Manhã."

Esse é um bom exemplo de como lutamos no presente para cuidar do nosso futuro. Jerry da Noite sempre vai querer ficar acordado até tarde e, se o Jerry da Manhã não tiver voz atuante na decisão, o Jerry da Noite vai conseguir o que quer, seja qual for o interesse de Jerry no longo prazo. Quando tomamos decisões no momento (e não ponderamos o passado ou o futuro), é maior a probabilidade de sermos irracionais e impulsivos.*

Essa tendência que todos temos de favorecer nosso eu presente em detrimento de nosso eu futuro é chamada de desconto temporal.[†] Estamos dispostos a receber um desconto irracionalmente grande para obter uma recompensa agora, em vez de esperar por uma recompensa maior mais tarde.

---

* Claro, estar na mente deliberativa não é garantia de racionalidade. Como observei em relação ao trabalho de Dan Kahan sobre o raciocínio motivado, as pessoas que executam tarefas complicadas com estatísticas — sem dúvida uma tarefa deliberativa ou do tipo Sistema 2 — eram suscetíveis ao raciocínio para fazer com que os números fossem consistentes com suas crenças pregressas. E pessoas com maior habilidade matemática têm a tendência mais forte para fazer isso. Daniel Kahneman também reconheceu que o Sistema 2 não deve ser considerado imune a vieses.

  Somos capazes de toda espécie de irracionalidade na mente deliberativa. No entanto, se deixarmos de lado a mente reflexiva, podemos reduzir a probabilidade de decisões impulsionadas pelas emoções e diminuir a influência de vieses por meio da autorreflexão e da vigilância. Uma maneira de fazer isso é tirar vantagem das estratégias mentais de viagem no tempo.

† Dos quatro anos à idade adulta, o desconto temporal é uma questão universal. O experimento mais famoso sobre a dificuldade (e importância) de ser paciente, conhecido como Teste do Marshmallow, foi realizado pelo professor Walter Mischel e colegas de Stanford no início dos anos 1960. No Bing Nursery School de Stanford, eles ofereceram às crianças escolher entre uma recompensa menor (como um marshmallow) que poderiam receber imediatamente, ou uma recompensa maior (como dois marshmallows) se estivessem dispostas a esperar, sozinhas, por até vinte minutos. As crianças usaram todos os truques imagináveis para esperar a recompensa maior. Fizeram caretas, cobriram os olhos, viraram as cadeiras, colocaram as mãos em volta do marshmallow sem tocá-lo, cobriram a boca, sentiram o cheiro do marshmallow e conversaram sem palavras (de recriminações quase imperceptíveis a discussões animadas). Mischel e seus colegas viram lutas que "podem lhe trazer lágrimas aos olhos, fazer você aplaudir a criatividade delas e incentivá-las, e te dar uma nova esperança" para o potencial das crianças.

  Estudos posteriores que acompanharam as crianças do marshmallow mostraram que a capacidade de adiar a gratificação está correlacionada com marcadores de sucesso durante a adolescência e na idade adulta: maiores notas nas provas, melhores classificações de funcionamento social e cognitivo, menor índice de massa corporal, menor probabilidade de vício, melhor senso do próprio valor e maior capacidade de perseguir objetivos e se adaptar à frustração e ao estresse.

Um exemplo de desconto temporal entre adultos inclui um estudo da redução dos proventos militares nos EUA na década de 1990, que levou dezenas de milhares de funcionários militares a escolher o pagamento de aposentadoria de um montante fixo com taxas drasticamente reduzidas em vez de pagamentos anuais garantidos. Os homens e mulheres das forças armadas dos Estados Unidos receberam pagamentos únicos cujo total foi de US$2,5 bilhões, um desconto de 40% em comparação com o valor presente dos pagamentos de anuidades que teriam recebido. (Para fontes adicionais sobre descontos temporais, consulte a Bibliografia Selecionada e Recomendações para Leitura Adicional.)

Quando o Jerry da Noite fica acordado até tarde, é porque isso o beneficia *agora*; ele desconsidera os benefícios que vêm depois de ir para a cama. Poupar para a aposentadoria é uma questão de desconto temporal, enquanto a gratificação de gastar a renda discricionária é imediata. Poupar para a aposentadoria significa esperar décadas para desfrutar desse dinheiro. Fomos feitos para o desconto temporal, para usar os recursos disponíveis para nós agora em vez de poupá-los para uma versão futura de nós com a qual não estamos particularmente em contato no momento da decisão. A viagem no tempo pode nos colocar em contato com a nossa versão futura. Pode fazer com que o eu futuro lembre ao eu presente: "Ei, não dê desconto!" Ou, pelo menos: "Não dê tanto desconto!"

Quando pensamos sobre o passado e o futuro, envolvemos a mente deliberativa, melhorando nossa capacidade de tomar uma decisão mais racional. Ao imaginar o futuro, não o fazemos do nada, não o inventamos baseados em algo que nunca vimos ou experimentamos. Ao contrário, nossa visão do futuro está balizada nas memórias do passado. O futuro que imaginamos é uma remontagem de nossas experiências passadas. Isso posto, não deveria ser surpreendente que a mesma rede neural esteja envolvida quando imaginamos o futuro e quando lembramos do passado. Pensar no futuro é *relembrar* o futuro, juntar memórias de uma forma criativa para imaginar uma possível maneira de como as coisas podem acontecer. Essas vias cerebrais incluem o hipocampo (uma estrutura-chave para a memória) e o córtex pré-frontal, que controla o Sistema 2, a tomada de decisão deliberativa. É o nosso centro de controle cognitivo.* Ao usar essas vias, o Jerry da Noite pode acessar memórias como dormir demais e perder compromissos, ou cochilar durante as reuniões matinais, memórias que ele pode usar para imaginar o quão cansado estará o Jerry da Manhã, ou o que acontecerá com a agenda do Jerry da Manhã quando ele não quiser se levantar, ou como será o dia dele quando ele não tiver condições de prestar atenção no que acontece à sua volta.

Não seria ótimo se o Jerry da Manhã pudesse viajar de volta no tempo e dar um tapinha no ombro do Jerry da Noite para lhe dizer para ir para a cama? Acontece que existe um aplicativo para isso.

A partir dos avanços em técnicas fotográficas e realidade virtual, existe um software que pode fazer uma previsão de como você se parecerá décadas no futuro. Caso você, como a maioria dos adultos, se sinta mal ao ver seus pais envelhecendo, essas imagens do futuro podem ser perturbadoras, tal como olhar em um espelho de um parque de diversões projetado por um sádico. Felizmente, há maneiras mais produtivas de usar essa tecnologia de progressão de idade do que apenas nos fazer olhar para o vazio de nossa própria mortalidade.

Economizar para a aposentadoria é um problema do tipo Jerry da Noite versus Jerry da Manhã. Se o Jerry da Noite não está pensando na futura

---

* Para uma boa visão geral da pesquisa nessa área, veja "The Future of Memory: Remembering, Imagining, and the Brain", de Daniel Schacter e colegas, citado na Bibliografia Selecionada e Recomendações para Leitura Adicional.

manhã de amanhã, ele certamente não está pensando no futuro por várias décadas até a aposentadoria. O planejamento da aposentadoria envolve uma série de decisões nas quais nosso eu presente pode agir em detrimento ou benefício de nosso eu futuro. Quando definimos metas de aposentadoria, estamos necessariamente pensando sobre as metas do nosso eu futuro, ou seja, quanto precisamos economizar para que essa versão mais velha de nós tenha uma vida confortável. Nossas decisões de gastos, contudo, não parecem estar particularmente focadas no que é melhor para o nosso eu de 70 anos de idade. Na verdade, uma rápida pesquisa no Google sobre o assunto revela rapidamente que nossas economias para a aposentadoria são perigosamente baixas. Segundo um estudo do Center for Retirement Research do Boston College, "cerca de metade das famílias [norte-americanas] que trabalham hoje não será capaz de manter seu padrão de vida na aposentadoria". Dependendo da estimativa que você ler, o deficit pode ser de US$6,8 a US$14 *trilhões*.

Várias organizações e empresas interessadas em encorajar o planejamento da aposentadoria possuem recursos que permitem aos clientes "programar" seu futuro ao tomar decisões visando a aposentadoria. Nas versões mais simples dessas ferramentas, os clientes informam idade, renda, práticas de poupança e metas de aposentadoria. Os aplicativos, então, mostram ao cliente a situação financeira e o estilo de vida que seu futuro pode esperar, em comparação com o presente.

Nos EUA, a Prudential Retirement, AARP e outras empresas têm versões desses aplicativos que enfatizam as consequências do planejamento da aposentadoria ao nos apresentar *visualmente* ao nosso eu futuro. O Bank of America Merrill Lynch em 2012 (para computação de acesso à web) e 2014 (para dispositivos móveis) apresentou o Merrill Edge, que inclui uma ferramenta chamada "Face Retirement". Os clientes colocam lá uma foto de si próprios e conseguem ver, segundo o comunicado de imprensa, "uma animação 3D realística do seu futuro eu, permitindo visualizar todas as rugas que podem encontrar na idade da aposentadoria — e mais". O Jerry da Noite tem um vislumbre de como se parecerá o Jerry da Manhã sem dormir o suficiente.

Ver nosso eu futuro envelhecido, uma ideia que nos poderia ajudar a tomar melhores decisões de alocação, baseia-se, em parte, na pesquisa de Jeremy Bailenson e Laura Carstensen, do Freeman Spogli Institute for International Studies da Universidade de Stanford. Eles usaram tecnologia de realidade virtual imersiva em um ambiente de laboratório para demonstrar como uma visita do Jerry da Manhã ajudará o Jerry da Noite a aprimorar suas decisões. Os participantes entraram em um ambiente de realidade virtual, e uma vez lá foram solicitados a distribuir US$1 mil entre contas hipotéticas destinadas a vários fins, entre elas, uma conta de aposentadoria. Alguns deles, vendo uma representação digital de sua presença no espelho, alocaram em média US$73,90 para a conta de aposentadoria. Outros olhavam no espelho e viam uma versão de si mesmos com idade avançada. Este último grupo alocou, em média, US$178,10 para a conta de aposentadoria. Esse é um exemplo surpreendente de como nosso eu do futuro pode agir como um parceiro de decisão eficaz para o nosso eu do presente.

Trazer o nosso eu futuro para envolver-se na decisão nos faz começar a pensar sobre as consequências futuras das decisões do momento. Fundamentalmente, o Jerry da Manhã e o Jerry da Noite estão vivendo a mesma vida, e colocar o Jerry da Manhã no rosto do Jerry da Noite vai lembrá-lo disso. Ver nosso eu idoso no espelho, junto com uma planilha nos mostrando como nosso eu futuro terá de lutar para sobreviver, constitui-se em um lembrete persuasivo para colocar de lado algum dinheiro para gastos discricionários na aposentadoria. É aquela batidinha no ombro do nosso eu futuro. "Ei, não se esqueça de mim. Vou existir e gostaria que você, por favor, levasse isso em consideração."

Não somos de todo racionais quando refletimos sobre o passado ou o futuro e acionamos a mente deliberada, mas temos mais probabilidade de fazer escolhas consistentes com nossos objetivos de longo prazo quando podemos nos abstrair do momento e envolver nossos eus do passado e do futuro. Queremos ambos, o Jerry da Noite e o Jerry da Manhã, no processo de decisão de quando dormir um pouco. Queremos que todos os Marty McFlys tenham uma perspectiva adicional de todos os outros Marty McFlys. E queremos que nosso eu idoso e enrugado tenha voz quando decidirmos entre gastar mais dinheiro agora em algo como um carro melhor, ou economizar mais dinheiro para a aposentadoria.

Colocando o arrependimento antes da decisão

Os filósofos concordam que o arrependimento é uma das emoções mais intensas que sentimos, e discutem se é produtivo ou útil. Para Nietzsche, o remorso era "adicionar um segundo ao primeiro ato de estupidez". Thoreau, por outro lado, elogiou o poder do arrependimento: "Aproveite ao máximo seus arrependimentos; nunca sufoque sua tristeza, mas cuide dela e a acalente até que venha a ter um interesse separado e integral. Arrepender-se profundamente é viver de novo."

A questão não é, propriamente, se o arrependimento é uma emoção improdutiva. Acontece que o arrependimento ocorre após o fato, não antes. Como Nietzsche aponta, o arrependimento nada pode fazer para mudar o que já aconteceu. Nós apenas chafurdamos no remorso por algo sobre o qual já não temos controle. Porém, caso o arrependimento ocorra antes de uma decisão, e não depois, a experiência do arrependimento pode nos levar a mudar uma escolha que provavelmente terá um resultado ruim. Assim, poderíamos adotar a visão de Thoreau e aproveitar o poder do arrependimento para servir a um propósito valioso. Seria útil, então, se pudéssemos fazer o arrependimento viajar no tempo por conta própria, tocando-nos antes de nossas decisões em vez de depois delas. Dessa forma, o arrependimento pode nos impedir de fazer uma aposta ruim. Além disso, não iria, como Nietzsche sugeriu, dar o ar de sua graça mais tarde, fazendo-nos cometer um segundo erro movido a remorso.

O Jerry da Manhã lamentou a decisão do Jerry da Noite de ficar acordado até de madrugada, mas era tarde demais para ele fazer qualquer coisa a respeito. Ao nos deparar com o deficit de poupança para aposentadoria nos EUA, não há dúvida de que muitas das futuras versões aposentadas de nós irão se arrepender das decisões de alocação financeira que nossos eus mais jovens tomaram quando for tarde demais para consertá-las. A imagem de progressão de idade pode resolver esse problema de arrependimento tardio. Ao dar uma olhada em nossa versão da idade para a aposentadoria, temos a chance de sentir algum arrependimento por não termos planejado a aposentadoria de maneira adequada *antes* de fazer planos inadequados. Esse era um dos objetivos do meu limite de perdas no pôquer. Em virtude do acordo de limite de perda que fiz comigo e com meu grupo, pensei na conversa que seria forçada a ter para explicar porque continuei jogando além do meu limite. Isso me deu a chance de me arrepender da decisão antes de comprar mais fichas.

Um dos nossos objetivos de viagem no tempo é criar momentos como esse, nos quais é possível interromper uma decisão de momento e levar algum tempo para considerar a decisão da perspectiva de nosso passado e nosso futuro. Podemos, então, criar uma rotina de hábito em torno dessas interrupções de decisão para encorajar essa tomada de perspectiva, fazendo a nós mesmos um conjunto de perguntas simples no momento da decisão projetada, de modo a envolver nossos eus do futuro e do passado. Isso pode ser feito imaginando como nosso futuro eu provavelmente se sentirá sobre a decisão, ou imaginando como poderíamos nos sentir sobre a decisão hoje se nosso eu do passado a tivesse tomado. As abordagens são complementares; escolher viajar para o passado ou para o futuro depende unicamente de qual abordagem você considera ser a mais eficaz.

A jornalista de negócios e autora Suzy Welch desenvolveu uma ferramenta popular conhecida como 10-10-10 que tem o efeito de trazer nosso eu do futuro para o momento das tomadas de decisão. "Todo processo de 10-10-10 começa com uma pergunta... Quais são as consequências de cada uma das minhas opções em dez minutos? Em dez meses? Em dez anos?" Esse conjunto de perguntas desencadeia uma viagem no tempo mental que serve de indicação para aquela conversa sobre responsabilização (também incentivada por um grupo de decisão que busca a verdade). Podemos aplicar a ferramenta de Welch fazendo as perguntas olhando para o passado: "Como eu me sentiria agora se tivesse tomado essa decisão há dez minutos? Há dez meses? Há dez anos?" Olhando para o passado, ou visualizando o futuro, nos baseamos em nossas experiências anteriores (incluindo decisões semelhantes das quais podemos ter nos arrependido) ao responder às perguntas, recrutando para a decisão as vias cerebrais menos reativas que controlam o funcionamento executivo.

No pôquer, como as decisões são todas tomadas no momento e as consequências são grandes e imediatas, rotinas como 10-10-10 são uma habilidade ligada à sobrevivência. Percebi que, da mesma forma que eu não era a melhor juíza de como estava jogando depois de perder uma certa quantia de dinheiro, também não era a melhor juíza da qualidade do meu pôquer após cerca de seis a oito horas na mesa de jogo. Assim como podemos nos convencer de que estamos sóbrios o bastante para dirigir, é fácil para os jogadores de pôquer se convencerem de que estão alertas o bastante para continuar jogando após muitas horas de trabalho intenso e intelectualmente desgastante. Em meus momentos mais racionais, longe das mesas, sabia que me sentiria seria melhor se jogasse apenas seis a oito horas por sessão. Quando chegava a esse ponto em uma sessão e eu pensava em continuar além desse limite de tempo, usava uma estratégia do tipo 10-10-10 para recrutar meu eu do passado e meu eu do futuro: como me senti quando, no passado, decidi continuar jogando? Como isso geralmente funcionou? Quando olho para trás, sinto que estava jogando o meu melhor? Essa rotina de me fazer essas perguntas ajudou a diminuir o risco de que, naquele momento, enquanto estava perdendo minha vantagem mental, pudesse tentar me convencer de que o jogo era tão bom que eu precisava continuar jogando.

Deslocar o arrependimento para antes de uma decisão tem inúmeros benefícios. Em primeiro lugar, obviamente, isso pode nos influenciar a tomar uma decisão melhor. Em segundo, ajuda a nos tratarmos (independentemente da decisão real) com mais compaixão após o fato. Podemos antecipar e nos preparar para resultados negativos. Ao planejar com antecedência, podemos nos preparar para responder a um resultado negativo, em vez de apenas reagir a ele. É também uma maneira de nos familiarizar com a probabilidade de um resultado negativo e como ele será. Aceitar pacificamente um resultado ruim com antecipação será melhor do que recusar-se a reconhecê-lo, enfrentando-o apenas depois de ter acontecido.

O arrependimento subsequente ao fato pode nos consumir. Tal como todas as emoções, o arrependimento, de início, parece agudo, mas perde intensidade com o tempo. As estratégias de viagem no tempo podem nos ajudar a lembrar que a intensidade do que sentimos agora diminuirá com o passar do tempo. E isso ajuda a mitigar a emoção que sentimos no momento, tornando menos provável que possamos provar que Nietzsche está certo e adicionar um segundo ato de estupidez ao primeiro.

Um pneu furado, o painel e uma lente de aumento

Imagine que você está em uma estreita faixa de concreto no acostamento de uma rodovia. Atrás de você está seu carro, luzes de emergência piscando. O pneu traseiro do lado do motorista está rasgado. Está totalmente escuro e a garoa virou uma chuva forte e fria. Você já ligou duas vezes para o socorro mecânico, e nas duas vezes (após longos períodos de espera) que falou com os atendentes, lhe disseram que alguém chegaria "em breve". Você decide trocar o pneu sozinho, e descobre que não tem macaco. Você está encharcado e com frio.

Como você se sente? Provavelmente, parece o pior momento de sua vida. Você deve estar lamentando seu azar, se perguntando por que essas coisas sempre lhe acontecem. Você está infeliz e não consegue se imaginar sentindo outra coisa.*

Você está se sentido miserável nesse momento. Mas, se o pneu furado tivesse acontecido há um ano, acha que isso afetaria sua felicidade hoje, ou

---

* O professor Ronald Howard, diretor do Centro de Decisões e Ética de Stanford e fundador da análise de decisão, usa inúmeras variações "divertidas" de como o viés de decisão acontece em situações comuns, mas incômodas, como a de um pneu furado. Minha versão favorita é uma em que um sujeito tem um pneu furado na frente de um hospital psiquiátrico. Um dos pacientes observa através da cerca enquanto o motorista, influenciado por ter uma plateia, pisa na tampa do cubo segurando as quatro porcas do pneu que ele removeu, e elas caem no bueiro. Ele fica com raiva, confuso, desamparado. O paciente grita através da cerca: "Por que você não remove uma porca de cada um dos outros três pneus e as coloca no sobressalente?" O motorista diz: "Essa é uma ideia brilhante. O que você está fazendo em um lugar como este?" O paciente responde: "Posso ser louco, mas não sou estúpido."

sua felicidade geral no ano passado? Não é provável. As chances são de que não aumentaria ou diminuiria sua felicidade geral. Provavelmente teria se transformado em uma história engraçada (ou uma história que você tentaria fazer parecer engraçada) para contar aos amigos.

Nas ocasiões em que temos de tomar uma decisão, não somos tão bons em aplicar esse tipo de perspectiva: em acessar o passado e o futuro para ter uma visão melhor de como qualquer momento pode se encaixar no escopo do tempo. O que vale nelas é a sensação de momento, e agimos reativamente a isso. É preciso criar oportunidades para ter uma perspectiva mais larga antes de tomar decisões movidas pelos sentimentos ampliados que temos no momento. Uma estratégia 10-10-10 faz isso, leva-nos a imaginar a decisão ou o resultado nas perspectivas do passado e do futuro.

O pneu furado não é tão horrível quanto parece no momento. A estratégia de viagem no tempo serena as emoções que afloram quando um evento acontece, fazendo com que possamos voltar a usar a parte mais racional do cérebro. Ao recrutar o eu do passado e o eu do futuro dessa forma, ativamos as vias neurais que envolvem o córtex pré-frontal, inibindo a mente emocional e mantendo sobre os eventos uma perspectiva mais racional. Isso nos desencoraja de amplificar o momento presente, exacerbando sua importância e reagindo desproporcionalmente a ele.

Essa superestimação do impacto de qualquer momento específico em nossa felicidade geral equivale, emocionalmente, a observar o vaivém das cotações minuto a minuto na bolsa de valores. Fazemos um investimento de longo prazo em ações porque queremos que ele se valorize ao longo dos anos ou décadas. Entretanto, lá estamos nós, observando a trajetória descendente durante alguns minutos, nos consumindo por imaginar o pior. Qual é o volume? Maior ou menor do que o normal? Melhor dar uma olhada nas notícias e descobrir quais boatos estão circulando.

Uma ação como a da Berkshire Hathaway evidencia por que checar as cotações a todo instante não é uma atividade particularmente produtiva quando você está investindo no longo prazo. Veja este gráfico do desempenho da Berkshire desde 1964:

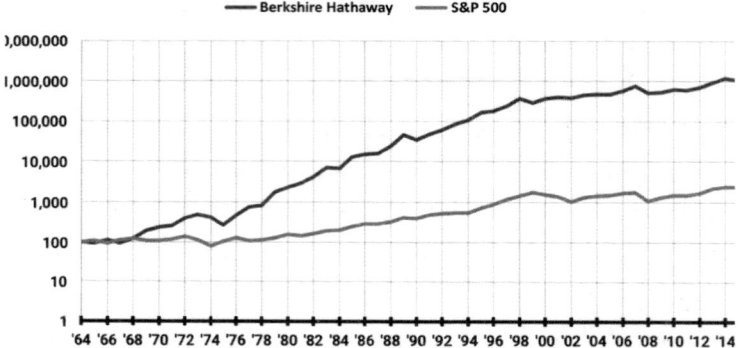

Agora, veja a seguir um gráfico ampliado de um dia aleatório no fim de janeiro de 2017. Os pontos altos e baixos parecem grandes e potencialmente assustadores. Você pode imaginar que está em um ponto baixo por volta das 11h30, sentindo que suas perdas estão aumentando em espiral.

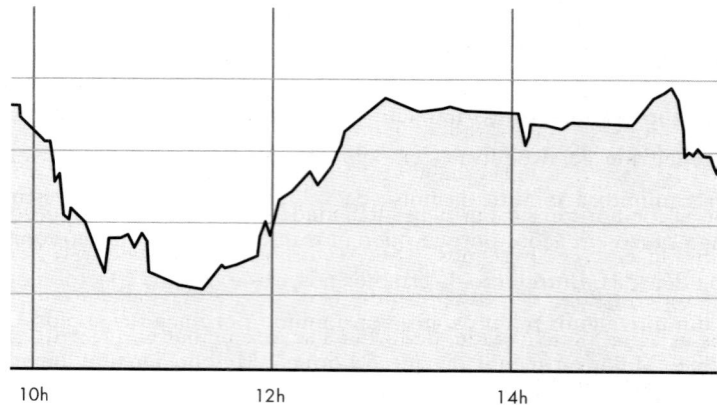

Caso seu recorte do gráfico de desempenho das ações da Berkshire Hathaway abranja a crise bancária de setembro de 2008 a março de 2009, você se sentiria péssimo na maioria dos *dias*:

BERKSHIRE HATHAWAY (SET/2008 a MAR/2009)

No entanto, observando o primeiro gráfico, que nos dá o quadro geral, sabemos que todas essas mudanças de minuto a minuto, e até mesmo dia a dia, tiveram pouco efeito na trajetória ascendente geral do investimento.

Nosso problema é que monitoramos nossa própria vida como se estivéssemos diante do painel de monitoramento das cotações da bolsa. A felicidade (embora a definamos individualmente) não é melhor medida checando o painel, ampliando e exacerbando os movimentos a cada minuto ou a cada dia. Seria melhor pensar em nossa felicidade como uma participação acionária de longo prazo. Faríamos bem em ver nossa felicidade através de uma lente grande angular, em luta por uma tendência longa e sustentável de alta em nossas ações de felicidade, de forma a se assemelhar ao primeiro gráfico da Berkshire Hathaway.

A viagem mental no tempo torna viável esse tipo de perspectiva. Podemos usar nosso eu do passado e nosso eu do futuro para nos tirar do momento presente e nos lembrar quando estamos monitorando o painel, olhando para nossas vidas por meio daquelas lentes de zoom máximo.

Quando vemos esses altos e baixos ao focar o momento com as lentes em zoom, nossas respostas emocionais são, da mesma forma, ampliadas. Como o pneu furado na chuva, somos capazes de tratar coisas cujo efeito em nossa felicidade a longo prazo é muito pouco, como tendo um impacto significativo. Nossa tomada de decisão torna-se reativa, centrada em descarregar emoções negativas ou sustentar emoções positivas da última mudança no status quo. Podemos ver como isso pode resultar em viés de confirmação: obter resultados para descarregar as emoções negativas que sentimos no momento de um resultado ruim, culpando-as pela sorte, e sustentando as emoções positivas decorrentes de bons resultados assumindo o crédito por elas. As decisões movidas pelas emoções do momento podem se tornar uma profecia autorrealizável, degradando a qualidade das apostas que fazemos, aumentando a chance de resultados ruins e tornando as coisas piores.

"Tá, mas o que você fez por mim ultimamente?"

Monitorar o painel não fica apenas no exacerbamento do que aconteceu no passado muito recente: isso também distorce nossa visão. Para entender o elemento adicional de distorção, o cassino é um ótimo lugar de referência.

Imagine que você vai a um cassino para uma noite de "21" com seus amigos. Na primeira meia hora, você consegue uma sequência de vitórias e ganha US$1 mil. O jogo continua porque você e seus amigos estão se divertindo muito. Ao longo da próxima hora e meia, parece que você nunca ganha uma mão. Você perde os US$1 mil que tinha ganhado e fica no zero a zero durante a noite. Como está se sentindo em relação a isso?

Agora imagine que você perde US$1 mil na primeira meia hora e fica jogando com seus amigos porque eles estão se divertindo muito. Na hora e meia seguinte tem uma sequência de vitórias que anula a perda inicial, e termina a noite no empate. Como está se sentindo em relação a isso?

Acho que você está muito triste e cabisbaixo por começar com uma grande vitória e no final apenas empatar. No segundo exemplo, você provavelmente está muito feliz e as bebidas são por sua conta. Embora trilhando um caminho diferente para chegar lá, em ambos os casos você não ganhou ou perdeu um centavo após as duas horas de jogo. Mas em um caso você está muito triste com o resultado e no outro muito feliz.

Como se costuma dizer no mundo dos infomerciais: "Mas, espere! Tem mais!"

Imagine que você levantou os mesmos US$1 mil na primeira meia hora, mas durante a próxima hora e meia não consegue ganhar uma mão sequer e perde US$900, terminando a noite com um ganho de US$100. Como você se sente? Agora imagine que perdeu os mesmos US$1 mil na primeira meia hora, mas depois engatou uma série de vitórias e terminou a noite com apenas US$100 de perda. Como você se sente? Provavelmente, está muito chateado por ter ganhado aqueles US$100, mas ainda compra bebidas para todos pois se recuperou daquele terrível começo e perdeu apenas US$100. Então você está triste por ter ganhado US$100 e feliz por ter perdido US$100.

A maneira como sentimos os resultados depende do caminho. Não importa tanto onde, mas como chegamos até lá. O que aconteceu no passado recente excita nossa resposta emocional muito mais do que o costumeiro. É assim que podemos ganhar US$100 e ficar tristes e perder US$100 e ficar contentes. A lente de aumento não só amplia como distorce. Trata-se de uma verdade, quer estejamos em um cassino, tomando decisões de investimento, em um relacionamento, ou na beira da estrada com um pneu furado. Se na semana passada obtivemos uma grande promoção, e agora temos um pneu furado, estaremos amaldiçoando nossas vidas, reclamando da má sorte. Nossos sentimentos não são uma reação à média de como as coisas estão indo. Ficamos tristes se estamos empatando (ou ganhando) com um investimento que outrora costumava ser mais lucrativo. Nos relacionamentos, até mesmo pequenos desacordos parecem grandes na hora em que acontecem. O problema em todas essas situações (e em inúmeras outras) é que nossas emoções de momento afetam a qualidade das decisões que tomamos nesses momentos, e estamos muito propensos a tomar decisões quando não estamos emocionalmente preparados para isso.

Agora imagine que você tivesse ido para aquela noite de "21" há um ano. Quando você pensa nos resultados como tendo acontecido no passado distante, é provável que sua caracterização dos resultados se inverta, ocupando um lugar mais racional. Você agora está mais feliz com ganhar US$100 do que perder US$100. Ao nos afastarmos do momento por meio de exercícios de viagem no tempo, podemos ver essas coisas em seu próprio tamanho, livres da distorção causada pelo fato de o painel mostrar apenas a movimentação para cima ou para baixo.

No pôquer, esse é um desafio recorrente. Ainda que o placar em movimento tenha a vantagem de lembrar aos jogadores que todas as suas decisões têm consequências, também apresenta uma desvantagem. O placar, como um painel de cotações da bolsa, reflete as mudanças mais recentes, levando ao risco de os jogadores se restringirem ao que acontece no painel e responderem emocional e desproporcionalmente às flutuações momentâneas. Os jogadores de pôquer refletem bastante sobre essa questão.

Tilt

Os surfistas têm mais de vinte nomes para descrever diferentes tipos de ondas. A razão é que o tipo de onda, de que modo ela quebra, de onde vem, altura etc. criam diferentes desafios para os praticantes. Existem as *closeouts* ["fechadeiras", na gíria brasileira] — ondas que quebram todas de uma vez — *double-ups* (um tipo de onda criada quando duas ondas se encontram para formar uma onda) e *reforms* (uma onda que se quebra, depois morre e quebra novamente). Os não surfistas chamam todas elas de "ondas". Em raras ocasiões, quando nós, não surfistas, precisamos ser mais específicos, apenas adicionamos um monte de palavras extras. Essas palavras extras não nos custam muito porque não surgem com muita frequência, isso quando surgem. Porém, para as pessoas envolvidas em atividades especializadas, vale a pena ser capaz de comunicar um conceito complexo em uma única palavra, o que os leigos precisariam de longas frases para transmitir. Ter um vocabulário preciso e com nuances é a razão de ser do jargão. É por isso que os carpinteiros têm pelo menos uma dúzia de nomes para diferentes tipos de pregos e, no campo da neuro-oncologia, existem mais de 120 tipos de tumores cerebrais e do sistema nervoso central.

Por ser corriqueiro que jogadores de pôquer se vejam às voltas com a necessidade de manter as flutuações do momento em perspectiva, seu jargão inclui uma variedade de termos para o conceito de que "resultados ruins podem impactar suas emoções de modo a comprometer sua tomada de decisão no futuro, levando-os a deixar de lado a racionalidade e arcar com grande carga emocional, o que provavelmente resultará em mais resultados ruins que terão um impacto negativo em sua tomada de decisão daí para frente, e assim por diante". O mais comum é o tilt ["pane", em tradução livre]. Trata-se do pior inimigo do jogador de pôquer, e a palavra imediatamente comunica a outros jogadores de pôquer que você foi emocionalmente perturbado em sua tomada de decisão devido a como as coisas aconteceram.* Se em algum evento recente você perdeu o controle de forma explosiva, você está em tilt.

O conceito de tilt é oriundo das máquinas de fliperama tradicionais. Para evitar que os jogadores danificassem as máquinas levantando-as para mudar o curso da bola, os fabricantes colocaram sensores internos que desativavam a máquina caso ela fosse sacudida violentamente. As alavancas paravam de funcionar, as luzes se apagavam e a palavra "tilt" piscava em vários lugares da máquina. A origem do tilt é adequada porque o que está acontecendo conosco em momentos de tilt é como uma pane na máquina cerebral causada por um abalo emocional. Quando o centro regulador das emoções do cérebro começa a sofrer um estresse, o sistema límbico (especificamente a amígdala) desliga o córtex pré-frontal. Há então em nós uma espécie de curto-circuito que desliga o disjuntor de nosso centro de controle cognitivo.

Existem sinais emocionais e fisiológicos de tilt. No pôquer, você pode ouvir um jogador em tilt estando várias mesas distante. As mãos vão sendo jogadas e, de tempos em tempos, você ouve uma voz aumentando de tom revelando incredulidade: "Sério? De novo?" ou "Não sei por que estou jogando. Seria melhor entregar todo meu dinheiro". (Imagine a fala exasperada e os muitos palavrões.) Junto com essas dicas verbais, há sinais

---

* O tilt não resulta apenas de resultados ruins, embora esse seja o mais provável. Os jogadores de pôquer também falam sobre o tilt do vencedor, quando uma série de bons resultados distorce a tomada de decisão, particularmente fazendo com que um jogador jogue como se sua taxa de vitórias não fosse uma flutuação momentânea da média, mas que continuará recorrente no futuro. Na sensação de euforia e no momento de um grande aumento, os vencedores podem tomar decisões irracionais no jogo ou superestimar seu nível de habilidade e realização, comprometendo-se a jogar por apostas mais altas.

fisiológicos de tilt. Podemos sentir nossas bochechas corarem e o coração disparar. E nossa respiração fica descompassada.

O tilt, é claro, não se limita ao pôquer. Qualquer tipo de resultado tem o potencial de provocar uma reação emocional. Podemos ser tentados a tomar uma decisão reativa e emocional ao nos desentendermos com um parceiro de relacionamento, ou em virtude do mau serviço em um restaurante, ou um comentário no local de trabalho, ou por concluir uma venda que acaba sendo cancelada, ou ter uma ideia rejeitada, e por aí vai. Todos nós já tivemos essa experiência em nossas vidas pessoais e profissionais: reagir desproporcionalmente mal a um evento desagradável em decorrência de um descontrole reativo emocional.

Aquele painel de monitoramento emite esses sinais verbais e fisiológicos que nos permitem reconhecer com antecedência que estamos entrando em tilt, e graças a isso podemos, nesses momentos, nos comprometer a desenvolver certas rotinas de hábitos. Podemos nos comprometer a fugir da situação quando sentirmos os sinais de tilt, seja uma briga com o cônjuge ou filho, o agravamento de uma disputa no trabalho ou uma perda na mesa de pôquer. Podemos parar para tomar um fôlego e ganhar um pouco de tempo até nos acalmar e ter alguma perspectiva, reconhecendo que quando estamos em tilt *não somos bons tomadores de decisão*. Aforismos como "respire fundo dez vezes" e "por que você não dá um tempo?" capturam esse desejo de evitar decisões durante um tilt. Podemos nos comprometer a nos fazer as perguntas de 10-10-10 ou coisas como: "O que aconteceu comigo no passado, quando me senti assim?" ou "Será que ficar desse jeito enquanto estou tomando decisões vai me ajudar?". Ou, ainda, podemos ganhar perspectiva perguntando como ou se isso terá um efeito real em nossa felicidade no longo prazo.

Se você faz parte de um grupo de busca da verdade, ele pode incorporar perguntas destinadas a farejar o tilt e reduzir o número de decisões que executamos quando movidos por ele. Podemos instituir um monitoramento do painel quando avaliamos as decisões uns dos outros, incluindo a pergunta mais óbvia: "Você acha que talvez esteja/esteve em tilt?" E podemos dar sequência com perguntas sobre viagens no tempo, como: "Você acha que isso realmente fará diferença no longo prazo?" Se fizermos ser um componente da discussão o conceito de tilt e seu impacto negativo na qualidade da decisão, isso criará responsabilização em torno do tilt para o grupo. Ignorar os sinais de tomada de decisão emocional aumenta a perspectiva de ter que responder por ela. Por sua vez, isso nos trará um reforço positivo do grupo por reconhecer os sinais de tilt e evitar a tomada de decisão sob tal estado. Além disso, também alimenta bons hábitos mentais que nos possibilitam executar esses processos por conta própria, agindo como nosso próprio parceiro de decisão.

No início de minha carreira no pôquer, ouvi um aforismo de algumas das lendas da profissão: "É apenas um longo jogo de pôquer." Trata-se de um lembrete para adotar uma visão de longo prazo, especialmente quando algo mais relevante aconteceu na última meia hora, ou na mão anterior — ou quando temos um pneu furado. Após termos aprendido maneiras específicas de recrutar versões passadas e futuras de nós que nos lembrem disso, podemos manter os altos e baixos mais recentes em sua perspectiva adequada. Quando temos uma visão de longo prazo, nossa forma de pensar é mais racional.

Os Pactos de Ulisses: viagem no tempo para se comprometer antecipadamente

O viajante mais famoso da antiguidade, o herói homérico Odisseu, também era um viajante do tempo mental. Uma das lendárias provas em sua jornada para casa envolveu a Ilha das Sereias. Quando um navio passava ao largo da ilha, cercada de paredões de rochas, os marinheiros ficavam tão fascinados com o canto das sereias que levavam a embarcação de encontro aos rochedos, e a violência do choque espatifava as embarcações e os levava à morte. Ciente do destino que se abatia sobre qualquer marinheiro que ouvia a canção, Odisseu disse à sua tripulação que, ao se aproximarem da ilha, tapassem seus ouvidos com cera de abelha e o amarrassem no mastro pelas mãos. Eles poderiam, então, navegar com segurança, sem serem afetados pelo canto que não podiam ouvir, enquanto ele ouviria a música das sereias sem colocar o navio em perigo.

O plano funcionou perfeitamente. Essa ação — nosso eu do passado impedindo o eu do presente de fazer algo estúpido — tornou-se conhecida como o Pacto de Ulisses. (A maioria das traduções de Homero usa o antigo nome grego do herói, Odisseu. A estratégia de viagem no tempo usa o antigo nome romano do herói, Ulisses.)

É a interação perfeita entre os eus do passado, do presente e do futuro. Ulisses reconheceu que seu futuro eu (e os de sua tripulação) ficaria fascinado pelas sereias e o faria impelir a nau para as rochas. Então fez sua tripulação tapar seus ouvidos com cera e amarrar suas mãos ao mastro, literalmente amarrando seu futuro a um comportamento melhor. Um dos exemplos mais simples desse tipo de pacto é o sistema de carona compartilhada quando você vai a um bar. Uma versão sua do passado, prevendo que você poderia decidir irracionalmente sobre sua capacidade de dirigir, tirou as chaves do carro de suas mãos ao "amarrá-las" à carona compartilhada.

Tal como o original, a maioria das ilustrações dos pactos de Ulisses envolve *levantar* uma barreira contra a irracionalidade. Contudo, esses tipos de pactos de compromisso antecipado também podem ser projetados para reduzir as barreiras que interferem nas atitudes racionais. Por exemplo, se estamos tentando nos alimentar de maneira mais saudável, um elemento de decisão irracional pode ser identificado quando vamos ao shopping com alguém, concordamos em encontrá-lo em algumas horas e passamos o tempo ocioso na praça de alimentação. Um pacto de Ulisses *indutor* de barreiras pode ser não ir ao shopping ou planejar nosso tempo com rigor, de modo a ter tempo suficiente para cumprir o objetivo pretendido. Um pacto de *redução* de barreiras seria comprometer-se previamente a levar lanches saudáveis na bolsa, para poder aumentar a probabilidade, se estivermos em uma situação de espera como aquela e queiramos nos alimentar, de que possamos fazer uma escolha melhor, já que reduzimos muito o esforço necessário para pegar um lanche mais saudável.

Os pactos de Ulisses variam em termos de quanto suas mãos estão amarradas, desde impedir fisicamente de agir em função de uma decisão até a apenas se comprometer antecipadamente com certas ações sem quaisquer barreiras, exceto a do próprio compromisso. Seja qual for o nível de vinculação, os pactos de compromisso antecipado ocasionam uma interrupção do ato de decidir. No instante em que consideramos desistir do pacto, quando queremos cortar o vínculo, é muito mais provável que paremos para refletir.

Quando você está fisicamente proibido de decidir, é interrompido no sentido de que está impedido de agir por impulso irracional; simplesmente não há opção. A viagem no tempo é feita na base da força bruta. O Ulisses do passado interrompeu a decisão do Ulisses do presente tirando-a, literalmente, de suas mãos.

Na maioria das situações, não dá para assumir um compromisso antecipado 100% à prova de violação. Os obstáculos não são necessariamente desafiadores, no entanto, criam uma interrupção de decisão que pode nos levar a fazer a pequena viagem no tempo necessária para reduzir a emoção e encorajar a perspectiva e a racionalidade na decisão. Um advogado em meio a uma negociação de acordo entre as partes pode fazer um pré-compromisso, com o cliente ou outros advogados de sua equipe, quanto ao valor mais baixo que eles aceitariam em um acordo (ou o valor mais alto que concordariam em pagar para encerrar a questão). Quem vai comprar uma casa, compreendendo que no momento pode estar emocionalmente apegado a ela, pode comprometer antecipadamente seu orçamento. Após decidir sobre a casa que deseja comprar, ele pode decidir com antecedência qual o valor máximo que estaria disposto a desembolsar, para não ser pego de surpresa na hora do fechamento do negócio.

Jogar fora todos os alimentos não saudáveis em casa torna impossível para nosso eu da meia-noite facilmente, e sem pensar, dar conta de meio litro de sorvete. Mas, enquanto tivermos um carro ou serviço de entrega, esse tipo de alimento ainda estará ao alcance em algum lugar. Só é preciso muito mais esforço para obtê-lo. Dá-se o mesmo se pedirmos ao garçom que não coloque a cesta de pão na mesa do restaurante. Ainda podemos, claro, conseguir pão, mas agora precisamos pedir ao garçom. Na verdade, até mesmo Ulisses teve que contar com sua tripulação para ignorá-lo se, ao ouvir o canto das sereias, ele ordenasse que o libertassem.

Os pactos de Ulisses podem nos ajudar de várias maneiras a sermos investidores mais racionais. Quando configuramos uma alocação automática do nosso salário para uma conta de aposentadoria, fazemos um pacto de Ulisses. Poderíamos, certamente, nos dar ao trabalho de mudar a alocação, mas o fato de já tê-la configurado proporciona ao nosso estabelecimento de metas, o Sistema 2, uma chance de nos comprometermos com o que sabemos ser o melhor para nosso futuro no longo prazo. E, se quisermos mudar a alocação, teremos que tomar algumas medidas específicas, o que acaba criando uma interrupção de decisão.

É esse o procedimento dos consultores de investimento quando determinam com antecedência, conforme discutem os objetivos do cliente, as condições sob as quais eles comprariam, venderiam, manteriam ou aumentariam suas posições em determinados investimentos mobiliários. Se o cliente, mais adiante, em função do momento, quiser tomar uma decisão emocional (envolvendo, por exemplo, um aumento ou queda repentina da cotação de alguma ação de seu portfólio), o consultor pode lembrá-lo da conversa anterior e do acordo.

Em todos esses exemplos, o pré-compromisso ou a decisão precedente não amarram completamente nossas mãos ao mastro. Uma decisão emocional, reativa e irracional ainda é fisicamente possível (embora, em vários níveis, mais difícil). Pré-compromissos, entretanto, permitem parar e pensar por um momento antes de agir, dando uma oportunidade de acionar o pensamento deliberativo. Isso sempre impedirá uma decisão emocional e irracional? Não. Às vezes ainda decidiremos de forma reflexiva ou estúpida? Sem dúvida. Mas isso acontecerá com menos frequência.

O pote das decisões

O conceito do pote de palavrões é bem conhecido: se alguém solta um, põe uma moeda dentro dele. A ideia é que isso deixará as pessoas mais atentas aos palavrões, reduzindo o número deles em sua fala. Um "pote de decisão" é um tipo simples de pacto de pré-compromisso passível de ser aplicado a muitos dos conceitos-chave deste livro. No caso do pote de decisões, identificamos a linguagem e os padrões de pensamento que sinalizam que estamos nos desviando de nosso objetivo de busca da verdade. Ao nos pegarmos usando certas palavras ou sucumbindo aos padrões de pensamento que estamos tentando evitar por saber que indicam irracionalidade, pode ser criado um momento de parar e pensar. Pense nisso como uma forma de implementar a responsabilização.

Há vários padrões de irracionalidade na maneira como incorporamos crenças e resultados obtidos. A partir deles, podemos nos comprometer a vigiar palavras, frases e pensamentos que indicam que podemos não estar "vestindo" o nosso eu mais racional. A lista desses sinais de alerta será específica para você (ou para sua família, amigos ou empresa), mas eis aqui um exemplo da espécie de coisas que podem desencadear uma interrupção de decisão:

- Sinais da ilusão de certeza: "Eu sei", "Tenho certeza", "Eu sabia", "Sempre acontece assim", "Tenho certeza", "Você está 100% errado", "Você não sabe do que está falando", "Não tem como isso ser verdade", "0% "ou" 100%" ou equivalentes, e outros termos que sinalizam nossa presunção de total conhecimento. Isso também inclui palavras que denotam as coisas como sendo absolutas — "melhor" ou "pior" e "sempre" ou "nunca", por exemplo.

- Excesso de confiança: termos similares aos da ilusão de certeza.

- Resultado tido como irracional: "Não acredito no azar que tive", ou o contrário, se tivermos alguma frase-padrão para dar o crédito a si mesmo, como "Estou no auge absoluto do meu jogo" ou "Meu plano foi perfeito". Isso inclui conclusões de sorte, habilidade, culpa ou autocrédito. Inclui termos equivalentes para os resultados tidos como irracionais de outros, como "Eles totalmente mereceram isso", "Eles mesmos se causaram isso" e "Por que eles sempre têm tanta sorte?".

- Qualquer tipo de lamento ou queixume de ter azar apenas para se aliviar, sem nenhum objetivo real para o que acontece a não ser atrair simpatia (uma exceção seria quando estamos em um grupo de busca da verdade e deixamos claro que estamos dando uma pausa para desabafar).

- Caracterizações generalizadas de pessoas para rejeitar as ideias delas: insultos, adjetivações pejorativas, como "idiota" ou, no pôquer, "burro". Ou qualquer frase que comece descrevendo alguém como "outro típico"_____. (Como David Letterman disse a Lauren Conrad, ele considerava todos ao seu redor como idiotas, até que um dia acionou a mente deliberada e perguntou: "Quais são as chances de que *todos* sejam idiotas?").

- Outras violações da norma Mertoniana de universalismo, destruindo a mensagem porque não pensamos muito no mensageiro. Qualquer termo abrangente sobre alguém, em particular quando equiparamos nossa avaliação de *uma ideia* com a personalidade ou avaliação intelectual da pessoa que apresenta a ideia, como "maluco por armas", "ativista de coração mole", "coisa da elite", "fundamentalista", "radical" — questões políticas ou sociais. Também é conveniente ficar atento ao contrário: aceitar uma mensagem por causa do mensageiro ou elogiar uma fonte logo após descobrir que ela confirma seu pensamento.

- Sinais de que aumentamos o zoom em um momento, desproporcionalmente ao escopo do tempo: "o pior dia da minha vida", "um dia infernal".

- Expressões que indicam explicitamente o raciocínio motivado, aceitando ou rejeitando informações sem muitas evidências, como "sabedoria convencional" ou "pode perguntar a qualquer um" ou "você pode provar que não é verdade?". Da mesma forma, procure expressões que lhe indiquem sua participação em uma câmara de eco, como "todos concordam comigo".

- A palavra "errado", que merece ter seu próprio pote de palavrões. A norma Mertoniana do ceticismo organizado dá pouca margem para a discussão exploratória da palavra "errado". "Errado" é uma conclusão, não um apanhado de razões lógicas. E não é uma conclusão particularmente precisa, pois, como sabemos, quase nada é 100% ou 0%. Quaisquer palavras ou pensamentos que neguem a existência de incerteza devem ser um sinal de que estamos a caminho de tomar uma decisão mal elaborada.

- Falta de autocompaixão — se vamos fazer uma autocrítica, o foco deve estar na lição e em como calibrar as decisões futuras. "Eu sou o pior juiz de relacionamentos" ou "Eu deveria saber" ou "Como pude ser tão estúpido?".

- Sinais de que estamos sendo editores excessivamente generosos quando compartilhamos uma história. Especialmente em nosso grupo de busca da verdade, estamos evitando compartilhar os fatos para enfatizar nossa versão? Mesmo fora do nosso grupo, a menos que estejamos compartilhando uma história puramente para entretenimento, estamos querendo garantir que nosso ouvinte concordará conosco? Em geral, estamos violando a norma Mertoniana da comunidade?

- Infectar nossos ouvintes com um conflito de interesses, entre os quais nossa própria conclusão ou crença ao pedir conselhos ou informar o ouvinte sobre o resultado antes de obter sua opinião.

- Termos que desestimulam o envolvimento de outras pessoas e suas opiniões, inclusive expressões de certeza e também frases iniciais inconsistentes com a ótima lição da improvisação — "sim, e...". Isso inclui obter opiniões ou informações de outras pessoas e começar com "não" ou "mas...".

Essa não é, de jeito nenhum, uma lista completa, mas exemplifica os tipos de declarações e pensamentos aos quais devemos estar vigilantes.

Uma vez tendo reconhecido que é necessário estar atentos a determinadas palavras, frases e pensamentos, quando nos pegamos dizendo ou pensando essas coisas, estamos quebrando um pacto, um compromisso com a busca da verdade. Esses termos são sinais de que estamos nos rendendo aos vieses. Porque, se estivermos cortando as amarras quando nos pegamos dizendo ou pensando essas coisas, isso pode provocar um momento de reflexão, nos interrompendo. Uma situação assim pode nos lembrar por que nos demos ao trabalho de listar termos que sinalizam potenciais armadilhas de decisão.

O pote de decisões é um exemplo simples de um pacto de Ulisses em ação: nós pensamos em um perigo em nosso futuro decorrente de uma tomada de decisão e elaboramos um plano de ação em torno disso, ou pelo menos nos comprometemos a parar um instante para reconhecer que estamos nos desviando da busca da verdade. Melhores pactos de pré-compromisso resultam de uma melhor antecipação de como o futuro pode ser, que tipos de decisões queremos evitar e quais queremos promover. Esse reconhecimento requer muita ponderação.

Reconhecimento: mapeando o futuro

A Operação Overlord, a operação das forças aliadas para retomar a França ocupada pelos alemães começando na Normandia, foi a maior invasão marítima da história militar. Envolveu planejamento e logística em escala sem precedentes. E se as forças se atrasassem em função do mau tempo? E se os contingentes aerotransportados tivessem dificuldade em pousar devido ao terreno caso houvesse problemas para se comunicar por rádio? O que aconteceria se um número significativo de paraquedistas saísse do curso? E se as correntes marítimas interferissem no desembarque nas praias? E se as forças nas diferentes praias ficassem separadas umas das outras? Inúmeras coisas podem dar errado, com dezenas de milhares de vidas em jogo e, potencialmente, o resultado da guerra.

Todas essas coisas *deram* errado, além de muitos outros desafios encontrados no Dia D e logo em seguida. Os desembarques na Normandia ainda tiveram sucesso porque houve preparação para tantos cenários potenciais quanto possível. O reconhecimento faz parte do planejamento militar avançado desde que cavalos são usados em batalha. Os militares modernos, é claro, evoluíram do envio de batedores a cavalo para averiguação, até aviões, drones, satélites e outros equipamentos de alta tecnologia, reunindo informações sobre o que esperar na batalha.

A equipe SEAL da Marinha dos EUA que encontrou e matou Osama bin Laden não teria entrado no complexo do terrorista sem saber o que encontraria lá dentro. Que edifícios havia ali? Como fora projetado e qual era seu propósito? Haveria alguma diferença em conduzir a operação em horários ou climas diversos? Quem estaria presente e quais os riscos que representariam? O que a equipe faria se Bin Laden não estivesse no local? Com o que a equipe estava tentando se comprometer, considerando o que sabia sobre cada uma dessas coisas (e, claro, várias outras)? Assim como eles dependiam de reconhecimento, não devemos planejar o futuro sem analisar antecipadamente a diversidade de cenários que podem resultar de qualquer decisão e as chances desses futuros ocorrerem.

Para que nossas decisões sejam as melhores, torna-se necessário realizar um reconhecimento do futuro. Uma decisão é uma aposta em um futuro específico com base em nossas crenças, sendo assim, antes de fazermos uma aposta, é preciso levar em consideração detalhes sobre como seriam esses eventuais futuros. Qualquer decisão pode desencadear um conjunto de resultados possíveis.

APOSTAR NO FUTURO

CRENÇA ⟶ APOSTA ⟶ (CONJUNTO DE RESULTADOS)

Pensar sobre quais futuros estão contidos nesse conjunto (o que fazemos reunindo as memórias de uma forma inovadora para imaginar como as coisas podem acontecer) nos ajuda a descobrir quais decisões tomar.

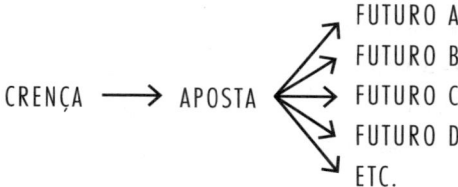

Descubra as possibilidades e, em seguida, estime as probabilidades. Para começar, imaginamos a série de futuros potenciais, o que é conhecido como planejamento de cenário. Nate Silver, que reúne e interpreta os dados sob o ponto de vista do melhor uso estratégico deles, adota com frequência uma abordagem de planejamento de cenários. No lugar de usar os informes para chegar a uma conclusão específica, ele às vezes prefere discutir todos os cenários que os dados *poderiam* suportar. No início de fevereiro de 2017, ele descreveu os méritos do planejamento de cenários: "Quando se deparam com condições altamente incertas, as unidades militares e grandes corporações às vezes usam um exercício chamado planejamento de cenários. A ideia é considerar uma ampla gama de possibilidades de como o futuro pode se desdobrar para ajudar a orientar o planejamento e a preparação de longo prazo."

Após identificar tantos resultados quanto for possível, precisamos dar nosso melhor palpite sobre a probabilidade de cada um deles ocorrer. Em meu trabalho de consultoria, quando falo às empresas sobre a construção de árvores de decisão e determinação de probabilidades de diferentes futuros, as pessoas frequentemente resistem a ter que fazer uma estimativa sobre a chance de efetivação de eventos futuros, principalmente porque alegam não ter certeza de qual é a probabilidade de qualquer cenário. Mas é essa a questão.

A razão pela qual fazemos o reconhecimento é *porque* não temos certeza. Não sabemos (e provavelmente não podemos saber) com exatidão com que frequência as coisas terminarão de uma certa maneira. Não se trata de abordar nossas previsões futuras a partir da perfeição. Trata-se de reconhecer que já estamos fazendo uma previsão sobre o futuro toda vez que tomamos uma decisão; então estaremos melhor servidos se deixarmos isso explícito. Ao nos preocuparmos em adivinhar, *já* estamos adivinhando. Já estamos pressupondo que a decisão que tomarmos resultará na maior probabilidade de um bom resultado, dadas as opções disponíveis. Quando ao menos tentamos atribuir probabilidades, naturalmente nos afastamos do padrão de 0% ou 100%, distante de ter certeza de que acontecerá deste ou daquele jeito. Seja o que for que nos afaste desses extremos será uma avaliação mais razoável do que nem tentar. Ainda que nossa avaliação resulte em uma ampla faixa, como as chances de um determinado cenário ocorrer entre 20% e 80%, isso continua sendo melhor do que não adivinhar.

Os jogadores de pôquer experientes estão muito familiarizados com esse tipo de reconhecimento do futuro. Antes de fazer uma aposta, eles consideram cada uma das respostas possíveis de seus oponentes (desistir, pagar para ver, aumentar) e a probabilidade e conveniência de cada uma. Eles pensam também no que farão em seguida (se alguns ou todos os oponentes não desistirem). Até para quem não sabe muito sobre pôquer, faz sentido que é melhor para um jogador considerar essas coisas *antes* de apostar. Quanto mais experiente ele for, mais longe planejará. Antes de tomar a decisão de apostar, o jogador especialista está antecipando o que fará após cada resposta, bem como a forma como agir agora afetará suas decisões futuras na mão. Os melhores jogadores pensam, além da mão atual, nas subsequentes: como as ações desta mão afetam como eles e seus oponentes tomam decisões nas mãos supervenientes? Os jogadores de pôquer realmente vivem no mundo probabilístico: "Quais são os futuros possíveis? Quais são as chances desses futuros possíveis?" E eles ficam muito confortáveis com o fato de que não sabem com precisão porque não podem ver as cartas de seus oponentes.

Isso se aplica para a maioria do pensamento estratégico. Nas estratégias relacionadas a vendas, negócios ou tribunais, os melhores estrategistas levam em conta a mais ampla gama de cenários possível, antecipando e considerando as respostas estratégicas para cada um, e assim por diante na árvore de decisão.

Esse tipo de planejamento de cenário é uma forma de viagem mental no tempo que podemos fazer por nossa conta. Funciona ainda melhor quando feita como parte de um grupo de planejamento de cenários, especialmente um que tenha a mente aberta para divergências e diversidade de pontos de vista. A multiplicidade de pontos de vista permite a identificação de uma variedade mais ampla e aprofundada de cenários alternativos e para estimativas mais apuradas de suas chances de efetivação. Na verdade, se duas pessoas no grupo estão realmente distantes de uma estimativa da probabilidade de um resultado, eis aí uma excelente ocasião para fazer com que troquem de lado e discutam a posição do outro. A resposta, de modo geral, está em algum lugar no meio e ambas as pessoas acabarão moderando suas posições.

Às vezes uma pessoa pensa em um fator-chave de influência que escapou à outra, e isso é revelado apenas porque a dissidência foi tolerada.

Além de aprimorar a qualidade da decisão, elencar diversos futuros traz vários benefícios extras. Primeiro, o planejamento de cenários nos lembra que o futuro é inerentemente incerto. Ao tornar isso explícito em nosso processo de tomada de decisão, temos uma visão mais realista do mundo. Em segundo lugar, estamos mais bem preparados para saber como vamos responder aos diferentes resultados que podem advir de nossa decisão inicial. Em vez de sermos reativos, podemos antecipar desenvolvimentos positivos ou negativos e planejar nossa estratégia. Ser capaz de responder às mudanças no futuro é uma coisa boa; ficar surpreso com elas, não. O planejamento de cenários nos torna mais desenvoltos porque consideramos e estamos preparados para uma variedade maior de futuros possíveis. E, se nosso reconhecimento identificou situações em que somos suscetíveis à irracionalidade, podemos tentar amarrar nossas mãos com um pacto de Ulisses. Terceiro, prever a gama de resultados também nos previne do arrependimento improdutivo (ou euforia imerecida) quando um futuro específico acontecer. Finalmente, ao mapear os futuros e as probabilidades potenciais, é menor a chance de cairmos no viés de resultado ou no viés retrospectivo, nos quais depreciamos os futuros que não ocorreram e nos comportamos como se aquele que ocorreu tivesse sido inevitável, porque nós listamos todos os futuros possíveis que poderiam ter acontecido.

Planejando cenários na prática

Há alguns anos, em uma consultoria para a After-School All-Stars (ASAS), uma organização sem fins lucrativos de âmbito nacional, trabalhei com eles na incorporação do planejamento de cenários em seus orçamentos.* A ASAS, fundada em 1992 por Arnold Schwarzenegger, oferece três horas de programação estruturada, após o horário escolar normal, para mais de 70 mil jovens carentes em 18 cidades dos Estados Unidos. O programa depende muito de bolsas de estudo e o planejamento orçamentário é dificultado em virtude da incerteza da disponibilidade de verbas. Para ajudá-los com o planejamento, pedi uma lista dos seus pedidos de bolsas de maior relevância ainda pendentes com o valor de cada uma. Eu lhes disse que não via esse dado nas informações fornecidas, e eles me indicaram a coluna dos valores das bolsas solicitadas. Nesse ponto, percebi que estávamos trabalhando com ideias diferentes sobre como determinar o valor. O mal-entendido veio da desconexão entre o *valor esperado* de cada concessão de bolsa e o valor que receberiam *se de fato a recebessem.***

Chegar ao valor esperado de cada bolsa envolve uma forma simples de planejamento de cenário: imaginar os dois futuros possíveis que poderiam resultar da solicitação (concedida ou recusada) e a probabilidade de cada um. Por exemplo, se eles se candidatassem a uma bolsa de US$100 mil e ganhassem 25% das vezes, o valor esperado seria de US$25 mil (US$100 mil × 0,25). Se eles esperavam conseguir a bolsa 1/4 das vezes, então o valor não seria US$100 mil, mas 1/4 de US$100 mil. Uma solicitação de US$200 mil com 10% de chance de sucesso teria um valor esperado de US$20 mil. Um subsídio de US$50 mil com 70% de chance de sucesso valeria US$35 mil. Sem pensar de forma probabilística, não é possível determinar o valor de uma bolsa: não agir assim leva à crença equivocada de que a bolsa vale US$200 mil quando, na verdade, vale US$50 mil. A ASAS reconhecia que

---

* Entrei para o Conselho de Administração da ASAS em 2009. A consultoria fez parte do meu trabalho como membro do conselho.

** Eu estava pedindo a ele que calculassem o valor esperado para cada bolsa, o que corresponde ao valor médio de longo prazo, que por sua vez é calculado multiplicando a probabilidade de cada resultado possível pela probabilidade de cada resultado ocorrer e utilizando a somatória desses valores.

a incerteza estava causando problemas (a ponto de se sentirem escravizados por ela em seus orçamentos), mas eles não envolveram a incerteza no processo de planejamento ou alocação de recursos. Eles estavam levando a vida no vai da valsa.

Depois que trabalhei com o escritório nacional, a ASAS fez uma estimativa da probabilidade de obter cada bolsa como parte de seu planejamento. Os benefícios obtidos com o planejamento de cenário foram imediatos e substanciais:

- O volume de trabalho passou a ser determinado de forma mais eficiente e produtiva. Antes de fazer esse exercício, eles davam, naturalmente, uma prioridade mais alta às solicitações de maior valor em dinheiro, trabalhando nelas primeiro, alocando mais funcionários seniores nelas e muito provavelmente contratando redatores externos para concluir as solicitações. Passando a pensar sobre a probabilidade de obter cada bolsa, eles agora eram capazes de priorizar corretamente o valor da bolsa para a organização ao tomar essas decisões. Depois disso, as bolsas de *valor* mais alto foram para o topo da pilha de solicitações, em vez de apenas aquelas que tinham o maior potencial.
- Agora, o orçamento podia ser feito de maneira mais realista. Havia mais confiança nas estimativas do montante de recursos financeiros que poderiam esperar receber.
- Como chegar a um valor esperado exigia estimar a probabilidade de obter a bolsa, eles se concentraram cada vez mais em aperfeiçoar a precisão das estimativas. Isso os levou a fechar o ciclo voltando aos doadores. Antes, após uma rejeição, havia um processo de acompanhamento do que não funcionou no pedido feito aos doadores. Como agora estavam se concentrando em verificar e calibrar probabilidades, eles expandiram esse procedimento para as

solicitações de bolsas atendidas. No geral, o foco das análises pós-
-resultado era entender o que funcionou, o que não funcionou, o
que se deveu à sorte e como fazer melhor, aprimorando tanto as
estimativas de probabilidade quanto a qualidade de seus pedidos
de bolsas.

- Eles poderiam pensar em maneiras de aumentar a probabilidade de
  obter as bolsas e se comprometer com essas ações.

- A propensão deles em se deixar levar pelo viés de retrospectiva
  era menor porque haviam considerado antecipadamente a
  probabilidade de atendimento ou não das solicitações de bolsas.

- Também eram menos propensos a ser vítimas do resultante porque
  haviam avaliado o processo de decisão antes de obter ou não
  a bolsa.

- Finalmente, graças a todos os benefícios que a ASAS recebeu
  ao incorporar o planejamento de cenários ao orçamento e aos
  pedidos de bolsas, eles expandiram a implementação desse tipo de
  planejamento de cenários entre os departamentos, tornando-o parte
  de sua cultura de tomada de decisão.

A prospecção de bolsas assemelha-se à de vendas, e esse processo pode
ser implementado por qualquer equipe de vendas. Ao atribuir probabilidades de fechar ou não pedidos, a empresa pode se dar melhor no estabelecimento de prioridades de vendas, planejamento de orçamentos e alocação de
recursos, avaliação e ajuste fino da precisão de suas previsões, e se proteger
do viés de resultado e do viés retrospectivo.

Uma versão mais complexa de planejamento de cenário ocorre quando o
número de futuros possíveis se multiplica e/ou nos aprofundamos neles, considerando o que faremos a seguir em decorrência de como as coisas acontecem e
qual é o conjunto de resultados dessa próxima decisão e assim por diante.

Considere o planejamento do cenário envolvido na decisão muito criticada do treinador do Seahawks, Pete Carroll, no Super Bowl, quando estava em boa situação tática para vencer o jogo faltando vinte segundos para o apito final. Carroll tem duas opções gerais, correr ou passar, e elas, por sua vez, levam a vários cenários.

Se Carroll escolhe correr, estes são os futuros possíveis: (a) touchdown (vitória imediata); (b) perder a posse da bola (turnover-fumble) e o jogo; (c) tackle [derrubada do adversário] curto na linha de gol; (d) falta do atacante; e (e) falta do defensor. Os futuros (c) a (e) ramificam-se em cenários adicionais. O mais provável cenário de falha é, de longe, que o corredor seja contido antes de chegar à linha do gol [touchdown]. Seattle ainda poderia parar o relógio, mas, se corressem com a bola novamente e não marcassem, o tempo acabaria.

Se Carroll optar pelo passe, os futuros possíveis são (a) touchdown (sucesso imediato); (b) interceptação da bola (perda do jogo); (c) passe incompleto; (d) sack [quando o quarterback — o lançador — é derrubado]; (e) falta do atacante; e (f) falta do defensor. Novamente, os dois primeiros futuros essencialmente encerram o jogo e os outros se ramificam em chamadas de jogo e resultados adicionais.

A principal diferença entre passar e correr é que optar pelo passe provavelmente dá ao Seattle um total de três jogadas para marcar, em vez de duas se a escolha de Carroll for correr. Uma corrida malsucedida exigiria que Seattle usasse seu tempo limite final para parar o relógio a fim de que seus jogadores pudessem executar uma segunda jogada. Um passe incompleto pararia o relógio e deixaria Seattle com um tempo a mais e a chance de fazer as mesmas duas corridas consecutivas. Uma interceptação, que nega a possibilidade de uma segunda ou terceira jogada ofensiva, tem apenas 2% a 3% de probabilidade, um pequeno risco a correr por três chances de marcar em vez de duas. (Já quanto ao fumble em uma jogada em execução, as chances são 1% a 2%.)*

Note que a opção da jogada extra não se revela sem esse tipo de exploração do futuro. Mesmo depois do fato, com muito tempo para analisar a decisão, poucos comentaristas perceberam essa vantagem.

O importante é que nos saímos melhor quando examinamos todos esses futuros e tomamos decisões com base nas probabilidades e preferências entre os diferentes futuros. A ASAS não poderia garantir que receberia cada bolsa solicitada, mas teria condições, implementando um bom processo, de tomar melhores decisões sobre quais solicitações de bolsa priorizar e quanta receita esperar da cesta das solicitações enviadas. Apesar do alarido todo, gostaria de pensar que Pete Carroll não perdeu muito sono com sua decisão de chamar Wilson para passar.

O reconhecimento do futuro melhora dramaticamente a qualidade da decisão e reduz a reatividade aos resultados. Até agora, falamos sobre como pensar adiante quanto ao que ocorrerá. Mas verifica-se que melhores futuros em decorrência de uma decisão e planejamento de cenário mais eficaz resultam de trabalhar de frente para trás e não o contrário.

---

* As equipes da NFL têm a vantagem de análises avançadas, mas um torcedor com conhecimento básico do jogo pode incluir probabilidades gerais. (Isso não inclui o ajuste para a defesa ou dados específicos para situações de poucas jardas). Se Wilson retroceder para passar, ele terá cerca de 8% de chance de perder muitas jardas ou de gastar o tempo limite final), 55% para completar o passe (touchdown), 35% para um lançamento incompleto (parando o relógio por duas jogadas adicionais, o que pode incluir uma jogada de corrida malsucedida por causa do tempo restante), e 2% para uma interceptação.

Se Wilson passar para Marshawn Lynch, ele ou ganha uma jarda e marca, ou é interrompido antes do gol ou sofre fumble. Para sofrer o fumble, as chances de Lynch são de 1% a 2% das vezes. Depois disso, análises avançadas são necessárias (e podem ser baseadas em pequenas amostras). Mas podemos adivinhar. Em jogadas de corrida no quarto down (presumivelmente situações de poucas jardas), das 13 tentativas na carreira ele tem 2 touchdowns e 7 first downs. Na carreira, no momento em que este livro foi escrito, em jogadas de terceira ou quarta tentativas e na corrida curta, ele tem 121 tentativas, 11 touchdowns e 70 first downs.

Backcasting: trabalhando de trás para a frente a partir de um futuro positivo

Os métodos de imaginar o futuro não são os mesmos. Você conhece aquele provérbio chinês: "Uma jornada de mil quilômetros começa com um único passo"? Acontece que, se estivéssemos contemplando uma caminhada desse porte, seria melhor nos imaginarmos olhando do fim para o começo e descobrindo como chegamos até lá. Quando se trata de pensar adiante, ficar no final e olhar para trás é muito mais eficaz do que o inverso.

A visão distorcida que temos quando olhamos para o futuro a partir do presente é semelhante à visão estereotipada do mundo que têm os residentes de Manhattan, ridicularizada pela famosa capa da *New Yorker*. A capa era um mapa desenhado a partir do ponto de vista de uma pessoa de Nova York. Nessa visão, metade do mapa cobre alguns quarteirões da cidade. Não obstante você possa ver todos os edifícios da Nona Avenida e até mesmo veículos e pessoas, o Rio Hudson e Nova Jersey não passam de faixas horizontais. Os EUA inteiros ocupam o mesmo espaço que a distâncias entre a 9ª e a 10ª avenidas. Além de uma faixa para o Pacífico, há três formas minúsculas rotuladas "China", "Japão" e "Rússia".

Corremos o risco de uma distorção semelhante quando prevemos o futuro. De onde estamos, o presente e o futuro imediato sobressaem e qualquer coisa além disso perde o foco.

Imaginar o futuro requisita as mesmas vias cerebrais de lembrar o passado. E acontece que recordar do futuro é a melhor maneira de planejá-lo. Do ponto de vista do presente, é difícil ver além do passo seguinte. Acabamos exagerando no planejamento para resolver os problemas que temos agora. Nessa abordagem está implícita a suposição de que as condições permanecerão as mesmas, os fatos não mudarão e o paradigma se sustentará. Assumir que tal abordagem é geralmente válida não condiz com um mundo em rápida mudança. *The Half-Life of Facts*, de Samuel Arbesman, apresenta um caso do tamanho de um livro para os riscos de presumir que o futuro será como o presente.

Assim como grandes jogadores de pôquer e xadrez (e especialistas em qualquer área) se destacam ao planejar mais para o futuro do que outros, nossa tomada de decisão melhora quando podemos imaginar o futuro de forma mais nítida, livre das distorções do presente. Trabalhando de trás para frente a partir da meta, planejamos nosso conjunto de decisões com mais profundidade, justamente porque começamos pelo final.

Quando identificamos a meta e a partir dela voltamos para trás a fim de "lembrar" como a alcançamos, existe um ganho de qualidade em nossos procedimentos, como indicado pelas pesquisas. Em um artigo da *Harvard Business Review*, o cientista Gary Klein, um estudioso dos aspectos ligados às decisões, resumiu os resultados de um experimento de 1989 realizado por Deborah Mitchell, J. Edward Russo e Nancy Pennington. Eles "descobriram que uma visão retrospectiva — imaginar que um evento já ocorreu — aumenta em 30% a capacidade de identificar corretamente as razões para resultados futuros".

Um grande projeto de planejamento urbano requer enormes recursos financeiros e materiais, comprometimento, e a visão de trabalhar para trás a partir de uma distante meta futura. Quando Frederick Law Olmsted projetou o Central Park, por exemplo, sabia que muito do charme do parque, e grande parte do que as pessoas desfrutariam nele, levaria décadas para existir, conforme a paisagem fosse mudando e amadurecendo. Quem passasse pelo Central Park quando foi aberto ao público, em 1858, teria visto muitas áreas ainda em terra nua. Mesmo em 1873, quando as obras estavam substancialmente concluídas, havia muita vegetação rasteira. Árvores, arbustos e plantas eram claramente recentes. Nenhum dos visitantes naquela época reconheceria o Central Park hoje. Não era o caso de Olmstead, porque ele estava partindo do que estaria pronto.

A maneira mais comum de retroceder a partir de nossa meta de mapear o futuro é conhecida como backcasting. Nessa técnica, imaginamos que já alcançamos um resultado positivo, lendo um jornal com a manchete "Alcançamos nossa meta!". Depois, então, pensamos em como chegamos lá.

Vamos supor que uma empresa queira desenvolver um plano estratégico de três anos para dobrar a participação no mercado, de 5% para 10%. Cada pessoa envolvida no planejamento se imagina segurando um jornal cuja manchete é "A Empresa X dobrou sua participação no mercado nos últimos três anos". O líder da equipe agora pede a eles para identificar os motivos pelos quais chegaram até lá, quais eventos ocorreram, que decisões foram tomadas, o que fizeram para que a empresa conquistasse aquela fatia de mercado. Isso permite que a empresa identifique melhor estratégias, táticas e ações que precisam ser postas em prática para atingir a meta. Também possibilita saber quando a meta precisa ser reajustada. O backcasting permite identificar quando há eventos de interesse para atingir a meta que têm baixa probabilidade de ocorrência. Isso pode levar ao desenvolvimento de estratégias para aumentar as chances de esses eventos virem de fato a acontecer, ou reconhecer que a meta é muito ambiciosa. A empresa também pode fazer pré-compromissos com um plano desenvolvido por meio de backcasting, incluindo respostas a desenvolvimentos capazes de interferir no alcance da meta e identificar pontos de inflexão para reavaliar o plano conforme o futuro se desenrola.

Um advogado, ao planejar uma estratégia de defesa após aceitar um novo caso, pode imaginar a manchete da vitória do julgamento. Que pronunciamentos favoráveis o advogado obteve ao longo do processo? Como foi o testemunho mais favorável? Que tipo de evidência o juiz permitiu ou rejeitou? A que pontos o júri foi receptivo?

Se nossa meta é perder dez quilos em seis meses, podemos planejar como conseguir isso imaginando que daqui a seis meses a balança nos diz que deixamos dez quilos pelo caminho. O que fizemos para perder peso? Como evitamos as porcarias? Como aumentamos a quantidade de exercícios que estávamos fazendo? Como permanecemos firmes no regime?

Imaginar um futuro de sucesso e trabalhar retrospectivamente a partir dele é um exercício de viagem no tempo útil para identificar as etapas necessárias para atingir nossas metas. Trabalhar para trás ajuda ainda mais quando nos damos a liberdade de imaginar um futuro *desfavorável*.

Pré-mortem: trabalhando de trás para a frente a partir de um futuro negativo

Se o jargão médico lhe é familiar, ou você assiste a filmes de crimes forenses na TV, não estranhará a expressão exame *post mortem* — ou autópsia —, um procedimento pelo qual um médico legista determina a causa da morte. Já um pré-mortem é uma investigação de algo terrível, mas *antes* que aconteça. Não há quem não aprecie uma visão otimista do futuro. Geralmente tendemos a superestimar a probabilidade de coisas boas acontecerem. Olhar o mundo através de óculos cor de rosa é natural e agradável, mas ficar com um pé atrás com essa visão edulcorada pode ajudar muito. Uma pré-mortem se dá quando confrontamos nossa atitude positiva com a responsabilidade que temos nas costas e imaginamos não atingir nossas metas.

Backcasting e pré-mortem são complementares. Backcasting imagina um futuro positivo; pré-mortem imagina um futuro negativo. Não há como criar uma imagem completa sem representar o espaço positivo e o espaço negativo. O backcasting revela o espaço positivo; o pré-mortem revela o espaço negativo. O backcasting é a líder de torcida; o pré-mortem é o torcedor que xinga o próprio time.

Imagine a seguinte manchete: "Falhamos em alcançar nossa meta." Ela nos desafia a pensar sobre como as coisas poderiam dar errado, algo que não aconteceria se deixado por nossa conta — nós, otimistas e que jogamos em equipe. Para a empresa com o plano de três anos de dobrar a participação no mercado, a manchete pré-mortem é: "A Empresa Falha ao Alcançar a Meta de Participação no Mercado; O Crescimento Para Novamente." Os membros da equipe de planejamento agora imaginam atrasos em novos produtos, perda de executivos-chave, do pessoal de vendas, do marketing ou de técnicos, lançamento de novos produtos por concorrentes, situações econômicas adversas, mudanças de paradigma que podem levar os clientes a ficar sem o produto ou confiar em alternativas diferentes no mercado ou no uso etc.

Um advogado atuando em um caso agora considera as evidências favoráveis sendo rejeitadas, as evidências não descobertas minando o caso e atraindo a antipatia do juiz, o júri que não gosta ou desconfia das testemunhas principais.

Quando definimos uma meta de perda de peso e elaboramos um plano para alcançá-la, o pré-mortem revelará como nos sentimos obrigados a comer bolo quando era o aniversário de alguém, como foi difícil resistir aos pãezinhos e aos biscoitos na sala de reuniões, como custava encontrar tempo para a academia ou como era fácil encontrar desculpas para ir até lá em um outro dia. Muito já se escreveu sobre a visualização do sucesso como forma de atingir nossas metas. Por ser um elemento tão comum nas estratégias de autoajuda, conduzir um pré-mortem (com sua visualização negativa) pode parecer uma maneira contraproducente de ter sucesso.

Apesar da sabedoria popular de que alcançamos o sucesso por meio da visualização positiva, descobrimos que incorporar a *visualização negativa* nos torna *mais* propensos a atingir nossos objetivos. Gabriele Oettingen, professora de psicologia da NYU e autora de *Rethinking Positive Thinking: Inside the New Science of Motivation*, conduziu mais de vinte anos de pesquisas, descobrindo consistentemente que as pessoas que imaginam obstáculos no caminho para alcançar suas metas têm mais probabilidade de êxito, um processo que ela chamou de "contraste mental". Seu primeiro estudo, com mulheres inscritas em um programa de perda de peso, revelou que indivíduos "que tinham fortes fantasias positivas sobre emagrecer... perderam 10kg a menos do que aqueles que se viam de forma mais negativa. Sonhar em alcançar uma meta aparentemente não só não ajudou, como impediu sua concretização. Os sonhadores do estudo tinham menos energia para se comportar de maneiras que os ajudassem a perder peso".

Houve repetições desses resultados em diferentes contextos. Oettingen recrutou estudantes universitários que alegaram ter uma paixão não correspondida. Ela, então, levou um grupo a imaginar cenários positivos para iniciar um relacionamento, e outro grupo a imaginar cenários negativos de como isso aconteceria. Os resultados foram semelhantes aos do estudo de perda de peso: passados cinco meses, os indivíduos que adotaram o planejamento de cenário positivo tinham menor probabilidade de ter iniciado o relacionamento. Ela encontrou os mesmos resultados ao estudar candidatos a emprego, alunos antes de um exame semestral e pacientes submetidos à cirurgia de substituição do quadril.

Oettingen reconheceu que é necessário ter objetivos positivos, mas é mais provável cumpri-los se pensarmos em futuros negativos. Começamos um pré-mortem imaginando por que falhamos em atingir nossa meta: nossa empresa não aumentou sua participação no mercado; não perdemos peso;

o veredicto do júri favoreceu o outro lado; não atingimos nossa meta de vendas. Aí, então, imaginamos os motivos. Todas as razões pelas quais não alcançamos nosso objetivo nos ajudam a antecipar potenciais obstáculos e melhorar as chances de termos sucesso.

Pré-mortem é uma implementação da norma Mertoniana de ceticismo organizado, mudando as regras do jogo para abrir espaço para a dissidência. No pré-mortem, ser um jogador de equipe não significa ser a líder de torcida mais entusiasmada, mas sim o torcedor crítico mais produtivo. Por "vencer" não se entende que o grupo se sinta bem porque todos confirmam suas narrativas (e a da organização) de que as coisas vão ficar bem. Pré-mortem começa com trabalhar de trás para a frente a partir de um futuro desfavorável, ou com o fracasso em atingir uma meta; portanto, apoiar ou sentir-se bem em contribuir para o processo é descobrir as razões mais criativas, relevantes e acionáveis para explicar por que as coisas não deram certo.

O segredo de um pré-mortem bem-sucedido é que todos se sintam livres para procurar por essas razões e sejam motivados a vasculhar tudo — experiência pessoal, experiência da empresa, precedentes históricos, analogias esportivas etc. — para encontrar maneiras pelas quais uma decisão ou um plano podem dar errado. Aí, então, a equipe pode se antecipar e dar conta delas.

Conduzir um pré-mortem abre caminho para agirmos como nossa própria equipe vermelha. Após caracterizar o exercício como "OK, falhamos. Por que falhamos?", todos ficam liberados para identificar potenciais pontos de falha que, de outra forma, não veriam ou poderiam não trazer a público por receio de serem vistos como opositores. As pessoas podem expressar suas reservas sem parecer que estão dizendo que o curso de ação planejado é equivocado. Em virtude disso, um processo de planejamento que inclui pré-mortem cria uma organização muito mais saudável, pois significa que as pessoas cujas opiniões são divergentes estão representadas no planejamento. Elas não se sentem excluídas ou ignoradas. Há mais valor, agora, na voz de todos. É menos provável que a organização desencoraje dissidentes, o que a privaria do valor de opiniões distintas. Quem tem reservas é menos propenso a se ressentir ou se arrepender caso as coisas não deem certo, uma vez que suas vozes foram representadas no plano estratégico.

A incorporação, em um grupo de busca da verdade, dessa forma de imaginar o espaço negativo reforça uma nova rotina de hábito de visualizar e antecipar obstáculos futuros. Como sempre, quando um grupo do qual fazemos parte reforça esse tipo de pensamento, são maiores as chances de que consideremos o lado negativo de nossas decisões em nosso próprio pensamento.

Imaginar futuros positivos e negativos ajuda a construir uma visão mais realista do futuro, permitindo-nos planejar e nos preparar para uma variedade mais ampla de desafios, do que o backcasting por si só. Uma vez tendo reconhecido que as coisas podem dar errado, podemos nos precaver contra os resultados ruins, elaborar planos de ação, nos capacitar para obter respostas ágeis a uma gama mais ampla de desenvolvimentos futuros e assimilar uma reação negativa antecipadamente, o que nos permite não ficar tão surpresos ou reativos. Ao fazer isso, aumentamos as chances de atingir nossas metas.

É claro que, quando fazemos backcasting e imaginamos as coisas que deram certo, revelamos os problemas caso essas coisas *não* deem certo. O backcasting não ignora, portanto, o espaço negativo tanto quanto dá ênfase ao espaço positivo. Está em nossa natureza otimista (e é natural no backcasting) imaginar um futuro exitoso. Sem um pré-mortem, não vemos os tantos caminhos para o futuro nos quais não alcançamos nossas metas. O pré-mortem nos força a construir o lado das alternativas em que as coisas não funcionam. No processo, é provável que percebamos que se trata de parte bem representativa do conjunto todo.

Cumpre lembrar que a probabilidade de futuros positivos e negativos deve somar 100%. O espaço positivo de backcasting e o espaço negativo do pré-mortem ainda precisam ocupar uma quantidade finita de espaço. Na medida em que nos damos conta de quanto espaço negativo realmente existe, reduzimos o espaço positivo a um tamanho que reflita com mais precisão a realidade e menos a nossa inclinação naturalmente otimista.

Tomamos decisões melhores, e nos sentimos melhor com relação a elas, uma vez que colocamos juntos nossos passados, presente e futuro. Isso não apenas nos permite ajustar nosso grau de otimismo, mas também adequar nossas metas e colocar em prática planos para reduzir a probabilidade de resultados ruins e aumentar a probabilidade de resultados bons. Estaremos menos suscetíveis a sermos surpreendidos por um resultado ruim e teremos condições de preparar melhor os planos de contingência.

Durante o processo de planejamento, talvez não seja tão bom incluir esse foco no espaço negativo. No longo prazo, no entanto, ver o mundo de forma mais objetiva e tomar melhores decisões será melhor do que fechar os olhos para cenários negativos. De certa forma, backcasting sem pré-mortem é uma forma de desconto temporal: se imaginarmos um futuro positivo, nos sentiremos melhor *agora*, mas vamos mais do que compensar por desistir dessa gratificação imediata por meio dos benefícios de ver o mundo com mais precisão, por decisões iniciais melhores e por ser mais ágil com relação ao que o mundo joga em nosso caminho.

Quando tomamos uma decisão e vemos que um desses futuros possíveis se concretiza, não podemos descartar todo esse trabalho, mesmo, ou especialmente, caso ele inclua futuros que não ocorreram. Esquecer um futuro não realizado pode ser perigoso para uma boa tomada de decisão.

Dendrologia e viés retrospectivo (ou Dê uma folga para a motosserra)

Um dos objetivos da viagem mental no tempo é manter os eventos em perspectiva. Para entender um risco de grande relevância para essa perspectiva, pense no tempo como uma árvore. A árvore tem um tronco, galhos no topo e o local onde os galhos se separam do tronco. O tronco é o passado. Uma árvore tem apenas um tronco que vai crescendo, tal como nós, que acumulamos o passado. Os galhos são os potenciais futuros. Galhos mais grossos são equivalentes aos futuros mais prováveis, e os mais finos aos menos prováveis. O local onde os galhos derivam do tronco é o presente. Existem muitos futuros, muitos galhos da árvore, mas apenas um passado, um tronco.

À medida que o futuro se torna passado, o que acontece com todas as ramificações? O presente sempre indo adiante atua como uma motosserra. Quando um dos muitos galhos passa a ser a maneira como as coisas acontecem, quando esse galho faz a transição para o passado, o nosso eu do presente corta todos os outros galhos que não se materializaram, eliminando-os. Quando olhamos para o passado e vemos apenas o que aconteceu, parece ter sido inevitável. Por que não parecia inevitável a partir desse ponto de vista? Mesmo o menor dos galhos, o mais improvável dos futuros — como a chance de 2% a 3% de Russell Wilson lançar e haver uma interceptação — passa a crescer quando se torna parte do poderoso tronco. Esses 2% a 3%, em retrospectiva, tornam-se 100%, e todos os outros galhos, não importa quão grossos sejam, desaparecem de vista.

Esse é o viés retrospectivo, um inimigo do pensamento probabilístico.

O juiz Frank Easterbrook, um dos principais juristas e membro do Tribunal de Apelações do Sétimo Circuito dos EUA, alertou sobre o perigo no sistema legal de avaliar as probabilidades *após* a ocorrência de um dos potenciais futuros. O caso Jentz versus ConAgra Foods envolvia um silo de cereais de propriedade da ConAgra e a empresa que ela contratou (chamada West Side) para investigar e lidar com a causa de um cheiro de queimado, fumaça e aumento da temperatura do silo. Depois de não conseguir resolver o problema, o supervisor da West Side disse à ConAgra para chamar o corpo de bombeiros. Ele, então, mandou que alguns de seus funcionários removessem equipamentos de um túnel que dava para o silo que poderiam prejudicar o acesso dos bombeiros.

Enquanto os trabalhadores estavam no túnel, o silo explodiu, ferindo gravemente os funcionários do West Side. Os feridos processaram a ConAgra e o West Side. O júri concedeu US$180 milhões em indenizações pelos danos causados. Ao abordar a condenação da West Side pelos danos causados, o juiz Easterbrook, no tribunal, declarou que a lei de Illinois exigia um "desvio grosseiro" na questão da condenação por danos. Não encontrando nenhuma evidência em registros que dessem conta de qualquer probabilidade previsível de explosão no momento em que o supervisor ordenou aos trabalhadores que removessem as ferramentas do túnel, ele concluiu: "O veredicto parece ser consequência de um viés retrospectivo — a tendência humana de acreditar que tudo o que aconteceu estava prestes a acontecer, e que todos deviam saber disso. Se [o supervisor] acreditava que uma explosão era iminente, ele é um monstro; mas disso não há evidência. O viés retrospectivo não é suficiente para apoiar um veredicto."

Uma vez que sabemos que houve uma explosão, é difícil imaginar as ações das partes quando a explosão era apenas um dos vários futuros possíveis. Os membros do júri tiveram um conflito de interesses. Quando ouviram a história dos homens entrando no túnel para recuperar as ferramentas, eles já conheciam o resultado. O júri cortou os outros galhos da árvore, todas as outras maneiras pelas quais as coisas poderiam ter acontecido, dada a situação no silo e, em retrospecto, tudo o que puderam ver foi uma confluência de circunstâncias com uma tragédia inevitável no fim.

Imagine como as coisas seriam diferentes para os protagonistas ao longo deste livro se mais de nós agíssemos como o juiz Easterbrook.

Steve Bartman poderia ter contado com um estádio cheio de fãs do Cubs com a perspectiva do juiz Easterbrook. Eles teriam reconhecido que seu time perder o jogo era apenas uma das muitas maneiras pelas quais o jogo poderia ter terminado. No momento em que Bartman e outros à volta dele tentaram pegar a bola que ultrapassava as linhas do campo, o galho do futuro em que Steve Bartman toca a bola era pequeno, e a chance de os Cubs perderem depois disso era mínima, exigindo uma série de improváveis desenvolvimentos em campo (como a sequência ou raridade de erros cometidos pelos jogadores). Assim como o supervisor que ordenou que os trabalhadores entrassem no túnel não causou a explosão, Bartman tocar na bola não causou a perda do jogo. Ele obteve um resultado azarado, baseado em todas as coisas que aconteceram sobre as quais ele não teve controle depois que a bola tocou suas mãos.

Pete Carroll e o mundo dos técnicos de segunda-feira poderia ter usado o lembrete do juiz de que tendemos a supor que, se algo acontece, está fadado a acontecer. Se não tentarmos manter todos os potenciais futuros em mente antes que um deles se concretize, torna-se quase impossível avaliar de maneira realista as decisões ou probabilidades *depois*.

Isso acabou sendo uma grande parte do problema para o CEO após demitir seu presidente. Não obstante ele tenha, de início, caracterizado a decisão como uma das piores, quando reconstruímos o leque de alternativas, em essência catando os galhos do chão e os recolocando no tronco, ficou claro que ele e sua empresa haviam tomado uma série de decisões cuidadosas e ponderadas. Entretanto, como elas os levaram a um resultado negativo, o CEO foi consumido pelo arrependimento. Ao olhar para trás em suas decisões, ele não conseguia ver todos aqueles galhos e suas probabilidades. Só podia ver o tronco. Tudo o que viu foi um resultado ruim.

O CEO removeu todos os outros galhos com uma motosserra e os passou por um picador de madeira. Eles desapareceram e ele agiu como se nunca tivessem existido. Trata-se aí do viés retrospectivo, e todos estaremos correndo loucamente pela floresta com uma motosserra tão logo temos um resultado. Uma vez que algo acontece, não pensamos mais nele como probabilístico, ou como alguma vez tendo sido probabilístico. É desse modo que entramos no estado de espírito em que dizemos: "Eu devia ter sabido" ou "Eu avisei". Daí para o arrependimento improdutivo é um pulo.

Ao manter uma representação bem acurada do que poderia ter acontecido (e não uma versão editada pelo viés retrospectivo), elencando os cenários e as alternativas de decisão que criamos por intermédio de um bom processo de planejamento, podemos ser melhores juízes do que ocorre. Também podemos ser mais felizes reconhecendo e aceitando a incerteza do mundo. Em vez de viver em extremos, podemos encontrar contentamento em fazer o nosso melhor sob circunstâncias incertas e ficar comprometidos em melhorar a partir de nossa experiência.

A reação às eleições de 2016 nos EUA é outra forte demonstração do que acontece quando cortamos os galhos da árvore. Hillary Clinton era a favorita no pleito, e sua probabilidade de vitória, com base nas pesquisas, estava entre 60% e 70%, de acordo com FiveThirtyEight.com. Quando Donald Trump ganhou, os pesquisadores receberam o tratamento de Pete Carroll, talvez ninguém mais do que Nate Silver, fundador do FiveThirtyEight.com e um analista cuidadoso dos dados das pesquisas. ("Nate Silver estava errado." "Os pesquisadores erraram." "Assim como o Brexit, os corretores de apostas estragaram tudo." etc.) A imprensa divulgou isso como se a vitória de

Clinton fosse certa, apesar do galho Trump da árvore não ser um mero galho por estar entre 30% e 40%. No dia seguinte à eleição, o galho de Clinton foi cortado, e apenas o galho do Trump permaneceu; como as pesquisas e o processo de votação puderam ser tão cegos?

Uma das coisas que o pôquer ensina é que devemos ter satisfação em avaliar as chances de resultados diferentes, dadas as decisões em consideração, e em fazer a aposta que achamos ser a melhor. Em função do fluxo constante de decisões e resultados sob condições incertas, você se acostuma a perder bastante. Até certo ponto, somos todos viciados em resultados, mas, quanto mais nos afastarmos desse vício, mais felizes seremos. Ninguém tem a garantia de um resultado favorável, e todos vamos obter muitos resultados desfavoráveis. Sempre podemos, contudo, fazer uma boa aposta. E mesmo quando fazemos uma aposta ruim, normalmente nos é dada uma segunda chance porque podemos aprender com a experiência e, na próxima vez, fazer uma aposta melhor.

A vida, como o pôquer, é um jogo de longa duração e haverá muitas perdas, mesmo depois de fazer as melhores apostas possíveis. Vamos nos dar melhor e ser mais felizes se começarmos por reconhecer que nunca teremos certeza do futuro. Isso muda nossa obrigação de tentar estar certo todas as vezes, um trabalho impossível, para trilhar nosso caminho através da incerteza, ajustando nossas crenças para irmos aos poucos em direção a uma representação mais precisa e objetiva do mundo. Com visão estratégica e perspectiva, esse é um trabalho gerenciável. Se continuarmos aprendendo e ajustando, podemos até ficar bons nisso.

NOTAS

INTRODUÇÃO: POR QUE ESTE NÃO É UM LIVRO SOBRE PÔQUER

1   Em várias ocasiões no livro, me refiro aos resultados de torneios de pôquer. Além dos jogos a dinheiro, o pôquer pode ser jogado em formato de torneio. Nesses, os jogadores pagam uma taxa de inscrição e recebem fichas, válidas apenas dentro da competição. Eles jogam em mesas designadas, em apostas projetadas para aumentar em um cronograma preestabelecido, e são eliminados quando perdem todas as suas fichas. O vencedor do torneio termina ficando com todas as fichas, mas o prêmio em dinheiro é concedido conforme a classificação final. Minha fonte para títulos de torneios e ganhos é o banco de dados Hendon Mob (pokerdb.thehendonmob.com), que inclui resultados de mais de 300 mil eventos desde a primeira World Series of Poker, em 1970.

CAPÍTULO 1: A VIDA É PÔQUER, NÃO XADREZ

5   **Pete Carroll e os Técnicos de Segunda-Feira:** Refiro-me ao longo do livro à jogada de Pete Carroll no final do Super Bowl e à reação a ela. As histórias críticas referidas pelas manchetes são: Chris Chase, "What on Earth Was Seattle Thinking with Worst Play Call in NFL History?", *USA Today*, 1º de fevereiro de 2015, http://ftw.usatoday.com/2015/02/seattle-seahawks-last-play-interception-marshawn-lynch-super-bowl-malcolm-butler-play-clal-pete-carroll; Mark Maske, "'Worst Play-Call in Super Bowl History' Will Forever Alter Perception of Seahawks, Patriots", *Washington Post*, 2 de fevereiro de 2015, https://www.washingtonpost.com/news/sports/wp/2015/02/02/worst-play-call-in-super-bowl-history-will-forever-alter-perception-of-seahawks-patriots/; Alex Marvez, "Dumbest Call in Super Bowl History Could Be Beginning of the End for Seattle

Seahawks", FoxSports.com, 2 de fevereiro de 2015, http://www.foxsports.com/nfl/story/super-bowl-seattle-seahawks-pete-carroll-darrell-bevell-russell-wilson-dumbest-call-ever-020215; Jerry Brewer, "Seahawks Lost Because of the Worst Call in Super Bowl History", *Seattle Times*, 1º de fevereiro de 2015, https://www.seattletimes.com/sports/seahawks/seahawks-lost-because-of-the-worst-call-in-super-bowl-history/; e Nicholas Dawidoff, "A Coach's Terrible Super Bowl Mistake", *New Yorker*, 2 de fevereiro de 2015, http://www.newyorker.com/news/sporting-scene/pete-carroll-terrible-super-bowl-mistake.

As histórias que explicam as razões potencialmente consistentes para a jogada são: Brian Burke, "Tough Call: Why Pete Carroll's Decision to Pass Was Not as Stupid as It Looked", Slate.com, 2 de fevereiro de 2015, https://slate.com/culture/2015/02/why-pete-carrolls-decision-to-pass-wasnt-the-worst-play-call-ever.html, e Benjamin Morris, "A Head Coach Botched the End of the Super Bowl, and It Wasn't Pete Carroll", FiveThirtyEight.com, 2 de fevereiro de 2015, https://fivethirtyeight.com/features/a-head-coach-botched-the-end-of-the-super-bowl-and-it-wasnt-pete-carroll/. A descrição da presença de Pete Carroll no programa *Today* foi feita por Chris Wesseling, "Pete Carroll Concedes 'Worst Result of a Call Ever", NFL.com, 5 de fevereiro de 2015, https://www.nfl.com/news/pete-carroll-concedes-worst-result-of-a-call-ever-0ap3000000469003.

As informações e estatísticas da partida foram de Pro-FootballReference.com, embora muitas delas também tenham aparecido em relatos e análises da partida.

11   **Seja rápido ou morra: nossos cérebros não foram feitos para a racionalidade:** Para uma boa visão geral sobre nossos problemas de processamento de dados, incluindo a suposição de causalidade quando só há uma correlação e dados seletivos para confirmar a narrativa que preferimos, consulte o *New York Times* em publicação de Gary Marcus e Ernest Davis, "Eight (No, Nine!) Problems with Big Data", em 6 de abril de 2014.

Além das fontes mencionadas nesta seção e dos materiais adicionais citados na Bibliografia Selecionada e Recomendações para Leitura Adicional, Colin Camerer foi muito gentil ao passar duas horas ao telefone falando comigo sobre esse assunto. Recomendo fortemente assistir a sua excelente palestra no TEDx Talk, "Neuroscience, Game Theory, Monkeys" a qual inclui um olhar bem humorado sobre aquilo em que os chimpanzés são realmente melhores na teoria dos jogos do que os humanos.

18   **Dr. Strangelove:** Conheci o historiador George Dyson (filho de Freeman Dyson) em uma conferência de mentoria para jovens chamada Adventures of the Mind. Ela foi realizada no Institute for Advanced Study. Durante minha

palestra, mencionei, como faço em praticamente todas essas ocasiões, John von Neumann e disse aos alunos que aquele local era um terreno sagrado para mim porque era onde von Neumann trabalhava. George me ouviu dizer isso e mais tarde me enviou por e-mail uma cópia de um dos marcadores de jogo de von Neumann.

A informação sobre von Neumann, além das fontes mencionadas na seção (as quais são citadas na Bibliografia Selecionada e Recomendações para Leitura Adicional), foram obtidas nas seguintes fontes: Boston Public Library, "100 Most Influential Books of the Century", postada em TheGreatestBooks.org; Tim Hartford, "A Beautiful Theory", *Forbes*, 10 de dezembro de 2006; Institute for Advanced Study, "John von Neumann's Legacy", IAS.edu; Alexander Leitch, "von Neumann, John", *A Princeton Companion* (1978); Robert Leonard, "From Parlor Games to Social Science: von Neumann, Morgenstern, e a Creation of Game Theory 1928–1944", *Journal of Economic Literature* (1995).

As citações de resenhas elogiosas a *Theory of Games* são de Harold W. Kuhn, na introdução da edição do 60º aniversário.

As influências por trás do personagem-título em *Dr. Strangelove* são sedutoramente vagas ou diferem dependendo de quem está contando (ou especulando). John von Neumann compartilhou uma série de características físicas com o personagem e é geralmente citado como uma influência. Outros indicados como tendo tal característica incluem Wernher von Braun, Herman Kahn, Edward Teller e Henry Kissinger. Exceto por Kissinger, que era um professor de Harvard relativamente obscuro quando o filme foi feito, todos esses são modelos plausíveis.

A influência de John von Neumann na teoria dos jogos e da teoria dos jogos na economia moderna é inquestionável. Pelo menos 11 laureados com o Nobel de economia foram citados por seus trabalhos relacionados ou influenciados pela teoria dos jogos. O NobelPrize.org citou os seguintes 11 vencedores do Prêmio em Ciências Econômicas (formalmente denominado "Prêmio Sveriges Riksbank em Ciências Econômicas em Memória de Alfred Nobel"), por ano, campo e contribuição: (1) John C. Harsanyi, (2) John F. Nash Jr. e (3) Reinhard Selten (1994, teoria dos jogos, "por sua análise pioneira de equilíbrios na teoria de jogos não cooperativos"); (4) Robert J. Aumann e (5) Thomas C. Schelling (2005, teoria dos jogos, "por terem aprimorado nossa compreensão de conflito e cooperação por meio da análise da teoria dos jogos"); (6) Leonid Hurwicz, (7) Eric S. Maskin e (8) Roger B. Myerson (2007, microeconomia, "por terem lançado as bases da teoria do projeto de mecanismo"); (9) Alvin E. Roth e (10) Lloyd S. Shapley (2012, teoria dos jogos aplicada, "para a teoria de alocações estáveis e a prática do design de mercado"); e (11) Jean Tirole (2014, organização industrial, microeconomia, "por sua análise do poder de mercado e regulação").

21   **Pôquer versus xadrez:** Meu irmão, Howard, era enxadrista, mas a passagem dos jogadores do xadrez para o pôquer é relativamente rara. Em minha opinião, a falta de incerteza no xadrez em comparação com a grande incerteza no pôquer é uma barreira para essa transição. Por outro lado, durante meu tempo no pôquer, havia muitos cruzamentos entre gamão e pôquer. Vários dos maiores jogadores de pôquer também são jogadores de gamão de primeira linha: Chip Reese, Huckleberry Seed, Jason Lester, Gus Hansen, Paul Magriel, Dan Harrington e Erik Seidel. Provavelmente, isso se deve ao elemento mais proeminente de incerteza que o gamão e o pôquer compartilham. Os jogadores de pôquer têm que navegar pela sorte na distribuição das cartas. Os jogadores de gamão têm que navegar pela sorte no lançamento dos dados.

24   **Uma batalha mortal de inteligência:** A cena entre Westley e Vizzini, em *A Princesa Prometida* deve ser imediatamente familiar para gerações de fãs de cinema. As citações da batalha mortal de inteligência são, na verdade, do romance, embora as cenas sejam quase idênticas em ambos os formatos. A única diferença notável é um caso em que o escritor e roteirista William Goldman e o diretor Rob Reiner adaptaram habilmente o excesso de confiança de Vizzini ao formato apropriado. Quando Vizzini apresenta o homem de preto a seu intelecto indescritível, o Vizzini do filme vai direto ao ponto, recitando os nomes das maiores mentes da antiguidade e concluindo, por comparação: "IDIOTAS!" No romance, Goldman obriga Vizzini a fazer um discurso pomposo e cheio de espuma. Este é o discurso na íntegra: "Não há palavras para conter toda a minha sabedoria. Sou tão astuto, engenhoso e esperto, tão enganador, malicioso e malandro, tão patife, arguto e calculista, tão diabólico e sagaz, tão trapaceiro quanto não confiável — bem, eu disse que ainda não foram inventadas palavras para explicar o quão grande é minha mente, mas deixe-me colocar desta forma: o mundo tem vários milhões de anos, e vários bilhões de pessoas uma vez ou outra pisaram nele, mas eu, Vizzini, o siciliano, sou, falando com pura franqueza e modéstia, o sujeito mais insincero, dissimulado, indigno de confiança e patife que já desceu lá do alto."

Ao falar sobre 4 lançamentos de moeda contra 10 mil, eu falava em termos relativos. Na verdade, muito trabalho foi feito sobre quantas vezes você precisa lançar uma moeda para determinar se a moeda é justa. Se estiver interessado, você pode ler uma explicação na Wikipedia, s.v. "Verificando se uma moeda é justa", acessado em 1º de junho de 2017: https://en.wikipedia.org/wiki/Checking_whether_a_coin_is_fair

31   **Redefinindo o errado:** Para as citações sobre como, ao definir as probabilidades antes da votação do Brexit, as casas de apostas entenderam "errado",
veja Jon Sindreu, "Big London Bets Tilted Bookmakers' 'Brexit' Odds", *Wall
Street Journal*, 26 de junho de 2016, https://www.wsj.com/articles/big-london-
-bets-tilted-bookmakers-brexit-odds-1466976156, e Alan Dershowitz, "Why It's
Impossible to Predict This Election", *Boston Globe*, 13 de setembro de 2016,
https://www.bostonglobe.com/opinion/2016/09/13/why-impossible-predict-
-this-election/Y7B4N39FqasHzuiO81sWEO/story.html. Se você estiver interessado em mais detalhes sobre a confusão que se segue quando se declara alguém
"certo" ou "errado" sobre uma previsão, escrevi sobre o assunto logo após a votação do Brexit e, novamente, antes da eleição presidencial. "Bookies vs. Bankers
on Brexit: Who's Gambling Now?", HuffingtonPost.com, 13 de julho de 2016,
http://www.huffingtonpost.com/entry/bookies-vs-bankers-on-brexit-whos-gam-
bling-now_us_ 57866312e4b 0cbf01e9ef902 e "Even Dershowitz? Mistaking
Odds for Wrong When the Underdog Wins", *Huffington Post*, 21 de setembro de 2016, http://www.huffingtonpost.com/annie-duke/even-dershowitz-mis-
taking_b_12120592.html.

Nate Silver e seu site, FiveThirtyEight.com, suportaram o peso das críticas para
os analistas e previsores após a eleição presidencial de 2016. O site de Silver
atualizou, em tempo real, dados de pesquisas e previsões sobre a eleição e tinha
(dependendo da data) a probabilidade de vitória da Clinton em aproximadamente 60% - 70% Se você pesquisar no Google (sem as aspas) "Nate Silver got
it wrong election", aparecerão 465 mil resultados. A manchete de 9 de novembro do *Politico* era "How Did Everyone Get It So Wrong?", http://www.
politico.com/story/2016/11/how-did-everyone-get-2016-wrong-presidential-e-
lection-231036 Gizmodo.com foi para cima de Silver antes mesmo da eleição,
em um artigo de 4 de novembro de Matt Novak intitulado "Nate Silver's Very
Very Wrong Predictions About Donald Trump Are Terrifying", https://giz-
modo.com/nate-silvers-very-very-wrong-predictions-about-donald-t-1788583912,
incluindo a declaração, "Silver não sabe p***a nenhuma".

CAPÍTULO 2: QUER APOSTAR?

51   **Ouvir é acreditar:** A citação sobre calvície é de Susan Scutti, "Going Bald Isn't
Your Mother's Fault; Maternal Genetics Are Not to Blame", *Medical Daily*, 18
de maio de 2015, http://www.medicaldaily.com/going-bald-isnt-your-mothers-
-fault-maternal-genetics-are-not-blame-333668. Há inúmeras listas desses equívocos comuns, como Emma Glanfield's "Coffee Isn't Made from Beans, You
Can't See the Great Wall of China from Space and Everest ISN'T the World's

Tallest Mountain: The Top 50 Misconceptions That Have Become Modern Day 'Facts', *Daily Mail*, 22 de abril de 2015, https://www.dailymail.co.uk/news/article-3050941/Coffee-isn-t-beans-t-Great-Wall-China-space-Everest-ISN-T-worlds-tallest-mountain-Experts-unveil-life-s-50-misconceptions-modern-day-facts.html Wikipedia, s.v. "List of Common Misconceptions", acessado em 27 de junho de 2017, https://en.wikipedia.org/wiki/List_of_common_misconceptions

58   **"Eles viram um jogo":** As citações dos jornais da escola estão como apareceram no artigo de Hastorf e Cantril.

71   **Redefinindo a confiança:** Ao expressar incerteza para alguém que sabe como se comunicar dessa forma, o reconhecimento mútuo é como um interruptor sendo acionado. Quando eu estava no início do processo de escrever este livro, almocei com Stuart Firestein. Mal havíamos trocado amabilidades quando o garçom veio anotar nossos pedidos. O garçom não era um falante nativo de inglês, e tenho muitas restrições alimentares difíceis inclusive para comunicar a alguém que compartilha minha primeira língua. Quando o garçom se afastou, eu disse: "Bem, isso é 73%." Stuart começou a rir, porque soube imediatamente o que eu quis dizer. "Acho que é menos do que isso", disse ele. "Talvez lá pelos 40 anos de idade ele fará seu pedido da maneira certa." Minha declaração de incerteza estimulou a discussão sobre se meu pedido de almoço seria correto. Isso pode parecer uma coisa pequena, mas, quando você expressa a incerteza dessa forma, convida o debate sobre assuntos mais significativos.

CAPÍTULO 3: APOSTE PARA APRENDER: LIDANDO COM O FUTURO QUE SE DESDOBRA

87   **Trabalhar de trás para a frente é difícil: o Fenômeno SnackWell's:** Ao discutir os experimentos clássicos de estímulo/resposta, me refiro ao lendário trabalho de B. F. Skinner. A Bibliografia Selecionada e Recomendações para Leitura Adicional inclui uma citação a um de seus principais experimentos, bem como a um artigo do psicólogo Ogden Lindsley que descreve alguns dos trabalhos de Skinner.

91   **"Se eu não tivesse dado azar, teria ganhado de todo mundo":** A página da web do Instituto de Estudos Avançados sobre o legado de John von Neumann inclui a citação de von Neumann sobre as árvores passando por ele a 100km/h, e como uma delas cruzou seu caminho. William Poundstone, que contou várias histórias de von Neumann em *Prisoner's Dilemma*, também mencionou os hábitos de direção de JvN.

Existem várias versões de transcrições e vídeos do debate das primárias presidenciais republicanas de Iowa em 28 de janeiro de 2016, como Team Fix, "7th Republican Debate Transcript, Annotated: Who Said What and What It Signt", *Washington Post*, 28 de janeiro de 2016, https://www.washingtonpost.com/news/the-fix/wp/2016/01/28/7th-republican-debate-transcript-annotated-who-said-what-and-what-it-meant/.

99   **As pessoas estão observando:** Yogi Berra tem sido uma fonte tão fértil para citações em uma série de assuntos que é razoável imaginar se ele realmente disse todas as coisas que lhe foram atribuídas. Como ele escreveu um livro usando essa observação astuta como título, sinto que estou caminhando em chão firme ao considerar essa uma citação real, ou pelo menos uma que Berra adotou como sua. Observe o título do livro do Yogi de 2008 (escrito com Dave Kaplan): *You Can Observe a Lot by Watching: What I've Learned about Teamwork from the Yankees and Life.*

As informações publicadas sobre a jogada de Bartman e suas consequências são abundantes, e tanto a partida quanto o incidente estão disponíveis no YouTube. O comportamento dos fãs no Wrigley Field e as citações aparecem no documentário *Catching Hell*, de Alex Gibney, da ESPN Films, produzido em 2014.

105 **Os resultados das outras pessoas se refletem em nós:** Para alguns dos lugares em que Dawkins escreveu sobre o processo de seleção natural por competição entre os fenótipos de genes, veja *Current Problems in Sociobiology* e *The Greatest Show on Earth*, citados na Bibliografia Selecionada e Recomendações para Leitura Adicional.

Para verificar se as pessoas escolheriam ganhar US$70 mil em 1900 ou em 2010, veja (e ouça) "Would You Rather Be Rich in 1900, or Middle-Class Now?", NPR.org, 12 de outubro de 2010, https://www.npr.org/sections/money/2010/10/12/130512149/the-tuesday-podcast-would-you-rather-be-middle-class-now-or-rich-in-1900.

108 **Remodelando hábitos:** O trabalho de Ivan Pavlov é bem conhecido e resumido em todas as formas de mídia. Incluí, na Bibliografia Selecionada e Recomendações para Leitura Adicional, uma das inúmeras maneiras possíveis de aprender mais sobre os experimentos onipresentes de Pavlov, um livro de Daniel Todes intitulado *Pavlov's Physiology Factory: Experiment, Interpretation, Laboratory Enterprise.*

Se você não assiste golfe pela televisão, o analista de golfe e ex-profissional do PGA Tour, John Maginnes, descreveu o olhar "culpe o verde" em "Maginnes On Tap", Golf.SwingBySwing.com, 13 de fevereiro de 2013, https://clubhouse.

swingu.com/players/maginnes-on-tapgolfers-in-hollywood/. O exercício prático de Phil Mickelson de fazer cem tacadas retas de um metro foi descrito pelo lendário professor de golfe David Pelz, que trabalhou com Mickelson. "Dave Pelz and the 3 Foot Putting Circle", GolfLife.com, 13 de junho de 2016, https://golflife.com/2016/06/13/dave-pelz-3-foot-putting-circle/.

CAPÍTULO 4: O SISTEMA DE MONITORAMENTO

121 **"Talvez seja você o problema, não acha?":** Você pode conferir a entrevista desconfortável de David Letterman com Lauren Conrad no *Late Show with David Letterman,* em 27 de outubro de 2008, no YouTube. A resposta da entrevista na web veio das seguintes fontes: Ryan Tate, "David Letterman to Lauren Conrad: 'Maybe You're the Problem'", Gawker.com, 28 de outubro de 2008, https://gawker.com/5069699/david-letterman-to-lauren-conrad-maybe-youre-the-problem; Ayman, "Lauren Conrad on David Letterman", Trendhunter.com, 30 de outubro de 2008, https:// https://www.trendhunter.com/trends/lauren-conrad-interview-david-letterman; e "Video: Letterman Makes Fun of Lauren Conrad & 'The Hills' Cast", Starpulse.com, 29 de outubro de 2008, http://www.starpulse.com/video-letterman-makes-lauren-conrad-the-hills-cast-1847865350.html. (Aviso: esses sites podem já não estar operando ou hospedando seu conteúdo anterior).

129 **Nem todos os grupos são criados iguais:** Meu objetivo ao trazer à tona a abordagem de grupo dos Alcoólicos Anônimos é demonstrar o valor óbvio que as pessoas podem obter trabalhando hábitos difíceis ao se alistar em um grupo, ilustrado em parte pela história dos fundadores Bill W. e Dr. Bob. Meu conhecimento dos detalhes do AA baseia-se em fontes públicas comumente disponíveis. Elas começam com o site do AA (aa.org), que inclui o Grande Livro, os Doze Passos, seus arquivos e sua história, além de sua biblioteca eletrônica.

Conheci Erik Seidel quando fui para a faculdade em Nova York. Howard fez parte de um grupo de estudo de jogadores de pôquer excepcionais em Nova York, incluindo Erik Seidel, Dan Harrington, Steve Zolotow e Jason Lester. Todos esses jogadores seguiram carreiras de sucesso no pôquer, incluindo sete braceletes do World Series of Poker e ganhos combinados de torneios de quase US$18 milhões — *excluindo* os oito braceletes de Seidel e US$32 milhões; era um grupo de estudo notável. Conheci esses jogadores quando visitei Howard no Mayfair Club, onde eles jogavam gamão e depois pôquer, o lugar onde todos cresceram juntos como jogadores de pôquer.

140 **O grupo idealmente nos expõe a uma diversidade de pontos de vista:** O Canal de Dissidência está codificado no Manual de Relações Exteriores do Departamento de Estado [dos EUA], 2 FAM 071-075.1, https://fam.state.gov/FAM/02FAM/02FAM0070.html. Sua história e origens foram descritas em várias notícias sobre o uso do Canal de Dissidência nas administrações Obama e Trump. Veja Joseph Cassidy, "The Syria Dissent Channel Message Means the System Is Working", *Foreign Policy*, 19 de junho de 2016; Jeffrey Gettleman, "State Dept. Dissent Cable on Trump's Ban Draws 1,000 Signatures", *New York Times*, 31 de janeiro de 2017; Stephen Goldsmith, "Why Dissenting Viewpoints Are Good for Efficiency", *Government Technology*, 26 de julho de 2016; Neal Katyal, "Washington Needs More Dissent Channels", *New York Times*, 1º de julho de 2016; e Josh Rogin, "State Department Dissent Memo: 'We Are Better Than This Ban'", *Washington Post*, 30 de janeiro de 2017. Para uma lista dos quatro prêmios para dissidência construtiva, veja "Constructive Dissent Awards", AFSA.org, http://www.afsa.org/constructive-dissent-awards.

O reconhecimento da CIA da abordagem da equipe vermelha no ataque a Osama bin Laden também foi mencionado no já citado artigo de Neal Katyal no *New York Times*.

144 **Juízes federais: derivações acontecem:** Os detalhes da homogeneidade crescente nas câmaras dos juízes da Suprema Corte vêm do artigo de Adam Liptak de 6 de setembro de 2010, do *New York Times*, "A Sign of the Court's Polarization: Choice of Clerks". As práticas de contratação do juiz Thomas são descritas no mesmo artigo. A medida de sua distância ideológica dos outros juízes pode ser encontrada no artigo de Oliver Roeder de 30 de janeiro de 2017, FiveThirtyEight.com, "How Trump's Nominee Will Alter the Supreme Court". O artigo de Roeder me apresentou os dados de um artigo que Lee Epstein e seus colegas escreveram no *Journal of Law, Economics, and Organization*. A observação do juiz Thomas sobre suas práticas de contratação, incluindo sua adaptação da famosa frase frequentemente atribuída a Mark Twain sobre ensinar um porco a cantar, foi amplamente divulgada, inclusive no perfil de David Savage, "Clarence Thomas Is His Own Man", no *Los Angeles Times* de 3 de julho de 2011.

152 **Quer apostar (na ciência)?:** Diversos estudos sobre mercados de previsão corporativa mencionam as empresas estudadas ou aquelas que estão testando os mercados de previsão. Veja Cowgill, Wolfers e Zitzewitz, "Using Prediction Markets to Track Information Flows". Certos estudos também se referem a algumas das empresas de forma anônima. Para obter um exemplo de um estudo que faz as duas coisas, veja Cowgill e Zitzewitz, "Corporate Prediction Markets,

244 | PENSAR EM APOSTAS

Evidence from Google, Ford and Firm X." Ambas as citações aparecem na Bibliografia Selecionada e Recomendações para Leitura Adicional.

CAPÍTULO 5: DIVERGIR PARA VENCER

155 **CUDOS para um mágico:** Eu gostaria de ter o espaço ou a desculpa para compartilhar mais detalhes da vida notável de Robert K. Merton. Veja as seguintes histórias que celebram sua vida fascinante: Jason Hollander, "Renowned Columbia Sociologist and National Medal of Science Winner Robert K. Merton Dies at 92", *Columbia News*, 25 de fevereiro de 2003, http://www.columbia.edu/cu/record/archives/vol28/vol28_iss10/Pg.4-2810.pdf; e Michael Kaufman, "Robert K. Merton, Versatile Sociologist and Father of the Focus Group, Dies at 92", *New York Times*, 24 de fevereiro de 2003, https://www.nytimes.com/2003/02/24/nyregion/robert-k-merton-versatile-sociologist-and-father-of-the-focus-group-dies-at-92.html.

157 **Comunidade Mertoniana: mais é mais:** Para um relato da participação de John Madden no seminário de oito horas de Vince Lombardi sobre uma peça, consulte a postagem do blog *HR Hero* de Dan Oswald, "Learn Important Lessons from Lombardi's Eeight-Hour Session", 10 de março de 2014. O documentário *Lombardi* foi produzido pela NFL Filmes e pela HBO, e inicialmente foi transmitido pela HBO em 11 de dezembro de 2010.

174 **Comunicando-nos com o mundo além de nosso grupo:** "Sim, e..." é tão fundamental para a improvisação em grupo que pode ser mais fácil relacionar textos de improviso que não comecem com essa regra. Caso você não tenha nenhum texto de improvisação à mão, uma excelente descrição prática de "sim, e..." está na autobiografia de Tina Fey, *Tina Fey: A poderosa chefona*.

CAPÍTULO 6: AVENTURAS EM UMA VIAGEM MENTAL NO TEMPO

182 **Jerry da Noite:** Aprendi muito sobre as vias neurais envolvidas na imaginação do futuro e na lembrança do passado em uma conversa com Joe Kable, professor de psicologia na Penn e principal pesquisador no Laboratório Kable da universidade. Um dos estudos de Joe é citado na Bibliografia Selecionada e Recomendações para Leitura Adicional, embora você deva considerá-lo apenas uma introdução ao corpo de sua obra. Além desse trabalho, recomendo, como uma boa visão geral para os leitores que buscam aprender mais sobre o assunto, o artigo Neuron de Schacter e colegas, citado na Bibliografia Selecionada e Recomendações para Leitura Adicional.

Nos EUA, o deficit coletivo de poupança para aposentadoria foi amplamente divulgado. Para obter algumas visões gerais excelentes das questões comportamentais envolvidas no planejamento da aposentadoria e o tamanho do deficit, veja Dale Griffin, "Planning for the Future: On the Behavioral Economics of Living Longer", Slate.com, agosto de 2013, http://www.slate.com/articles/health_and_science/prudential/2013/08/_planning_for_the_future_is_scary_but_why_is_that.html; Mary Josephs, "How to Solve America's Retirement Savings Crisis", *Forbes*, 6 de fevereiro de 2017, https://www.forbes.com/sites/maryjosephs/2017/02/06/how-to-solve-americas-retirement-savings-crisis/?sh=17437c-f615ae; e Gillian White, "The Danger of Borrowing Money from Your Future Self", Atlantic, 21 de abril de 2015, https://www.theatlantic.com/business/archive/2015/04/the-danger-of-borrowing-money-from-your-future-self/391077/

Para obter uma descrição do aplicativo Merrill Edge, consulte o comunicado à imprensa do Bank of America de 26 de fevereiro de 2014, "New Merrill Edge Mobile App Uses 3D Technology to Put Retirement Planning in Your Hands" https://www.businesswire.com/news/home/20140226005207/en/New-Merrill-Edge%C2%AE-Mobile-App-Uses-3D-Technology-to-Put-Retirement-Planning-in-Your-Hands.

192 **Um pneu furado, o painel e uma lente de aumento:** Para uma entrevista com o professor Howard, incluindo seu fascínio por histórias de pneus furados, veja sua conversa com Somik Raha, "A Conversation with Professor Ron Howard: Waking Up", Conversations.org, 17 de outubro de 2013.

Para um exame das proezas de mercado de Warren Buffett e do desempenho das ações da Berkshire Hathaway nos últimos cinquenta anos, veja Andy Kiersz, "Here How Badly Warren Buffett Has Beaten the Market", *Business Insider*, 26 de fevereiro de 2016. O gráfico de longo prazo das cotações da Berkshire em comparação com o S&P 500 foi recriado a partir de dados de ações do Yahoo! Finance e um estudo no *Financial Analysts Journal* de Meir Statman e Jonathan Scheid, "Buffett in Foresight and Hindsight".

199 **Tilt:** Uma lista de termos básicos de surfe pode ser encontrada em http://www.surfing-waves.com/surf_talk.htm e https://www.swimoutlet.com/guides/different-wave-types-for-surfing [site brasileiro: https://www.langai.com.br/post/tipos-de-onda-pro-surf-e-como-elas-se-formam. Para uma visão geral de todos os diferentes tipos de pregos, vá a qualquer loja de ferragens ou acesse http://www.diynetwork.com/how-to/skills-and-know-how/tools/all-about-the-different-types-of-nails [site brasileiro: https://www.fazfacil.com.br/reforma-construcao/pregos-tipos-medidas/]. O número de tipos de tumores cerebrais foi relatado em https://braintumor.org/brain-tumor-information/understanding-brain-tumors/

tumor-types/ [site brasileiro: http://www.oncoguia.org.br/conteudo/ tipos-de-tumores-cerebrais-snc/894/293/].

210 **Reconhecimento: mapeando o futuro:** Há inúmeras descrições do planejamento e execução do Dia D, e você pode verificar em praticamente qualquer lugar para ler sobre esse exemplo monumental de planejamento de cenário na prática. Uma dessas introduções ao assunto é uma entrevista que apareceu no *Daily Beast* com o historiador naval Craig Symonds, na ocasião do lançamento de seu livro de 2014 sobre o assunto. Veja Marc Wortman, "D-Day Historian Craig Symonds Talks about History's Most Amazing Invasion", TheDailyBeast. com, 5 de junho de 2014, e, claro, o livro de Symond, *Neptune: Allied Invasion of Europe and the D-Day Landings*.

Veja ainda Nate Silver, "14 Versions of Trump's Presidency, de #MAGA to Impeachment", FiveThirtyEight.com, 3 de fevereiro de 2017.

221 **Backcasting: trabalhar de trás para a frente a partir de um futuro positivo:** para histórias que descrevem a genialidade de Olmsted no projeto do Central Park e seu uso de backcasting, veja David Allan, "Backcasting to the Future", CNN.com, 16 de dezembro de 2015, e Nathaniel Rich, "When Parks Were Radical", *Atlantic*, setembro de 2016, https://www.theatlantic.com/magazine/archive/2016/09/better-than-nature/492716.

224 **Pré-mortem: trabalhando de trás para a frente a partir de um futuro negativo:** Além dos livros de Gabriele Oettingen e do trabalho publicado com seu marido Peter Gollwitzer (veja citações na Bibliografia Selecionada e Recomendações para Leitura Adicional), recomendo acessar seu site com base no aplicativo de contraste mental conhecido pela sigla WOOP (Desejo, Resultado, Obstáculo, Plano, na sigla em inglês), WoopMyLife.org. Há nele várias maneiras práticas de implementar o contraste mental.

BIBLIOGRAFIA SELECIONADA E RECOMENDAÇÕES PARA LEITURA ADICIONAL

Allan, David. "Backcasting to the Future." CNN.com, 16 de dezembro de 2015. https://edition.cnn.com/2015/10/22/health/backcasting-to-the-future/index.html.

Arbesman, Samuel. *The Half-Life of Facts: Why Everything We Know Has an Expiration Date*. Nova York: Current, 2012.

Ariely, Dan. *Predictably Irrational: The Hidden Forces That Shape Our Decisions*. Rev. exp. ed. Nova York: Harper Collins, 2009.

Babcock, Linda e George Loewenstein. "Explaining Bargaining Impasse: The Role of Self-Serving Biases." *Journal of Economic Perspectives* 11, n°. 1 (Inverno de 1997): 109–26.

Bailenson, Jeremy e Laura Carstensen. "Connecting to the Future Self: Using Web-Based Virtual Reality to Increase Retirement Saving." Stanford Freeman Spogli Institute for International Studies, 2009–2011. https://healthpolicy.fsi.stanford.edu/research/connecting_to_the_future_self_using_webbased_virtual_reality_to_increase_retirement_saving.

Baumeister, Roy, Jennifer Campbell, Joachim Krueger e Kathleen Vohs. "Does High Self-Esteem Cause Better Performance, Interpersonal Success, Happiness, or Healthier Lifestyles?" *Psychological Science in the Public Interest* 4, n°. 1 (maio de 2003): 1–44.

Berra, Yogi e David Kaplan. *You Can Observe a Lot by Watching: What I've Learned about Teamwork from the Yankees and Life*. Hoboken, NJ: Wiley, 2008.

Bi, Chongzeng e Daphna Oyserman. "Left Behind or Moving Forward? Effects of Possible Selves and Strategies to Attain Them among Rural Chinese Children." *Journal of Adolescence* 44 (2015): 245–58.

Boston Public Library. "The 100 Most Influential Books of the Century." TheGreatestBooks.org. http://thegreatestbooks.org/lists/42.

Boyer, Pascal. "Evolutionary Economics of Mental Time Travel?" *Trends in Cognitive Sciences* 12, nº. 6 (30 de junho de 2008): 219–24.

Brockman, John, ed. *Thinking: The New Science of Decision-Making, Problem-Solving, and Prediction*. Nova York: Harper Perennial, 2013.

Bronowski, Jacob. *The Ascent of Man*. London: British Broadcasting Corporation, 1973.

Cabane, Olivia Fox. *The Charisma Myth: How Anyone Can Master the Art and Science of Personal Magnetism*. Nova York: Portfolio/ Penguin, 2012.

Cabane, Olivia Fox e Judah Pollack. *The Net and the Butterfly: The Art and Practice of Breakthrough Thinking*. Nova York: Portfolio/ Penguin, 2017.

Cain, Susan. *Quiet: The Power of Introverts in a World That Can't Stop Talking*. Nova York: Crown, 2012.

Camerer, Colin. "Neuroscience, Game Theory, Monkeys." Filmado em janeiro de 2013, postado em TED.com. https://www.ted.com/talks/colin_camerer_neuroscience_game_theory_monkeys#t-1912.

Campbell, W. Keith e Constantine Sedikides. "Self-Threat Magnifies the Self-Serving Bias: A Meta-Analytic Integration." *Review of General Psychology* 3, nº. 1 (1999): 23–43.

Cassidy, Joseph. "The Syria Dissent Channel Message Means the System Is Working." *Foreign Policy*, 19 de junho de 2016. http://foreignpolicy.com/ 2016/06/19/syria-obama-assad-state-department.

Cavagnaro, Daniel, Gabriel Aranovich, Samuel McClure, Mark Pitt e Jay Myung. "On the Functional Form of Temporal Discounting: An Optimized Adaptive Test." *Journal of Risk and Uncertainty* 52, nº. 3 (junho de 2016): 233–54.

Chen, M. Keith, Venkat Vakshminarayanan e Laurie Santos. "How Basic Are Behavioral Biases: Evidence from Capuchin Monkey Trading Behavior." *Journal of Political Economy* 114, nº. 3 (junho de 2006): 517–37.

Cherones, Tom, dir. *Seinfeld*. Temporada 5, Episódio 3, "The Glasses." Escrito por Larry David, Jerry Seinfeld, Tom Gammill e Max Pross. Exibido em 30 de setembro de 1993 na NBC.

Cialdini, Robert. *Influence: The Psychology of Persuasion*. Ed. rev. Nova York: HarperCollins, 2009.

Cowgill, Bo, Justin Wolfers e Eric Zitzewitz. "Using Prediction Markets to Track Information Flows: Evidence from Google", janeiro de 2009. https://link.springer.com/chapter/10.1007/978-3-642-03821-1_2

Cowgill, Bo e Eric Zitzewitz. "Corporate Prediction Markets: Evidence from Google, Ford, and Firm X." *Review of Economic Studies* 82, n°. 4 (2 de abril de 2015): 1309– 41.

Dalio, Ray. *Principles: Life and Work*. Nova York: Simon & Schuster, 2017.

Dawkins, Richard. *The Greatest Show on Earth: The Evidence for Evolution*. Nova York: Free Press, 2010.

Dawkins, Richard, "Replicators and Vehicles." Em *Current Problems in Sociobiology*, editado por King's College Sociobiology Group, 45– 64. Cambridge: Cambridge University Press, 1982.

Dawkins, Richard. *The Selfish Gene*. Ed. do 40° aniv. Oxford: Oxford Landmark Science, 2016. Primeira edição: 1976 pela Oxford University Press (Oxford).

Ditto, Peter, Brittany Liu, Cory Clark, Sean Wojcik, Eric Chen, Rebecca Grady e Joanne Zinger. "At Least Bias Is Bipartisan: A Meta-Analytic Comparison of Partisan Bias in Liberals and Conservatives." 13 de abril de 2017. Disponível em SSRN: https://ssrn.com/abstract=2952510

Dreber, Anna, Thomas Pfeiffer, Johan Almenberg, Siri Isaksson, Brad Wilson, Yiling Chen, Brian Nosek e Magnus Johannesson. "Using Prediction Markets to Estimate the Reproducibility of Scientific Research." *Proceedings of the National Academy of Sciences* 112, n°. 50 (dezembro de 2015): 15343– 47.

Duarte, Jose, Jarret Crawford, Charlotta Stern, Jonathan Haidt, Lee Jussime Philip Tetlock. "Political Diversity Will Improve Social Psychological Science." *Behavioral and Brain Sciences* 38 (janeiro de 2015): 1–58.

Duhigg, Charles. *The Power of Habit: Why We Do What We Do in Life and Business*. Ed. com novo posfácio. Nova York: Random House, 2014.

Duhigg, Charles. *Smarter Faster Better: The Secrets of Being Productive in Life and Business*. Nova York: Random House, 2016.

Dyson, George. *Turing's Cathedral: The Origins of the Digital Universe*. Nova York: Pantheon, 2012.

Easterbook, Frank, Circuit Judge. *Jentz v. ConAgra Foods, Inc.*, 767 F.3d 688 (7th Cir. 2014).

Ellenberg, Jordan. *How Not to Be Wrong: The Power of Mathematical Thinking*. Nova York: Penguin, 2014.

Epstein, Lee, Andrew Martin, Jeffrey Segal e Chad Westerland. "The Judicial Common Space." *Journal of Law, Economics, & Organization* 23, n°. 2 (maio de 2007): 303– 25.

Ersner-Hershfield, Hal, G. Elliott Wimmer e Brian Knutson. "Saving for the Future Self: Neural Measures of Future Self- Continuity Predict Temporal Discounting." *Social Cognitive and Affective Neuroscience* 4, n°. 1 (2009): 85– 92.

Fey, Tina. *Bossypants*. Nova York: Reagan Arthur Books, 2011.

Feynman, Richard. "Cargo Cult Science." Engineering and Science 37, n°. 7 (junho de 1974): 10– 13.

Feynman, Richard. *The Pleasure of Finding Things Out: The Best Short Works of Richard P. Feynman*. Nova York: Perseus Publishing, 1999.

Firestein, Stuart. *Ignorance: How It Drives Science*. Nova York: Oxford University Press, 2012.

Firestein, Stuart. "The Pursuit of Ignorance." Filmado em feve-reiro de 2013, postado no TED.com. https://www.ted.com/talks/stuart_firestein_the_pursuit_of_ignorance?language=bo.

Fischhoff, Baruch. "Hindsight ≠ Foresight: The Effect of Outcome Knowledge on Judgment under Uncertainty." *Journal of Experimental Psychology: Human Perception and Performance* 1, n°. 3 (agosto de 1975): 288– 99.

Frederick, Shane, George Loewenstein e Ted O'Donoghue. "Time Discounting and Time Preference: A Critical Review." *Journal of Economic Literature* 40, n°. 2 (junho de 2002): 351– 401.

Gibney, Alex, direção. *Catching Hell*. Escrito por Alex Gibney, produzido por Alison Ellwood, Libby Geist e Matt McDonald. Exibido em 20 de fevereiro de 2014 na ESPN. http://www.espn.com/video/clip?id=13883887

Gilbert, Daniel. "How Mental Systems Believe." American Psychologist 46, n°. 2 (feve-reiro de 1991): 107– 19.

Gilbert, Daniel. *Stumbling on Happiness*. Nova York: Alfred A. Knopf, 2006.

Gilbert, Daniel, Romin Tafarodi e Patrick Malone. "You Can't Not Believe Everything You Read." *Journal of Personality and Social Psychology* 65, n°. 2 (agosto de 1993): 221– 33.

Gino, Francesca. "What We Miss When We Judge a Decision by the Outcome." *Harvard Business Review*, 2 de setembro de 2016. https://hbr.org/2016 /09/ what-we-miss-the-outcome.

Gladwell, Malcolm. *Outliers: The Story of Success*. Nova York: Little, Brown, 2008.

Goldman, William. *Adventures in the Screen Trade: A Personal View of Hollywood and Screenwriting*. Nova York: Warner Books, 1983.

Goldman, William. *The Princess Bride: S. Morgenstern's Classic Tale of True Love and High Adventure — The Good Parts*. Boston: Houghton Mifflin Harcourt, 1973.

Goldsmith, Stephen. "Why Dissenting Viewpoints Are Good for Efficiency." *Government Technology*, 26 de julho de 2016. https://www.govtech.com/opinion/ why-dissenting-viewpoints-are-good-for-efficiency.html.

Golman, Russell, David Hagmann e George Loewenstein. "Information Avoidance." *Journal of Economic Literature* 55, n°. 1 (março de 2017): 96–135.

Haidt, Jonathan. *The Happiness Hypothesis: Finding Modern Truth in Ancient Wisdom.* Nova York: Basic Books, 2006.

Haidt, Jonathan. *The Righteous Mind: Why Good People are Divided by Politics and Religion.* Nova York: Pantheon Books, 2012.

Harford, Tim. "A Beautiful Theory." *Forbes,* 10 de dezembro de 2006. http://www.forbes.com/2006/12/10/business-game-theory-tech-cx_th_games06_1212harford.html.

Hastorf, Albert e Hadley Cantril. "They Saw a Game: A Case Study." *Journal of Abnormal and Social Psychology* 49, nº. 1 (janeiro de 1954): 129–34.

Haynes, Tara, Raymond Perry, Robert Stupnisky e Lia Daniels. "A Review of Attributional Retraining Treatments: Fostering Engagement and Persistence in Vulnerable College Students." *In Higher Education: Handbook of Theory and Research* 24, editado por John Smart, 227–72, Springer Netherlands, 2009.

Heider, Fritz. *The Psychology of Interpersonal Relations.* Hillsdale, NJ: Lawrence Erlbaum Assocs., 1958.

Hershfield, Hal. "You Make Better Decisions If You 'See' Your Senior Self." *Harvard Business Review,* junho de 2013, 30–31.

Hershfield, Hal, Daniel Goldstein, William Sharpe, Jesse Fox, Leo Yeykelis, Laura Carstensen e Jeremy Bailenson. "Increasing Saving Behavior Through Age-Progressed Renderings of the Future Self." *Journal of Marketing Research* 48 (novembro de 2011): S23–S37.

Holmes, Jamie. *Nonsense: The Power of Not Knowing.* Nova York: Crown, 2015.

Institute for Advanced Study. "John von Neumann's Legacy." https://www.ias.edu/people/vonneumann/legacy.

Jiang, Wei, Hualin Wan e Shan Zhao. "Reputation Concerns of Independent Directors: Evidence from Individual Director Voting." *Review of Financial Studies* 29, nº. 3 (dezembro de 2015): 655–96.

Johnson, Hollyn e Colleen Seifert. "Sources of the Continued Influence Effect: When Misinformation in Memory Affects Later Inferences." *Journal of Experimental Psychology: Learning, Memory, and Cognition* 20, nº. 6 (novembro de 1994): 1420–36.

Johnson-Laird, Philip. "Mental Models and Probabilistic Thinking." *Cognition* 50, nº. 1 (junho de 1994): 189–209.

Kable, Joseph e Paul Glimcher. "The Neural Correlates of Subjective Value During Intertemporal Choice." *Nature Neuroscience* 10, nº. 12 (dezembro de 2007): 1625–33.

Kahan, Dan, David Hoffman, Donald Braman, Daniel Evans e Jeffrey Rachlinsky. "'They Saw a Protest': Cognitive Illiberalism and the Speech-Conduct Distinction." *Stanford Law Review* 64 (2012): 851–906.

Kahan, Dan, Ellen Peters, Erica Dawson e Paul Slovic. "Motivated Numeracy and Enlightened Self- Government." *Behavioural Public Policy* 1, n°. 1 (maio de 2017): 54– 86.

Kahneman, Daniel. *Thinking, Fast and Slow*. Nova York: Farrar, Straus and Giroux, 2011.

Kahneman, Daniel e Amos Tversky. "Prospect Theory: An Analysis of Decision Under Risk." *Econometrica: Journal of the Econometric Society* 47, n°. 2 (março de 1979): 263–91.

Katyal, Neil. "Washington Needs More Dissent Channels." *New York Times*, 1° de julho de 2016. https://www.nytimes.com/2016/07/02/opinion/washington-needs--more-dissent-channels.html.

Katz, David, e Stephanie Meller. "Can We Say What Diet Is Best for Health?" *Annual Review of Public Health* 35 (março de 2014): 83– 103.

Kearns, Cristin, Laura Schmidt e Stanton Glantz. "Sugar Industry and Coronary Heart Disease Research: A Historical Analysis of Internal Industry Documents." *JAMA Internal Medicine* 176, n°. 11 (1° de novembro de 2016): 1680–85.

Kestemont, Jenny, Ning Ma, Kris Baetens, Nikki Clément, Frank Van Overwalle e Marie Vandekerckhove. "Neural Correlates of Attributing Causes to the Self, Another Person and the Situation." *Social Cognitive and Affective Neuroscience* 10, n°. 1 (março de 2014): 114– 21.

Kiersz, Andy. "Here's How Badly Warren Buffett Has Beaten the Market." *Business Insider*, 26 de fevereiro de 2016. https://www.businessinsider.com.au/warren-buffett-berkshire-hathaway-vs-sp-500-2016-2.

Kirwan, C. Brock, Stefania Ashby e Michelle Nash. "Remembering and Imagining Differentially Engage the Hippocampus: A Multivariate fMRI Investigation." *Cognitive Neuroscience* 5, n°. 3–4 (outubro de 2014): 177– 85.

Klein, Gary. "Performing a Project Premortem." *Harvard Business Review*, setembro de 2007, 18– 19.

Konnikova, Maria. *The Confidence Game: Why We Fall for It... Every Time*. Nova York: Penguin, 2016.

Konnikova, Maria. *Mastermind: How to Think Like Sherlock Holmes*. Nova York: Penguin, 2013.

Kriss, Peter, George Loewenstein, Xianghong Wang e Roberto Weber. "Behind the Veil of Ignorance: Self- Serving Bias in Climate Change Negotiations." *Judgment and Decision Making* 6, n°. 7 (outubro de 2011): 602– 15.

Krusemark, Elizabeth, W. Keith Campbell e Brett Clementz. "Attributions, Deception, and Event Related Potentials: An Investigation of the Self-Serving Bias." *Psychophysiology* 45, n°. 4 (julho de 2008): 511– 15.

Kuhn, Harold, Introduction to *Theory of Games and Economic Behavior*. Ed. do 60°
aniv. Princeton, NJ: Princeton University Press, 2004.

Kuhn, Manford. "The Reference Group Reconsidered." *Sociological Quarterly* 5, n°. 1
(janeiro de 1964): 5– 19.

Lederer, Richard. Anguished English. Ed. rev. atualiz. Layton, UT: Wyrick & Co.,
2006. Primeira edição: 1987.

Leitch, Alexander. *A Princeton Companion*. Princeton, NJ: Princeton
University Press, 1978. https://press.princeton.edu/books/
hardcover/9780691630021/a-princeton-companion.

Leonard, Robert. "From Parlor Games to Social Science: Von Neumann, Morgenstern,
and the Creation of Game Theory 1928–1944." *Journal of Economic Literature* 33
(junho de 1994): 730– 61.

Lerner, Jennifer e Philip Tetlock. "Accounting for the Effects of Accountability."
Psychological Bulletin 125, n°. 2 (março de 1999): 255– 75.

Lerner, Jennifer e Philip Tetlock. "Bridging Individual, Interpersonal, and Institutional
Approaches to Judgment and Decision Making: The Impact of Accountability on
Cognitive Bias." Em *Emerging Perspectives on Judgment and Decision Research*,
editado por Sandra Schneider e James Shanteau, 431– 57. Cambridge: Cambridge
University Press, 2003.

Letterman, David. *The Late Show with David Letterman*. Temporada 16, Episódio 30.
Produzido por Eric Stangel e Justin Stangel. Exibido em 27 de outubro de 2008
na CBS.

Levitin, Daniel. *A Field Guide to Lies: Critical Thinking in the Information Age*. Nova
York: Dutton, 2016.

Levitt, Steven e Stephen Dubner. *Freakonomics: A Rogue Economist Explores the
Hidden Side of Everything*. Ed. rev. Nova York: Harper Collins, 2006.

Libby, Robert e Kristina Rennekamp. "Self-Serving Attribution Bias, Overconfidence,
and the Issuance of Management Forecasts." *Journal of Accounting Research* 50, n°. 1
(março de 2012): 197– 231.

Lillard, Lee e Robert Willis. "Cognition and Wealth: The Importance of Probabilistic
Thinking." Unversity of Michigan Retirement Research Center, Working Paper
WP 2001- 007, 2001. https://www.ssc.wisc.edu/~jkennan/teaching/Lillard-Willis_
RAND1.pdf.

Lindsley, Ogden. "Precision Teaching's Unique Legacy from B. F. Skinner." *Journal of
Behavioral Education* 1, n°. 2 (junho de 1991): 253– 66.

Liptak, Adam. "A Sign of the Court's Polarization: Choice of Clerks." *New York Times*,
Política, 6 de setembro de 2010. https://www.nytimes.com/2010/09/07/us/politics/
07clerks.html.

Loewenstein, George, Samuel Issacharoff, Colin Camerer e Linda Babcock. "Self--Serving Assessments of Fairness and Pretrial Bargaining." *Journal of Legal Studies* 22, n°. 1 (janeiro de 1993): 135– 59.

Loewenstein, George, Daniel Read e Roy Baumeister, eds. *Time and Decision: Economic and Psychological Perspectives on Intertemporal Choice*. Nova York: Russell Sage Foundation, 2003.

Ludwig, David. "Lowering the Bar on the Low-Fat Diet." *Journal of the American Medical Association* 316, n°. 20 (22 de novembro de 2016): 2087– 88.

Lyubomirsky, Sonja. *The How of Happiness: A Scientific Approach to Getting the Life You Want*. Nova York: Penguin, 2007.

_____ *The Myths of Happiness: What Should Make You Happy, but Doesn't, What Shouldn't Make You Happy, but Does*. Nova York: Penguin, 2013.

_____"Why are Some People Happier Than Others? The Role of Cognitive and Motivational Processes in Well-Being." *American Psychologist* 56, n°. 3 (março de 2001): 239– 49.

MacCoun, Robert. "Blaming Others to a Fault?" *Chance* 6, n°. 4 (setembro de 1993): 31– 34.

MacCoun, Robert e Saul Perlmutter. "Blind Analysis as a Correction for Confirmatory Bias in Physics and in Psychology." Em *Psychological Science Under Scrutiny: Recent Challenges and Proposed Solutions*, editado por Scott Lilienfeld e Irwin Waldman, cap. 15. Oxford: Wiley Blackwell, 2017.

_____ "Hide Results to Seek the Truth: More Fields Should, Like Particle Physics, Adopt Blind Analysis to Thwart Bias." *Nature* 52 (8 de outubro de 2015): 187– 90.

Marcus, Gary. *Kluge: The Haphazard Evolution of the Human Mind*. Boston: Houghton Mifflin, 2008.

Marcus, Gary e Ernest Davis. "Eight (No, Nine!) Problems with Big Data", *New York Times*, 6 de abril de 2014. https://www.nytimes.com/2014/04/07/opinion/eight-no--nine-problems-with-big-data.html

Mauboussin, Michael. *The Success Equation: Untangling Skill and Luck in Business, Sports, and Investing*. Boston: Harvard Business Review Press, 2012.

McGandy, Robert, D. Mark Hegsted e Fredrick Stare. "Dietary Fats, Carbohydrates and Atherosclerotic Vascular Disease." *New England Journal of Medicine* 277, n°. 4 (1967): 186– 92, 245–47.

Merton, Robert K., "The Normative Structure of Science." 1942. Reimpresso na *The Sociology of Science: Theoretical and Empirical Investigations*, editada por Norman Storer, 267– 78. Chicago: University of Chicago Press, 1973.

Mezulis, Amy, Lyn Abramson, Janet Hyde e Benjamin Hankin. "Is There a Universal Positivity Bias in Attributions? A Meta-Analytic Review of Individual, Developmental, and Cultural Differences in the Self-Serving Attributional Bias." *Psychological Bulletin* 130, n°. 5 (setembro de 2004): 711– 47.

Mill, John Stuart, *On Liberty*. London: Walter Scott Publishing, 1859. Liberado para publicação no Project Gutenberg, 2011. https://www.gutenberg.org/files/34901/34901-h/34901-h.htm

Miller, Dale e Michael Ross. "Self-Serving Biases in the Attribution of Causality: Fact or Fiction." *Psychological Bulletin* 82, n°. 2 (março de 1975): 213–25.

Mischel, Walter. *The Marshmallow Test: Why Self Control Is the Engine of Success*. Nova York: Little, Brown, 2014.

Mitchell, Deborah, J. Edward Russo e Nancy Pennington. "Back to the Future: Temporal Perspective in the Explanation of Events." *Journal of Behavioral Decision Making* 2, n°. 1 (janeiro de 1989): 25–38.

Morewedge, Carey, Lisa Shu, Daniel Gilbert e Timothy Wilson. "Bad Riddance or Good Rubbish? Ownership and Not Loss Aversion Causes the Endowment Effect." *Journal of Experimental Social Psychology* 45, n°. 4 (julho de 2009): 947–51.

Mullally, Sinead e Eleanor Maguire. "Memory, Imagination, and Predicting the Future: A Common Brain Mechanism?" *The Neuroscientist* 20, n°. 3 (junho de 2014): 220–34.

Munnell, Alice, Wenliang Hou, e Anthony Webb. "NRRI Update Shows Half Still Falling Short." *Center for Retirement Research at Boston College,* n°. 14– 20, dezembro de 2014. https://crr.bc.edu/briefs/nrri-update-shows-half-still-falling-short/

Murray, Bridget. "What Makes Mental Time Travel Possible?" *APA Monitor on Psychology* 34, n°. 9 (outubro de 2003): 62.

Myerson, Roger. *Game Theory: Analysis of Conflict*. Cambridge, MA: Harvard University Press, 1991.

Neiss, Michelle, Constantine Sedikides e Jim Stevenson. "Self-Esteem: A Behavioural Genetic Perspective." *European Journal of Personality* 16, n°. 5 (setembro de 2002): 351– 67.

Nisbett, Richard. Mindware: *Tools for Smart Thinking*. Nova York: Farrar, Straus and Giroux, 2015.

NobelPrize.org. "Economic Sciences Laureates: Fields." https://www.nobelprize.org/prizes/lists/all-prizes-in-economic-sciences/

Nyberg, Lars, Alice Kim, Reza Habib, Brian Levine e Endel Tulving. "Consciousness of Subjective Time in the Brain." *Proceedings of the National Academy of Sciences* 107, n°. 51 (21 de dezembro de 2010): 22356– 59.

Oettingen, Gabriele. *Rethinking Positive Thinking: Inside the New Science of Motivation*. Nova York: Current, 2014.

Oettingen, Gabriele e Peter Gollwitzer. "Strategies of Setting and Implementing Goals." Em *Social Psychological Foundations of Clinical Psychology*, editado por James Maddox e June Price Tangney, 114–35. Nova York: Guilford Press, 2010.

Open Science Collaboration. "Estimating the Reproducibility of Psychological Science." *Science* 349, n°. 6251 (28 de agosto de 2015): 943 e aac4716 1–8.

Oswald, Dan. "Learn Important Lessons from Lombardi's Eight- Hour Session." *HR Hero* (blog), 10 de março de 2014. https://hrdailyadvisor.blr.com/2014/03/10/learn-important-lessons-from-lombardis-eight-hour-session/.

Oyserman, Daphna, Deborah Bybee, Kathy Terry, e Tamara Hart-Johnson. "Possible Selves as Roadmaps." *Journal of Research in Personality* 38, n°. 2 (abril de 2004): 130– 49.

Oyserman, Daphna, Mesmin Destin e Sheida Novin. "The Context-Sensitive Future Self: Possible Selves Motivate in Context, Not Otherwise." *Self and Identity* 14, n°. 2 (março de 2015): 173–88.

Pariser, Eli. *The Filter Bubble: What the Internet Is Hiding from You*. Nova York: Penguin, 2011.

Paulos, John. *Innumeracy: Mathematical Illiteracy and Its Consequences*. Nova York: Hill & Wang, 1989.

Pollan, Michael. *In Defense of Food: An Eater's Manifesto*. Nova York: Penguin, 2008.

Pollan, Michael, "History of Nutritionism" em "Michael Pollan and 'In Defense of Food: The Omnivore's Solution'", Otis Lecture at Bates College, Lewiston, Maine, 27 de outubro de 2008. https://www.bates.edu/food/foods-importance/omnivores-solution/history-of-nutritionism/.

Pollan, Michael. *The Omnivore's Dilemma: A Natural History in Four Meals*. Nova York: Penguin, 2006.

Poundstone, William. *Prisoner's Dilemma*. Nova York: Anchor, 1993.

Raha, Somik. "A Conversation with Professor Ron Howard: Waking Up." Conversations.org, 17 de outubro de 2013. https://www.conversations.org/story.php?sid=373.

Rees, Tim, David Ingledew e Lew Hardy. "Attribution in Sport Psychology: Seeking Congruence Between Theory, Research and Practice." *Psychology of Sport and Exercise* 6 (2005): 189–204.

Reiner, Rob, dir. *The Princess Bride*. Escrito por William Goldman, produzido por Andrew Scheinman e Rob Reiner. 1987.

Rhee, Nari. "The Retirement Savings Crisis: Is It Worse Than We Think?" Washington, DC: National Institute on Retirement Security, junho de 2013. https://www.nirsonline.org/reports/the-retirement-savings-crisis-is-it-worse-than-we-think/.

Rich, Nathaniel. "When Parks Were Radical." *Atlantic*, setembro de 2016. https://www.theatlantic.com/magazine/archive/2016/09/better-than-nature/492716/.

Roeder, Oliver. "How Trump's Nominee Will Alter the Supreme Court." FiveThirtyEight.com, 30 de janeiro de 2017. https://fivethirtyeight.com/features/how-trumps-nominee-will-alter-the-supreme-court.

Rosati, Alexandra, Jeffrey Stevens, Brian Hare e Marc Hauser. "The Evolutionary Origins of Human Patience: Temporal Preferences in Chimpanzees, Bonobos, and Human Adults." *Current Biology* 17, n°. 19 (outubro de 2007): 1663– 68.

Ross, H. Laurence. "Drinking and Driving: Beyond the Criminal Approach." *Alcohol Health & Research World* 14, n°. 1 (janeiro de 1990): 58– 63.

Ross, Lee e Richard Nisbett. The Person and the Situation: *Perspectives of Social Psychology*. Nova York: McGraw-Hill, 1991; London: Pinter & Martin, 2011.

Ross, Michael e Fiore Sicoly. "Egocentric Biases in Availability and Attribution." *Journal of Personality and Social Psychology* 37, n°. 3 (março de 1979): 322–36.

Santos, Laurie e Alexandra Rosati. "The Evolutionary Roots of Human Decision Making." *Annual Review of Psychology* 66 (janeiro de 2015): 321–47.

Savage, David. "Clarence Thomas Is His Own Man." *Los Angeles Times*, Nação, 3 de julho de 2011. https://www.latimes.com/archives/la-xpm-2011-jul-02-la-na-clarence--thomas-20110703-story.html.

Schacter, Daniel, Donna Addis, Demis Hassabis, Victoria Martin, R. Nathan Spreng e Karl Szpunar. "The Future of Memory: Remembering, Imagining, and the Brain." *Neuron* 76, n°. 4 (21 de novembro de 2012): 677– 94.

Schessler-Jandreau, Imke. "Fat America: A Historical Consideration of Diet and Weight Loss in the US." *21st ICC 2008* (2009): 88– 93.

Schoemaker, Paul, e Philip Tetlock. "Superforecasting: How to Upgrade Your Company's Judgment." *Harvard Business Review*, maio de 2016, 72–78.

Sedikides, Constantine, W. Keith Campbell, Glenn Reeder, and Andrew Elliot. "The Self-Serving Bias in Relational Context." *Journal of Personality and Social Psychology* 74, n°. 2 (fevereiro de 1998): 378– 86.

Sedikides, Constantine, John Skowronski e Lowell Gaertner. "Self-Enhancement and Self-Protection Motivation: From the Laboratory to an Evolutionary Context." *Journal of Cultural and Evolutionary Psychology* 2, n°. 1–2 (agosto de 2004): 61–79.

Shapiro, Ouisie, escritor. *Lombardi*. Produzido por Keith Cossrow e Joe Lavine para a HBO Sports and NFL Films. Exibido em dezembro de 2010, na HBO. http://www.hbo.com/sports/lombardi.

Shepperd, James, Wendi Malone e Kate Sweeny. "Exploring Causes of the Self-Serving Bias." *Social and Personality Psychology Compass* 2, n°. 2 (março de 2008): 895– 908.

Shermer, Michael. *The Believing Brain: From Ghosts and Gods to Politics and Conspiracies — How We Construct Beliefs and Reinforce Them as Truths.* Nova York: Times Books, 2011.

Silver, Nate. "14 Versions of Trump's Presidency, from #MAGA to Impeachment." FiveThirtyEight.com, 3 de fevereiro de 2017. https://fivethirtyeight.com/features/14-versions-of-trumps-presidency-from-maga-to-impeachment/.

Silver, Nate. *The Signal and the Noise: Why So Many Predictions Fail — But Some Don't.* Nova York: Penguin, 2012.

Simmons, Joseph, Leif Nelson e Uri Simonsohn. "False-Positive Psychology: Undisclosed Flexibility in Data Collection and Analysis Allows Presenting Anything as Significant." *Psychological Science* 22, n°. 11 (novembro de 2011): 1359– 66.

Sirois, Fuschia e Timothy Pychyl. "Procrastination and the Priority of Short-Term Mood Regulation: Consequences for Future Self." *Social and Personality Psychology Compass* 7, n°. 2 (fevereiro de 2013): 115–27.

Skinner, B. F. "A Case History in Scientific Method." *American Psychologist* 11, n°. 5 (maio de 1956): 221–33.

Stanovich, Keith. *What Intelligence Tests Miss: The Psychology of Rational Thought.* New Haven, CT: Yale University Press, 2009.

Statman, Meir e Jonathan Scheid. "Buffett in Foresight and Hindsight." *Financial Analysts Journal* 58, n°. 4 (julho de 2002): 11–18.

Stephan, Elena, Constantine Sedikides, Daniel Heller e Daniella Shidlovski. "My Fair Future Self: The Role of Temporal Distance and Self-Enhancement in Prediction." *Social Cognition* 33, n°. 2 (abril de 2015): 149– 68.

Stevens, Jeffrey. "Evolutionary Pressures on Primate Intertemporal Choice." *Proceedings of the Royal Society of London, Series B: Biological Sciences* 281, n°. 1786 (7 de julho de 2014): 1–6.

Stroebele, Nanette, John De Castro, Jennifer Stuht, Vicki Catenacci, Holly Wyatt e James Hill. "A Small-Changes Approach Reduces Energy Intake in Free-Living Humans." *Journal of the American College of Nutrition* 28, n°. 1 (fevereiro de 2009): 63– 68.

Suddendorf, Thomas e Janie Busby. "Making Decisions with the Future in Mind: Developmental and Comparative Identification of Mental Time Travel." *Learning and Motivation* 36, n°. 2 (maio de 2005): 110–25.

Suddendorf, Thomas e Michael Corballis. "The Evolution of Foresight: What Is Mental Time Travel, and Is It Unique to Humans?" *Behavioral and Brain Sciences* 30, n°. 3 (junho de 2007): 299–351.

Sunstein, Cass e Reid Hastie. *Wiser: Getting Beyond Groupthink to Make Groups Smarter.* Boston: Harvard Business Review Press, 2015.

Sunstein, Cass, David Schkade, Lisa Ellman e Andres Sawicki. *Are Judges Political? An Empirical Analysis of the Federal Judiciary*. Washington, DC: Brookings Institution Press, 2006.

Symonds, Craig. *Neptune: Allied Invasion of Europe and the D-Day Landings*. Oxford: Oxford University Press, 2014.

Taleb, Nassim. *Fooled by Randomness: The Hidden Role of Chance in Life and in the Markets*. Nova York: Random House, 2004.

Tetlock, Philip e Dan Gardner. *Superforecasting: The Art and Science of Prediction*. Nova York: Crown, 2015.

Thaler, Richard. *Misbehaving: The Making of Behavioral Economics*. Nova York: W. W. Norton, 2015.

_____ "Some Empirical Evidence on Dynamic Inconsistency." *Economics Letters* 8, n°. 3 (janeiro de 1981): 201– 07.

Thaler, Richard e Cass Sunstein. *Nudge: Improving Decisions About Health, Wealth, and Happiness*. Edição atualizada. Nova York: Penguin, 2009.

Todes, Daniel. *Pavlov's Physiology Factory: Experiment, Interpretation, Laboratory Enterprise*. Baltimore: Johns Hopkins University Press, 2002.

Tomlin, Damon, David Rand, Elliot Ludvig e Jonathan Cohen. "The Evolution and Devolution of Cognitive Control: The Costs of Deliberation in a Competitive World." *Scientific Reports* 5 (16 de junho de 2015).

Tversky, Amos e Daniel Kahneman. "Loss Aversion in Riskless Choice: A Reference-Dependent Model." *Quarterly Journal of Economics* 106, n°. 4 (novembro de 1991): 1039–61.

Von Neumann, John e Oskar Morgenstern. *Theory of Games and Economic Behavior*. Ed. 60° aniv. Princeton, NJ: Princeton University Press, 1944, 2004.

Wachowski, Lana e Wachowski, Lilly, dir. *The Matrix*. Escrito por Lana Wachowski e Lilly Wachowski, produzido por Joel Silver. 1999.

Wagenaar, Alexander e Susan Farrell. "Alcohol Beverage Control Policies: Their Role in Preventing Alcohol-Impaired Driving. Em *Surgeon General's Workshop on Drunk Driving: Background Papers*, 1989, 1– 14.

Walsh, Jeffrey. "Operant Conditioning: Schedules of Reinforcement." KhanAc ademy. org. https://www.khanacademy.org/test-prep/mcat/behavior/learning-slug/v/operant-conditioning-schedules-of-reinforcement.

Wansink, Brian e Jeffery Sobal. "Mindless Eating: The 200 Daily Food Decisions We Overlook." *Environment and Behavior* 39, n°. 1 (janeiro de 2006): 106–23.

Warner, John e Saul Pleeter. "The Personal Discount Rate: Evidence from Military Downsizing Programs." *American Economic Review* 91, n°. 1 (março de 2001): 33–53.

West, Richard, Russell Meserve e Keith Stanovich. "Cognitive Sophistication Does Not Attenuate the Bias Blind Spot." *Journal of Personality and Social Psychology* 103, nº. 3 (setembro de 2002): 506–19.

Welch, Suzy. *10-10-10: A Life-Transforming Idea*. Nova York: Scribner, 2009.

Wilson, Anne, Roger Buehler, Heather Lawford, Colin Schmidt e An Gie Yong. "Basking in Projected Glory: The Role of Subjective Temporal Distance in Future Self-Appraisal." *European Journal of Social Psychology* 42, nº. 3 (abril de 2012): 342–53.

Wilson, Timothy e Patricia Linville. "Improving the Academic Performance of College Freshmen: Attribution Therapy Revisited." *Journal of Personality and Social Psychology* 42, nº. 2 (fevereiro de 1982): 367–76.

Woodward, Bob e Scott Armstrong. *The Brethren: Inside the Supreme Court*. Reedição. Nova York: Simon & Schuster, 2011.

Wortman, Marc. "D-Day Historian Craig Symonds Talks about History's Most Amazing Invasion." TheDailyBeast.com, 5 de junho de 2014. https://www.thedailybeast.com/d-day-historian-craig-symonds-talks-about-historys-most-amazing-invasion.

Zemeckis, Robert, dir. *Back to the Future: Part II*. Escrito por Robert Zemeckis e Bob Gale, produzido por Neil Canton e Bob Gale. 1989.

Zinberg, Michael, dir. *WKRP in Cincinnati*. Temporada 1, Episódio 7, "Turkeys Away." Escrito por Bill Dial. Exibido em outubro de 1978 na CBS.

ÍNDICE

Projetos corporativos e edições personalizadas
dentro da sua estratégia de negócio. Já pensou nisso?

Coordenação de Eventos
Viviane Paiva
viviane@altabooks.com.br

Assistente Comercial
Fillipe Amorim
vendas.corporativas@altabooks.com.br

A Alta Books tem criado experiências incríveis no meio corporativo. Com a crescente implementação da educação corporativa nas empresas, o livro entra como uma importante fonte de conhecimento. Com atendimento personalizado, conseguimos identificar as principais necessidades, e criar uma seleção de livros que podem ser utilizados de diversas maneiras, como por exemplo, para fortalecer relacionamento com suas equipes/ seus clientes. Você já utilizou o livro para alguma ação estratégica na sua empresa?

Entre em contato com nosso time para entender melhor as possibilidades de personalização e incentivo ao desenvolvimento pessoal e profissional.

PUBLIQUE
SEU LIVRO

Publique seu livro com a Alta Books. Para mais informações envie um e-mail para: autoria@altabooks.com.br

  /altabooks   /alta-books   /altabooks   /altabooks

CONHEÇA OUTROS LIVROS DA **ALTA BOOKS**

Todas as imagens são meramente ilustrativas.

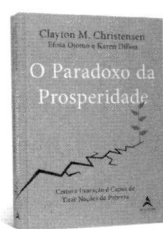 

Este livro foi impresso nas oficinas gráficas da Editora Vozes Ltda.,
Rua Frei Luís, 100 – Petrópolis, RJ.